TOM PHILLIPS
Echt wahr?

W0198022

GOLDMANN
Lesen erleben

Buch

Wir alle tun es mehrmals täglich: Wir flunkern, streuen Gerüchte und tischen anderen genauso faustdicke Lügen auf wie uns selbst. In seinem neuen Buch räumt Tom Phillips mit dem Irrglauben auf, dass Fake News, notorisch lügende Staatsoberhäupter und ungebremst verbreiteter Bullshit eine Erfindung der Neuzeit sind. In einem wilden Ritt durch die Jahrhunderte spießt er die größten Lügen und den irrwitzigsten Quatsch auf, den smarte Strategen, gewissenlose Scharlatane und gelangweilte Entertainer ihren Zeitgenossen erfolgreich als Wahrheit andrehen konnten.

Autor

Tom Phillips ist Journalist und arbeitet als Factchecker bei »Full Fact« in London. Der ehemalige Chefredakteur von BuzzFeed UK studierte Anthropologie, Geschichte und Philosophie in Cambridge, war Mitglied einer kurz gefeierten Comedytruppe, arbeitete fürs Fernsehen und im Parlament und gründete auch mal eine Zeitung.

Tom Phillips
Echt wahr?

Die genialsten und beklopptesten Lügen
der Menschheit

Aus dem Englischen von
Susanne Kuhlmann-Krieg

GOLDMANN

Die englische Originalausgabe erschien 2019 unter dem Titel »TRUTH. A Brief History of Total Bullsh*t.« bei Wildfire, an imprint of Headline Publishing Group.

Sollte diese Publikation Links auf Webseiten Dritter enthalten, so übernehmen wir für deren Inhalte keine Haftung, da wir uns diese nicht zu eigen machen, sondern lediglich auf deren Stand zum Zeitpunkt der Erstveröffentlichung verweisen.

 Dieses Buch ist auch als E-Book erhältlich.

Verlagsgruppe Random House FSC® N001967

1. Auflage
Deutsche Erstveröffentlichung Februar 2020
Wilhelm Goldmann Verlag, München,
in der Verlagsgruppe Random House GmbH
Neumarkter Str. 28, 81673 München
Copyright © 2020 dieser Ausgabe by Wilhelm Goldmann Verlag, München,
in der Verlagsgruppe Random House GmbH
Copyright © 2019 by Tom Phillips
Umschlaggestaltung: UNO Werbeagentur, München
Umschlagmotiv: Getty Images/DigitalVisionVectors/Vectorios2016
Redaktion: Antje Steinhäuser
Satz: Vornehm Mediengestaltung GmbH, München
KF · Herstellung: kw
Druck und Einband: CPI books GmbH, Leck
Printed in Germany
ISBN: 978-3-442-14242-2
www.goldmann-verlag.de

Besuchen Sie den Goldmann Verlag im Netz

*Für meine Eltern, die mich immer lehrten, welch hohes
Gut die Wahrheit ist.*

Wobei – nur damit ihr es wisst –, ich habe herausgefunden, dass ihr die Zahnfee wart.

*Der Weihnachtsmann wird so was von stinksauer sein,
wenn er rauskriegt, dass ihr gelogen habt.*

Der frappierendste Widerspruch unserer Zivilisation
liegt in der fundamentalen Achtung vor der Wahrheit,
zu der wir uns bekennen, und der allumfassenden
Missachtung, die wir ihr gegenüber pflegen.«

Vilhjalmur Stefansson, *Adventures in Error*, 1936

Anmerkung des Verfassers

Dies ist ein Buch über Dinge, die nicht wahr sind. Aus leicht ersichtlichen Gründen hat dies mit sich gebracht, dass ich das vergangene Jahr nahezu unausgesetzt in einem Zustand der Angst verbracht habe.

Es geht in diesem Buch um Geschichte, und Geschichte ist schon im Normalfall chaotisch genug, sie wimmelt von flüchtigen Wahrheiten, Halbwahrheiten und ausgemachten Märchen. In meinem vorangegangenen Buch, in dem es ums Scheitern geht, schrieb ich: »Die Chance, dass in diesem Buch über Fuck-ups keine Fuck-ups enthalten sind, ist minimal.« (Und jawohl: Wir haben seither ein paar gefunden, dankenswerterweise nichts wirklich Schlimmes.) Wenn schon das Schreiben über das Thema Scheitern einem vorkommt, als fordere man die Schicksalsgötter heraus, dann ist die Entscheidung für Unwahrheit als Folgethema so, als lasse man sie auf ein leeres Tor kicken. Und lassen Sie uns ehrlich sein: Die Schicksalsgötter werden einen Abstauber aus zwei Metern Entfernung in ein leeres Netz bestimmt nicht verfehlen. Nicht in der Form, in der sie im Augenblick sind. Also: Ja, es werden sich zweifellos irgendwo in diesem Buch Fehler finden. Ich habe mein Bestes getan, um sie zu vermeiden: doppelt und dreifach nachgeprüft, auf Originaldokumente zurückgegriffen, wo immer es möglich war, versucht, die Fallstricke des Überinterpretierens zu meiden. Die Anmerkungen sollen Ihnen helfen, die Fakten selbst zu checken (und ich ermutige Sie, das auch zu tun). Aber trotzdem, irgendetwas wird durchgerutscht sein. Fehler sind unvermeidlich. Das Einzige, was wir tun können, ist zu versuchen, sie gering zu halten, zuzugeben und auszubügeln. Ich führe eine öffentlich einsehbare Liste der Korrekturen unter tom-phillips.com/mistakes-and-regrets/

Inhalt

Einleitung:

Der Augenblick der Wahrheit

Sie labern nichts als Müll.

Halt! Gehen Sie nicht. Das war eine schreckliche Art, ein Buch zu beginnen, tut mir leid.

Es geht auch gar nicht gegen Sie, den Leser. Vor allem nicht, wenn Sie in einem Laden stehen, dieses Buch durchblättern und überlegen, ob Sie es kaufen sollen. Sollten Sie! Sie sind ein kluger Kopf! Witzig auch und gutaussehend. Um eins klarzustellen: Sie haben nichts an sich, was Ihre Person in besonderer Weise als ungewöhnlich wenig vertrauenswürdig brandmarken würde oder als besonders anfällig für Unwahrheiten. (Es sei denn, nehme ich an, Sie sind zufällig ein professioneller Hochstapler. In diesem Falle: Willkommen, Kapitel fünf wird Ihnen womöglich gefallen.)

Trotzdem sind Sie von Kopf bis Fuß nichts anderes als ein Lügner und Dummschwätzer und liegen mit an Sicherheit grenzender Wahrscheinlichkeit auf hunderterlei mehr oder weniger folgenreiche Weise falsch mit Ihren Ansichten über die Welt, in der Sie leben. Sie brauchen sich deshalb allerdings nicht zu schämen, denn hier kommt das eigentlich Wichtige – jeder andere um Sie herum steht Ihnen in nichts nach. Und, um der Ehrlichkeit Genüge zu tun, ich auch nicht.

Was ich sagen will, ist schlicht, dass wir Menschen unser gesamtes Alltagsleben in einem Meer der Ungereimtheiten, Halbwahrheiten und ausgemachten Unwahrheiten paddeln.

Wir lügen und werden belogen. Unser Umgang miteinander fußt auf einem steten Strom an kleinen frommen Lügen und harmlosen, sozial verträglichen Notlügen, auch »weiße« Lügen genannt. Wir werden mit schöner Regelmäßigkeit von Politikern, Marketingleuten, den Medien und anderen Leuten verladen, und das eigentliche Problem an alledem ist: Es funktioniert. Wir alle sind Trottel, die auf jede gut gemachte Lüge hereinfallen, wobei die vielleicht überzeugendsten Lügen womöglich die sind, die wir uns selbst auftischen.

Im Augenblick fallen Ihnen, wo immer Sie hinschauen, allüberall düstere Warnungen ins Auge, die verkünden, wir lebten in einem »postfaktischen« Zeitalter. Die Gesellschaft für deutsche Sprache hat 2016 »postfaktisch« zum Wort des Jahres gekürt (»post-truth« wurde übrigens auch das Wort des Jahres bei der Wörterbuch-Sammlung Oxford Dictionaries). 2017 erschienen im Vereinigten Königreich *an ein und demselben Tag* nicht weniger als drei Bücher mit dem Titel »Post-Truth« (zu Deutsch: »Postfaktisch«). Politiker scheinen mit stetig zunehmender Unverfrorenheit die Wahrheit zu verzerren und zu verdrehen, ja zu lügen. Die Öffentlichkeit, so erzählt man uns selbstgewiss, habe »genug von Experten«. Das Internet hat unser soziales Miteinander in ein Schlachtfeld der Fehlinformationen verwandelt, auf dem man sich immer weniger sicher sein kann, ob Onkel Jeff ein Mensch aus Fleisch und Blut ist oder ein russischer Bot.

Der Fairness halber sei gesagt, dass ziemlich leicht nachzuvollziehen ist, warum Menschen glauben, dass wir in einer faktenresistenten Zeit leben, die ihresgleichen sucht. Um nur ein recht augenfälliges Beispiel zu nennen: Die Vereinigten Staaten werden gegenwärtig von einem Präsidenten regiert, der tagtäglich Lügen erzählt – oder vielleicht sind es gar keine. Vielleicht weiß er einfach nicht, was wahr ist und was

nicht, und es ist ihm auch egal. Das Ergebnis ist ungefähr dasselbe. Laut dem Faktencheck-Team der *Washington Post*, hat
Präsident Trump zum Zeitpunkt, da ich dies schreibe, in den
869 Tagen seit seinem Amtsantritt über 10 796 »falsche oder
irreführende Behauptungen«[1] aufgestellt, und das nach einem
Jahr, das er als »ein Jahr von nie da gewesener Unehrlichkeit«
bezeichnete.[2]

Das entspricht einem Durchschnitt von mehr als zehn Unwahrheiten an jedem einzelnen Tag, und die Häufigkeit, mit
der er solche von sich gibt, hat im Laufe der Zeit beträchtlich
zugenommen. Am 7. September 2018 riss er dank eines besonders intensiven Schwalls an bodenlosem Bockmist, in dessen
Verlauf er (wiederum der *Post* zufolge[3]) in einer Zeitspanne
von nur 120 Minuten nicht weniger als 125 falsche oder irreführende Behauptungen unterbrachte, die 5 000er-Marke.
Das ist mehr als eine Lüge pro Minute. Und das war nicht einmal sein unehrlichster Tag – diese zweifelhafte Ehre gebührt
dem 5. November 2018, dem Abend der Zwischenwahlen, an
dem die *Post* über einen Zeitraum von drei Wahlkampfkund-
gebungen 139 unzutreffende Behauptungen registrierte.

Das ist, so kann man mit Fug und Recht sagen, alles andere
als normal. Aber heißt das, wir lebten im postfaktischen Zeitalter? Ich bin hier, um zu sagen: mitnichten.

Verstehen Sie mich nicht falsch. Ich trete hier keineswegs
an, um Sie davon zu überzeugen, dass unsere Gegenwart
nicht bis zum Anschlag vor hunderttausend Geschmacksrich-
tungen von Bockmist strotzt – das tut sie fürwahr! Es ist nur
so, dass ich ein Problem mit der Behauptung habe, wir lebten
in einem »postfaktischen« Zeitalter, und das besteht darin,
dass solches bedeuten würde, es habe an irgendeinem Punkt
ein »faktisches Zeitalter« gegeben, das wir hätten hinter uns
lassen können.

Leider sind die Belege für ein solches Zeitalter ... äääähm, lückenhaft, um es milde auszudrücken. Die Vorstellung, dass wir kürzlich irgendeine Art Goldenes Zeitalter von kompromissloser Ehrlichkeit und der leidenschaftlichen Hingabe an Sorgfalt und schlagende Beweise hinter uns gelassen haben, ist, rundheraus gesagt, kompletter Unfug.

Jawohl, es wird dieser Tage ein Haufen Unfug verzapft. Wir alle tragen in der einen oder anderen Weise im Kleinen oder Großen dazu bei. Wir alle haben schon mal ein haltloses Gerücht weitererzählt, und wir alle haben irgendwann schon mal den »Teilen«- oder »Retweet«-Button gedrückt, ohne uns der Richtigkeit des Gesagten versichert zu haben, weil das, was drinstand, unserer persönlichen Haltung entgegenkam.

Und ungeachtet dessen, was man Ihnen vielleicht erzählt hat, wir sind schon sehr, sehr lange so.

Genau darum soll es in diesem Buch gehen: die Wahrheit und all die fantasievollen Klimmzüge, mit denen es die Menschheit ihre Geschichte hindurch verstanden hat, sie zu umgehen. Denn nichts davon ist neu. Donald Trump ist weit davon entfernt, der erste Politiker zu sein, der in alle Richtungen Lügen spuckt wie ein gottverdammter Rasensprenger. Wir hätten Facebook nicht gebraucht, um unbelegte und dubiose Gerüchte von einer Person zur nächsten zu verbreiten. Denn solange es einen schnellen Taler zu machen gab und leichtgläubige Menschen, denen man ihn aus der Tasche leiern konnte, gab es jemanden, der bereit war, kreativ mit Tatsachen umzugehen, um Leute um ihre Kohle zu prellen.

Natürlich war es noch nie ganz so einfach zu definieren, was genau die Wahrheit ist und was nicht, wie manche Menschen vielleicht annehmen würden. Dann sind da noch die anderen Fragen wie: Woher kommt das Lügen? Liegt Unehrlichkeit in der Natur des Menschen und menschlicher Gesellschaften?

Sind Menschen die einzigen Geschöpfe, die lügen? Das wollen wir im ersten Kapitel, **Der Ursprung der Unart**, genauer ergründen. Wir werden die feinen Unterschiede zwischen »Lügen« und »Bullshit« untersuchen, mit der unerwarteten Tatsache konfrontiert werden, dass Lügen außer aus Not und Mitleid noch aus vielen verschiedenen anderen Gründen entstehen können – dass sie also außer Weiß noch verschiedene andere Farben haben können, und über die erschreckende Wirklichkeit nachgrübeln, dass es unendlich mehr Möglichkeiten gibt, unrecht als recht zu haben.

Etliche Jahrhunderte hindurch war die Nachrichtenindustrie eine unserer Hauptquellen für unser Wissen über die Welt. Der Journalismus, so heißt es, liefert die erste Fassung von Geschichte – aber wie wir sehen werden, war dies sehr häufig eine schauderhafte Fassung von der Sorte, bei der Lektoren sich die Haare ausraufen. In Kapitel zwei, **Alte Fake News,** werden wir uns mit den Wurzeln unserer unersättlichen Gier nach Nachrichten beschäftigen, auf einen Toten treffen, der gar nicht tot war, und entdecken, dass unsere modernen Sorgen in Bezug auf wenig vertrauenswürdige Nachrichtenquellen und eine Überfrachtung mit Informationen vielleicht gar nicht so neuartig sind, wie wir dachten.

Mag das Nachrichtengeschäft bescheiden angefangen haben, es ist nicht lange so geblieben, sondern hat sich alsbald zu einer Industrie gemausert, die unsere Gesellschaft und unseren Blick auf die Welt in tiefgreifender Weise geformt hat. Das heißt allerdings nicht, dass es dadurch verlässlicher geworden ist. Vom großen Mondschwindel des Jahres 1835 (bei dem die *New York Sun* eine Serie komplett erfundener Artikel veröffentlichte, denen zufolge der große Astronom John Herschel auf dem Mond eine komplexe Zivilisation entdeckt hatte) über ein paar total idiotische Fake News über

Badewannen, die Hitlertagebücher und den berüchtigten Serienmörder von Croydon war eine Menge von dem, was wir über die Welt zu lesen bekommen haben, kompletter Blödsinn. Mit diesen Dingen werden wir uns in Kapitel drei, **Das Fehlinformationszeitalter,** befassen.

Wir irren nicht nur in Bezug auf das, was *in* der Welt passiert, wir haben auch eine denkbar schlechte Bilanz, wenn es darum geht, Gegebenheiten *an der und über* die Welt auf die Reihe zu kriegen. In Kapitel vier, **Lügen über Land und Leute,** begeben wir uns auf eine Reise durch mehrere Jahrhunderte der, na ja, sagen wir, »kreativen Geografie«. Ob es sich um riesige Bergregionen handelt, die es nie gegeben hat, um unglaubwürdige Erzählungen über sagenumwobene Länder oder um Forschungsreisende, die womöglich gar nicht an den Orten waren, die sie vorgaben, bereist zu haben – wir werden sehen, inwieweit unsere Landkarten durch die Tatsache geformt wurden, dass es herkömmlicherweise ziemlich schwierig ist, sich aufzumachen und die Dinge nachzuprüfen, wenn Leute einfach irgendwelches Zeug über die fernen Regionen der Welt erfinden.

Das ist etwas, das sich der womöglich größte Hochstapler aller Zeiten schamlos zunutze machte – ein Mann, der ein Land betrog, indem er ein anderes Land komplett erfand. Er ist nur einer aus der Reihe der Schmalspurgangster und Großbetrüger, denen wir im darauffolgenden Kapitel, **Handbuch für Hochstapler,** begegnen werden, das unserer ewigen Faszination für Betrüger auf den Grund geht. Von dem verblüffend einfachen Schwindel des eingefleischten Bauernfängers William Thompson über einen sowjetischen Hochstapler, der die Bürokratie nach seiner Pfeife tanzen ließ, bis zu der Französin, die auf der Bürgschaft eines leeren Tresors Jahrzehnte hindurch ein Luxusleben führte, wollen wir uns die unglaublichsten Scharlatane der Geschichte vorknöpfen und die Frage stellen: Wie viel von alledem war Betrug, und wie viel haben sie selbst geglaubt?

Wenn es eine Sache gibt, die jeder über Politiker weiß, dann ist es die Tatsache, dass sie lügen. Sie lügen in Bezug auf die großen Dinge, sie lügen in Bezug auf kleine, und sie lügen in Bezug auf Dinge aller möglichen Größenordnungen dazwischen. Und selbst wenn das (psssst) Politikern gegenüber vielleicht *ein bisschen* unfair sein mag, brauchen sie definitiv ein eigenes Kapitel. In **Lügen von Staats wegen** werden wir uns die schändliche Kunst des politischen Betrugs vornehmen: Von der Kriegspropaganda bis hin zu Politikern, die es scheinbar einfach nicht lassen können, in Bezug auf ihre eigenen Leistungen zu schwindeln.

Wo immer es Geld zu verdienen gibt, gibt es auch jemanden, der bereit ist, die Wahrheit zu verdrehen, um daran zu kommen. In **Krumme Geschäfte** werden wir uns zwei der größten Spielwiesen hierfür vornehmen: die Welt des Handels und die der Medizin. Geschäft hat sich die gesamte Menschheitsgeschichte hindurch immer auf Betrügereien kleiner und größerer Art gegründet: von Ea-nasir, dem Kupferhändler im alten Mesopotamien, der den Leuten das Geld abknöpfte, dafür aber nie Kupfer lieferte (und damit Anlass für die ersten Beschwerdebriefe der Menschheitsgeschichte gab), bis hin zu Whitaker Wright, der im 19. Jahrhundert mit einer Reihe von Gaunereien ein Vermögen verdiente. Und wir werden eine Handvoll berühmte Quacksalber der Menschheitsgeschichte kennenlernen: vom berüchtigten »Wunderarzt« – einem Pionier der neuen Medien mit politischen Ambitionen, der damit reich wurde, dass er impotenten Männern Ziegenhoden implantierte – bis hin zu dem Mann, der seinen Namen unsterblich machte, indem er bei dem Versuch, etwas ganz anderes zu vermarkten, zufällig das Hypnotisieren erfand.

An diesem Punkt werden wir ein paar der beeindruckendsten Lügner der Weltgeschichte kennengelernt haben, aber wenn wir nun glauben, Lügner seien das einzige Problem, das wir haben, steht uns eine böse Überraschung ins Haus. Es zeigt sich nämlich, dass wir Menschen im Kollektiv großes Talent dafür haben, aus dem Nichts Mythen erstehen zu lassen. In **Der ganz normale Kollektivwahnsinn** werden wir sehen, wie kollektiver Wahn, Moralpaniken und Massenhysterien uns dazu verleitet haben, ein paar absolut lächerliche Dinge zu glauben – von den Phantomluftschiffen, die Großbritannien heimsuchten, bis zu dem bemerkenswert verbreiteten Glauben, dass irgendwer oder -was versuche, Männern den Penis zu entwenden, zudem von Drachenjagden in amerikanischen Kiefernwäldern bis hin zu … nun ja, echten Hexenjagden. Wenn es darum geht, in der Wahrheit zu leben, so hat sich gezeigt, sind wir selbst unser schlimmster Feind.

Und im letzten Kapitel **Aufbruch in eine wahrhaftigere Zukunft** werden wir fragen: Was können wir an alledem ändern? Wenn Lügen und Dummschwätzerei die gesamte Geschichte hindurch immer zu verzeichnen waren, was bedeutet das dann für unsere Wissensindustrie – Dinge wie Natur- und Geschichtswissenschaft und all unsere anderen Versuche, Tatsachen über die Welt zu ergründen? Sind wir dazu verdammt, unser Leben auf ewig in einem Nebel aus falschen Informationen zu leben, oder gibt es Dinge, die wir alle tun können, um das Rad ein kleines Stück in Richtung Ehrlichkeit zu drehen?

Dieses Buch nimmt Sie mit auf eine Spritztour durch nur ein paar der unglaublichsten Lügen, des dreistesten Bullshits und der hartnäckigsten Falschbehauptungen der Menschheitsgeschichte. Eine Menge von dem, was Sie hier finden werden, ist nicht zu glauben – und doch wurde alles davon

von irgendwem geglaubt. Am Ende werden Sie verstehen, dass es nie ein Zeitalter der Wahrheit gegeben hat, und Sie werden eine ganz neue Wertschätzung für die wunderbare Bandbreite an Idiotien entwickelt haben, die wir als Art zuwege gebracht haben. Kurz gesagt, dieses Buch wird Sie zu einem besseren, klügeren und attraktiveren Menschen machen.

Ehrlich. Würde ich Sie anlügen?

1

Der Ursprung der Unart

D ies ist ein Buch über Wahrheit oder, genauer gesagt, über Dinge, die nicht der Wahrheit entsprechen. Das bedeutet leider, dass wir, bevor wir uns mit dem eigentlichen Thema des Buches befassen, ein bisschen darüber nachdenken müssen, was »die Wahrheit« eigentlich ist. Und, wichtiger noch, was nicht.

Bedauerlicherweise wird es dabei bemerkenswert rasch höchst unübersichtlich, weil es eine so unglaubliche Fülle an Möglichkeiten gibt falschzuliegen. Das mag manche Menschen überraschen. Viele von uns nehmen an, dass es einfach nur richtig und falsch gibt, und mehr noch, dass beides leicht auseinanderzuhalten ist. Leider ist es nicht ganz so einfach, wie die Menschen seit Langem wissen. Die gesamte Geschichte hindurch sind diejenigen, die über das Wesen der Wahrheit und ihres Gegenteils nachgedacht haben, wieder und wieder mit einem zentralen Prinzip konfrontiert worden: Es gibt eine äußerst begrenzte Zahl an Möglichkeiten, recht zu haben, aber eine nahezu unendliche Zahl an Möglichkeiten, unrecht zu haben.

»Die Wahrheit hat seit jeher nur einen Vater, Lügen aber sind die Bastarde von tausend Männern und werden überall gezeugt«[4], wie der elisabethanische Schriftsteller Thomas Dekker 1606 beklagte. Oder wie es der Philosoph Michel de Montaigne im 16. Jahrhundert in seinem Aufsatz *Die Lügner* ausdrückte: »Wenn die Lüge nur ein Gesicht hätte wie die Wahrheit, da wäre es nicht so schlimm; denn wir könnten das Gegenteil von dem, was der Lügner sagt, als richtig annehmen: aber die Gegenseite der Wahrheit hat hunderttausend Gesichter und einen unendlich weiten Spielraum.«

Dieses Buch ist der Versuch, nur einige wenige dieser hunderttausend Formen aufzulisten.

Die Zeit, in der wir leben, ist bei Weitem nicht die erste, die von der Frage nach Wahrheit beziehungsweise dem Mangel daran besessen ist. Ja, es hat in Europa eine Epoche gegeben, für deren Klima die zeitgenössische Geschichtsschreibung Bezeichnungen wie »Dissimulation und Ambiguität« verwendet, weil Lügen so an der Tagesordnung war – der Kontinent war seit Anfang des 16. Jahrhunderts durch religiöse Konflikte tief gespalten, und jedermann hatte sich eine täuschende Fassade zugelegt, allein um zu überleben.

Niccolò Machiavelli: Er wusste Bescheid.

Machiavelli, ein Mann, der mit der Kunst der politischen Täuschung dermaßen assoziiert wird, dass wir heute seinen Namen (ziemlich unfairerweise) verwenden, um entsprechende Manöver zu benennen, schrieb 1521: »…seit einiger Zeit sage ich nie, was ich denke … und wenn mir doch einmal die Wahrheit entschlüpft, so verberge ich sie …, dass es schwer ist, sie herauszufinden.«[5] Seien wir ehrlich, wir alle hatten bei der Arbeit schon solche Tage.

Die Sorge vorm Belogenwerden hat die Menschheit ihre gesamte Geschichte hindurch derartig umgetrieben, dass sie eine bemerkenswerte Fülle an Methoden ersonnen hat, Lügner zu identifizieren. Die altindischen Veden beispielsweise hielten sich an die Körpersprache und behaupteten: »Ein Lügner beantwortet Fragen nicht oder nur ausweichend. Er redet wirr, scharrt mit dem großen Zeh am Boden und fröstelt. Sein Gesicht verfärbt sich, er massiert mit den Fingern seine Haarwurzeln und versucht, mit allen Mitteln aus dem Haus zu kommen …«[6] Ebenfalls in Indien wurde ein paar Jahrhunderte später eine Methode propagiert, die auf dem Körpergewicht basierte: Der mutmaßliche Lügner wurde auf eine Waage gestellt und sein Gewicht genau austariert. Dann ging man hinaus, ein Richter besprach die Waage eine Weile, dann musste der Beschuldigte erneut auf die Waage treten. War er leichter als zu Beginn, galt er als nicht schuldig.[7]

(Interessanterweise offenbart dies eine komplett andere Beziehung zwischen Gewicht und Wahrheit, als man sie aus vielen Hexenprozessen in Europa kennt: In Indien wurde Leichtigkeit mit Unschuld gleichgesetzt, während in Europa eine Aura von besonderer Leichtigkeit und Beschwingtheit hinreichen konnte, jemanden der Zauberkraft zu zeihen. So gesehen liefert der indische Ansatz ein selten triftiges Argument dafür, bei Gericht pinkeln zu gehen.)

Natürlich bevorzugten andere Kulturen einfachere, direktere Methoden, Lügner zu erkennen. Heiße Schüreisen zum Beispiel oder kochendes Wasser. Es ist unklar, ob diese in irgendeiner Weise wirksamer waren.

Lange Zeit haben Menschen beträchtliche Anstrengungen in Versuche gesteckt, die verschiedenen Arten von Unwahrheiten zu klassifizieren. Es war ein bisschen so, als würde ein Theologe eine Buzzfeed-Liste erstellen. Schon im Jahr 395 machte Augustinus einen grandiosen Anfang und unterschied acht Stufen des Lügens, hier in absteigender Reihenfolge nach ihrer Verwerflichkeit sortiert: Lügen in Glaubenssachen, Lügen, die anderen schaden und niemandem nützen, Lügen, die anderen schaden und jemandem nützen, Lügen, die aus reiner Lust am Lügen erzählt werden, Lügen, die erzählt werden, um »andere zu beeindrucken«, Lügen, die niemandem schaden und jemandem materiell helfen, Lügen, die niemandem schaden und jemandem spirituell helfen, und Lügen, die niemandem schaden und jemanden vor »körperlicher Entehrung« bewahren. (Ich glaube, mit Letzterem hat er so was gemeint wie jemandem beim Singletreff die Tour vermasseln, aber ich bin mir nicht hundertprozentig sicher.)

Dieser Tage definieren wir Lügen freilich anders. Aber selbst da gibt es Feinheiten, die Ihnen womöglich bisher verborgen geblieben sind: Die »weißen Lügen« habe ich ja bereits erwähnt – fromme Notlügen, harmlose kleine, sozialverträgliche Schwindeleien, die es uns ermöglichen, miteinander auszukommen, ohne uns gegenseitig umzubringen –, aber wussten Sie, dass es noch andere Farben von Lügen gibt? »Gelbe Lügen« sind so etwas wie Ausreden, die aus Verlegenheit, Scham oder Feigheit erzählt werden, um ein Versagen zu kaschieren: »Mein Laptop hat den Geist aufgegeben, und dabei ist der Bericht verloren gegangen, den ich Ihnen für heute definitiv zugesagt hatte.« »Blaue Lügen« sind eher das Gegenteil, sie spielen die eigene Leistung herunter und werden aus Bescheidenheit erzählt (»Oh, der Bericht ist nichts Besonderes, Cathy hat das meiste davon geschrieben, echt.«). »Rote Lügen« sind die womöglich interessantesten von allen: Lügen, die ohne jede Betrugsabsicht erzählt werden. Der Sprecher weiß, dass er lügt, seine Zuhörerschaft weiß, dass er lügt, und der Sprecher weiß, dass die Zuhörer es wissen. Das Ziel ist nicht, jemanden in die Irre zu führen – vielmehr soll den Zuhörern etwas signalisiert werden, das nicht laut gesagt werden kann (ob es sich dabei nun ganz einfach um ein »Leck mich« handelt oder um ein etwas wohlwollenderes: »Sollen wir nicht alle so tun, als ob das nicht passiert wäre«?). Stellen Sie sich ein Paar vor, das vor seinen Nachbarn so tut, als hätte es gestern Abend nicht diesen fürchterlichen Krach gehabt, obwohl es weiß, dass jeder es mitbekommen hat, und Sie haben die grobe Richtung.

Es heißt, eine Lüge könne um die halbe Welt reisen, während die Wahrheit noch dabei ist, sich die Stiefel zu schnüren. (Bei der Frage, *wer* das eigentlich gesagt hat, liegen die Dinge allerdings verzwickter. Oft wird der Ausspruch Mark Twain zugeschrieben oder Winston Churchill oder auch Thomas Jefferson oder einer beliebigen Zahl anderer aus den Reihen der üblichen Verdächtigen für Zitat-Zuschreibungen. Diese Zuschreibungen sind, wie könnte es anders sein, sämtlich falsch. Die erste Formulierung in diesem Sinne stammt möglicherweise von Jonathan Swift, der 1710 schrieb: »Die Falschheit fliegt und die Wahrheit kommt hinterhergehinkt.«)

Jonathan Swift beim Ersinnen von irgendeinem Quatsch

Wer auch immer es gesagt hat, es trifft mit Sicherheit zu, dass Bullshit sich mit bemerkenswerter, ja beängstigender Geschwindigkeit verbreiten kann, wie Sie vermutlich wissen, wenn Sie je versucht haben, Gerüchten im Internet entgegenzutreten – was übrigens mein Brotberuf ist, also glauben Sie mir, ich verstehe etwas davon.

In Wirklichkeit aber hat der Grund dafür, dass die Unwahrheit die Lüge so oft überflügelt, weniger mit der relativen Geschwindigkeit von Fakten und Fiktionen oder gar mit der unpraktischen Fußbekleidung der Wahrheit zu tun als vielmehr mit der schieren Masse und Vielfalt an Unwahrheiten, die da im Angebot sind. Auf jede Lüge, die einmal um die halbe Welt reist, kommen bestimmt Tausende, die es nicht einmal über die Türschwelle schaffen. Aber die unfassbare Zahl an potenziellen Lügen, die da draußen lauert, losgelöst von aller Notwendigkeit, sich mit der Realität zu messen, bildet eine riesige darwinsche Spielwiese der Konkurrenz um die überzeugendsten und dauerhaftesten Lügen – jene Zombie-Unwahrheiten, die einfach nicht totzukriegen sind. Das ist so ähnlich wie bei jenen Fischarten, die zwei Millionen Eier ablegen, nur damit immerhin zwei ihrer Nachkommen überleben können.

Die Wahrheit hingegen ist … nun ja, irgendwie langweilig. Sie thront einfach da, ein kleiner grauer Klumpen von unbestimmbarer Größe, vertraut, aber unergründlich. Außer ziemlich öde zu sein ist sie bemerkenswert frustrierend, denn wie jeder, dessen Job darin besteht zu versuchen, kleinen Fitzelchen Wahrheit auf die Spur zu kommen, bezeugen wird, hat sie die fiese Angewohnheit, einem grundsätzlich durch die Finger zu gleiten, sobald man glaubt, sie in Händen zu halten.

Natürlich gibt es bestimmte Dinge, die schlicht und unbestreitbar wahr sind: Feuer ist heißer als Eis, im Vakuum ist die Lichtgeschwindigkeit konstant, der beste Song aller Zeiten ist »Dancing On My Own« von Robyn. Aber sobald Sie sich jenseits dieser unabänderlichen Naturgesetze bewegen, werden die Dinge alarmierend rasch sehr undurchsichtig. Sie ertappen sich dann gerne mal bei Sätzen wie »die besten verfügbaren Belege deuten darauf hin, dass …«, und: »Ja, aber wie steht es mit dem großen Ganzen?« Jeder, der schon einmal Zeit mit dem Streben nach Genauigkeit und Beweisen zugebracht hat, weiß, dass jedes neue Bruchstückchen Wahrheit die Tendenz besitzt, zehn weitere Fragen aufzuwerfen. Jedes Mal, wenn Sie glauben, der Erleuchtung näher zu kommen, zieht sich die Wirklichkeit ein weiteres Stückchen gen Horizont zurück, und Sie ertrinken in einem Meer von Vorbehalten. So betrachtet ist Wahrheit weniger etwas *Dingfestes* als vielmehr eine lange verwirrende Reise an ein Ziel, das Sie nie erreichen werden.

Die Abermillionen von Unwahrheiten, die unsere Welt uns währenddessen bietet, sind verführerisch, vielseitig, wandelbar und – wenn wir ehrlich sind – unter Umständen irre lustig. Es ist dieser unermessliche Facettenreichtum der Unwahrheit, mit dem sich dieses Buch befassen wird, denn Lügen sind nichts weiter als nur eines der »hunderttausend Gesichter«, über die die Kehrseite der Wahrheit verfügt.

Da gibt es die Meinungsmache, die Kunst der politischen Irreführung. Das Abgefeimte an der Meinungsmache ist, dass sie nicht notwendigerweise lügen muss, um unehrlich zu sein. Während viele Politiker lügen – schockierende Neuigkeit, ich weiß –, besteht der wahre Gipfel der Kunst des Meinungsmachers darin, etwas komplett Unwahres zu suggerieren, dabei aber nur Wahres zu sagen – sozusagen aus ehrlichen Ziegelsteinen ein Lügenhaus zu errichten. Dann ist da noch Verblendung am Werk: die ungebrochene Fähigkeit des Menschen, unrecht zu haben, sich dabei aber einzureden, dass man im Recht ist, ob es nun um die unablässige Überschätzung unserer eigenen Fähigkeiten geht oder unsere Anfälligkeit für Massenhysterien und die Herrschaft des Mobs. Und dann ist da noch die am weitesten verbreitete und vielleicht schlimmste Variante von allen: Bullshit – anmaßendes, hohles Gelaber.

Wir haben dem Philosophen Harry G. Frankfurt dafür zu danken, dass er sich die Mühe gemacht hat, den Begriff Bullshit auseinanderzuklamüsern – er war mit seiner epochalen Arbeit »Bullshit« der Erste, der ernsthaft Zeit in die Analyse dieses komplexen Sachverhalts gesteckt hat. (Ja, Harry Frankfurt hat als Philosoph eindeutig eine Menge Spaß.)

Frankfurts Haupterkenntnis ist, ungeachtet dessen, was Sie womöglich denken, dass Lügen und Bullshit-Reden nicht ein und dasselbe sind. Er schreibt:»Niemand kann lügen, so er nicht glaubt, die Wahrheit zu kennen. Zur Produktion von Bullshit ist eine solche Überzeugung nicht erforderlich.«

Mit anderen Worten, einem Lügner liegt die Wahrheit sehr am Herzen – aus demselben Grund, aus dem einem Seemann Eisberge am Herzen liegen. Er muss wissen, wo sie sich befinden, um exakte und wohlgeplante Maßnahmen treffen zu können, diese zu umschiffen. Für den Bullshitter dagegen ist die Wahrheit irrelevant. Beim Bullshitten gilt eine kleine, versehentlich eingestreute Prise Wahrheit bestenfalls als optionales Plus: Wenn die Bullshit-Welt, die Sie kreieren, sich gelegentlich mit der realen Welt überschneidet, schadet Ihnen das nicht, ja, es kann Ihnen sogar einen nützlichen Bonus verschaffen. Für einen Lügner hingegen kann sich das sorglose Zulassen einer unbequemen Tatsache als fatal erweisen.

Bullshit operiert auf der Ebene reiner Traumtänzerei, baggert sich fröhlich durch alle Ungereimtheiten, weil es im fraglichen Moment, na ja, eben gut aussieht. Frankfurt erklärt, in seinen Augen liegt»das Wesen des Bullshit … in dieser Gleichgültigkeit gegenüber der Frage, wie die Dinge wirklich sind«.

In ihren Auswirkungen auf die Welt im Großen unterscheiden sich beide infolgedessen tiefgreifend. Die Lüge ist das Skalpell, Bullshit ein Bulldozer. Wenn Sie sich in jüngster Zeit in der Welt umgeschaut und gefragt haben, wie diese lügenden Lügner mit ihren dreisten Lügen so ungeschoren davonkommen können und warum die Leute ihre Lügen nicht Lügen nennen, nun … hier liegt die Antwort: Sie haben sie der falschen Sache beschuldigt. Lügen – ein trickreiches, detailversessenes Geschäft – ist genaugenommen nicht unser Hauptproblem. Unser Hauptproblem ist Bullshit – dummes, anmaßendes Hohlgeschwätz.

Und dann, jenseits von alledem, gibt es noch das gute alte Unrechthaben.

Wie ich bereits erwähnt habe, verdiene ich meine Brötchen in einer Organisation, die Fakten checkt, und als solche kommen wir mit schöner Regelmäßigkeit mit dem gesamten Olymp der Möglichkeiten in Berührung, wie Menschen irren können. So sehr, dass wir uns im vergangenen Jahr zu einer Art Gedankenexperiment veranlasst sahen, mit dem wir versuchen wollten, die Leute in unserer Organisation dazu zu bringen, sich Gedanken über die vielen verschiedenen Arten von Fehlern zu machen, auf die man in freier Wildbahn so stößt. Die Idee ist, den gesamten verwirrenden, chaotischen Kram, von dem die meisten Dinge der Welt umgeben sind, loszuwerden und alles auf eine einzige schlichte Feststellung aus einer einzigen Quelle herunterzubrechen – eine Aussage, zu deren Bestätigung oder Widerlegung Sie keine weiteren Quellen heranziehen können. Wir haben es »Uhrenspiel« genannt, und so funktioniert es:

Sie werden durch das penetrante Klingeln eines Telefons aus dem Schlaf geschreckt. Sie schlagen die Augen auf. Sie befinden sich in einem Ihnen fremden Raum, schwach erhellt durch einen Lichtstrahl, der aus einem Türspalt, der um die Ecke verborgen liegt, herüberschimmert, Sie mutmaßen, dass er aus dem Bad kommt. Aus dem allgemeinen Design Ihrer Umgebung, das Ihnen signalisiert, »eine Art von Zuhause, aber kein richtiges«, schließen Sie, dass es sich um irgendeine Art Hotelzimmer handelt. Sie sind sich nicht sicher, wo Sie sind, oder wie Sie hierhergelangt sind – aber aus dem vernebelten Zustand Ihres Gehirns schließen Sie, dass Sie extrem unter Jetlag leiden.

Sie haben keine Ahnung, wie lange Sie geschlafen haben.

Sie blicken sich im Zimmer um, suchen nach irgendwelchen Anhaltspunkten. Es ist keine Uhr zu sehen, dunkle Vorhänge verhüllen die Fenster, sodass Sie keinerlei Hinweis darauf haben, ob nun Tag oder Nacht ist. Das Telefon neben Ihrem Bett klingelt noch immer viel zu laut. Umständlich nehmen Sie den Hörer ab.

»Hey, du hast es geschafft!«, verkündet eine etwas zu fröhliche Stimme am anderen Ende. Die Stimme hat einen unbestimmbaren Akzent, den Sie nicht richtig zuordnen können.

»Hä?«, geben Sie zurück, »wer ist da?«

»Hier ist Barry!«, erklärt die Stimme. »Bin froh, dich endlich an der Strippe zu haben!« Sie sind sich nicht sicher, ob Sie einen Barry kennen, beschließen aber, das Spiel mitzuspielen.

»Ich, äh …«, beginnen Sie, bevor Ihnen aufgeht, dass Sie gar kein Ende zu dem Satz haben, den Sie da eben angefangen haben. »Äh … wie spät ist es?«, fragen Sie lahm.

»Einen Augenblick«, sagt die Person, die behauptet, Barry zu sein, »lass mich rasch gehen und auf die Uhr schauen.« Sie hören das Geräusch eines abgelegten Telefons und Schritte, die sich entfernen. Zeit vergeht, es können wenige Sekunden sein oder ein paar Minuten, Sie sind sich nicht sicher. Die Schritte nähern sich erneut.

»Es ist fünf Uhr, Kumpel«, sagt der selbst ernannte Barry.

»Okay …«, entgegnen Sie.

Der Witz an dem Spiel ist: Können Sie auflisten, was alles dazu angetan sein könnte, Ihnen in diesem einen Augenblick einen falschen Eindruck von der Tageszeit zu vermitteln? Spoileralarm: Es gibt vermutlich mehr Möglichkeiten, als Sie annehmen! Wir sind bisher bei mehr als zwanzig, und selbst dabei haben wir ganz bestimmt einige übersehen.

Nur zu, nehmen Sie sich einen Augenblick und schauen Sie, wie viele Ihnen einfallen. Stellen Sie sich vor, im Hintergrund spielt derweil ein bisschen gefällige Hintergrundmusik.

[»TAKE FIVE« VON DAVID BRUBECK LÄUFT, WÄHREND SIE SICH DEN KOPF ÜBER UHREN ZERBRECHEN UND MÖGLICHERWEISE AUCH ÜBER DER FRAGE, OB DER AUTOR PLÖTZLICH VERRÜCKT GEWORDEN IST.]

In Ordnung, sind Sie wieder da? Gut! Nehmen wir zuerst die, die auf der Hand liegen: Barrys Uhr könnte falsch gehen: Sie könnte vor- oder nachgehen, vielleicht auch ganz stehen geblieben sein, vielleicht geht sie auch richtig, wurde aber am Anfang falsch gestellt. Vielleicht ist es eine von diesen schwer abzulesenden Dingern, eine von diesen hypermodernen Designerstücken aus recyceltem Treibholz und Glaskugeln, die an der Wand sehr hübsch aussehen, aber nicht dazu taugen, Ihnen die Zeit genauer als Pi mal Daumen anzugeben. Vielleicht war es gar keine Uhr. Vielleicht war es nur ein Bild von einer Uhr? Vielleicht hat Barry gar keine Uhr und hat sich früher am Tag nur von irgendwem eine Uhrzeit auf ein Stück Papier kritzeln lassen.

Vielleicht befinden Sie und Barry sich in unterschiedlichen Zeitzonen, sodass er zwar mit der Zeit genau richtiglag, die Auskunft für Sie aber gar nicht zutrifft. Vielleicht hat er die Zeit aus Bequemlichkeit einfach auf die nächste Stunde aufgerundet, aber das ist für Sie nicht sonderlich hilfreich, weil Sie wissen wollten, ob es näher an halb sechs ist. Vielleicht war es fünf Uhr, als er auf die Uhr gesehen hat, aber bis er wieder bei Ihnen am Telefon war, hat die Zeit gar nicht mehr gestimmt.

Vielleicht hat Barry Sie absichtlich angelogen, was für verderbte Gründe solche Barrys auch immer dafür haben könnten. Vielleicht hat er nicht gelogen, sondern Bullshit geredet, weil er die Uhr nicht lesen kann, es aber nicht zugeben wollte. Vielleicht glaubt er, die Uhr lesen zu können, weiß aber in Wirklichkeit nicht, wie Uhren funktionieren. Vielleicht wollte er neun Uhr sagen und hat sich versprochen.

Oder vielleicht hat er »neun Uhr« gesagt, und Sie haben sich verhört. Vielleicht sind Sie derjenige, der nicht richtig kapiert, wie das mit der Zeit funktioniert, und denken in diesem Augenblick: »Ah, fünf Uhr, also kurz vor Mitternacht.« Vielleicht sind Sie davon ausgegangen, dass er vergisst, die Zeit einzurechnen, die er gebraucht hat, um zum Telefon zurückzugehen, und denken jetzt, dass es in Wirklichkeit irgendwas wie fünf nach fünf ist, er aber hat das sehr wohl einkalkuliert, und damit haben Sie jetzt doppelt korrigiert.

Vielleicht nehmen Sie in Ihrem leicht paranoiden Zustand aber auch an, dass Barry Sie anlügt – somit ist das, was Sie jetzt ganz sicher zu wissen glauben, dass es definitiv *nicht* fünf Uhr ist. Aber Sie liegen falsch. Barry ist ein braver Mann, er ist Ihr Freund und würde Sie niemals anlügen. Es ist wirklich fünf Uhr. Ihr mangelndes Vertrauen hat Sie irregeleitet.

Vielleicht verwenden Barry und Sie nicht einmal dasselbe Zeitsystem. Vielleicht ist er Ingenieur bei der NASA, arbeitet an einem Marsprojekt und hat seine Uhr auf Mars-Tage umgestellt, die 37 Minuten länger als Erdentage dauern.

Vielleicht handelte es sich bei »es ist fünf Uhr« gar nicht um den Versuch, Ihnen die Zeit mitzuteilen, sondern um ein Code-Wort als Erkennungszeichen der Geheimorganisation, für die Sie beide arbeiten, was Sie aufgrund einer traumabedingten Amnesie komplett vergessen haben.

Vielleicht kann Zeit, jener mysteriöse Strom, den wir alle entlangtreiben, von Menschen gar nicht wirklich bemessen werden, und so liefern all unsere Mühen, dies trotzdem zu bewerkstelligen, nicht mehr als sehr grobe Annäherungen.

Oder vielleicht … Vielleicht hat er einfach morgens gemeint, und Sie dachten, er meint nachmittags.

Nun, dies alles mag Ihnen, frei heraus gesagt, wie blanker Unsinn vorkommen – aber tatsächlich passt zu jedem der Fälle von potenziellen Missverständnissen ein aus der Wirklichkeit stammendes Beispiel dafür, wie falsche, mangelhaft recherchierte Informationen in die Welt gelangen können. Ja, sogar sehr weit hergeholte wie das Beispiel mit der Mars-Zeit oder Barrys Versuch, sich Ihnen mit einem Superspion-Codewort zu erkennen zu geben.

Einige der Beispiele aus der Realität sind ziemlich naheliegend (lügen ist lügen, Bullshit verzapfen ist Bullshit verzapfen). Zu stark aufzurunden, Abweichungsfehler (wie die Zeit zwischen Uhr und Telefon) nicht zu berücksichtigen oder nicht zu merken, dass Ihre Bezugsquelle einfach unzuverlässig ist (wie die nachgehende Uhr), sind ziemliche Allerweltskomplikationen, vor allem, wenn Sie es mit Tatsachen zu tun haben, die auf Daten basieren. Der Versuch, die Zeit von einer stehen gebliebenen Uhr abzulesen oder von einem Stück Papier, passt zu der menschlichen Gewohnheit, sich auch dann seiner Sache sehr sicher zu sein, wenn ziemlich offensichtlich ist, dass in Wirklichkeit keinerlei sachdienliche Informationen vorliegen, mit denen wir etwas anfangen können. Barrys Mars-Uhr ist übrigens ein recht verbreitetes Beispiel für Leute, die nicht realisieren, dass sie für ein gemeinsames Konzept komplett unterschiedliche Grundannahmen heranziehen (erinnern Sie sich, dass Christoph Kolumbus Amerika nur deshalb »entdeckte«, weil er eine völlig falsche Vorstellung davon hatte, wie weit Asien entfernt war, denn er hatte den Erdumfang anhand einer Referenz errechnet, von der er annahm, dass sie in römischen Meilen angegeben war, in Wirklichkeit aber von arabischen Meilen handelte, die eine ganz andere Länge haben).

Seltsamerweise habe ich bei der Recherche für dieses Buch festgestellt, dass wir nicht die Ersten waren, denen diese Art von Gedankenexperiment in den Sinn kam. Im Jahr 1936 legte Vilhjalmur Stefansson, ein Mann mit einer einigermaßen bewegten Karriere als furchtloser Arktisforscher, so etwas wie eine berufliche Wende hin und schrieb ein Buch des Titels »Adventures in Error« – das Eingangszitat dieses Buchs stammt daraus. Er liefert darin ein ganz ähnliches Beispiel, nur dass er statt einer Uhr eine Kuh bemüht. Sein Gedankenexperiment beginnt mit folgendem Szenario: *»Ein Mann kommt von draußen herein und berichtet, im Vorgarten stehe eine rote Kuh.«*[8] Nun, das ist etwas, bei dem Sie zunächst einmal annehmen würden, dass es hier nicht allzu viel Uneindeutigkeit gibt. Eine rote Kuh im Vorgarten ist in hohem Maße eine Entweder-ja-stimmt-oder-nein-stimmt-nicht-Situation. Aber Stefansson merkt an, dass es hier »eine Menge Möglichkeiten« gibt falschzuliegen. Die Kuh ist vielleicht gar keine Kuh, sondern ein Ochse oder eine Färse. Er fügt noch hinzu, dass der Mann »vielleicht farbenblind war und die Kuh (jetzt einmal vom philosophischen Aspekt abgesehen) vielleicht gar nicht rot war«. Oder, so räumt er ein, vielleicht hatte, als der Mann uns von der Kuh erzählte, ein Hund sie längst vertrieben.

Ich hoffe, dass dieses ganze Geschwätz über Kühe und Uhren Sie davon überzeugt hat, dass es sehr gute Gründe dafür gibt, manchmal das Gefühl zu haben, in einem Meer der Unwahrheiten zu ertrinken: Letztere hat einfach einen natürlichen Vorteil gegenüber der Wahrheit, weil es so viel mehr davon gibt. Aber das ist nicht ihr einziger Bonus. Unsere Gehirne und Gesellschaften weisen eine Menge Eigenheiten auf, die es der Unwahrheit leichtmachen zu gedeihen.

Viele Jahrhunderte hindurch haben wir geglaubt, Lügen sei ein Merkmal, das allein dem Menschen eigen ist, unsere Ursünde, wenn Sie so wollen. Aber es hat sich gezeigt, dass Menschen nicht die einzigen Wesen sind, die lügen. Die Beweise mehren sich, dass auch unsere Primatencousins einander manchmal aktiv betrügen, ja, das Leben vieler Tiere und Pflanzen fußt auf Täuschung – denken Sie an ein Opossum, das sich tot stellt, den Kuckuck, der sich im fremden Nest füttern lässt, oder die Orchidee, die wie ein sexy Wildbienenmädel aussieht, um ein lüsternes Männchen zur Bestäubung anzulocken. Nun werden Sie vielleicht zu Recht einwenden, nun, das ist ja kein Lügen im eigentlichen Sinne – sondern lediglich das nicht willentlich gesteuerte Endprodukt aus vielen Generationen evolutionären Wettrüstens. Was gut und schön ist, aber es gibt jede Menge Belege dafür, dass einige der helleren Tiere durchaus der vorsätzlichen Täuschung fähig sind.

Um ein besonders denkwürdiges Beispiel zu geben: In seinem Aufsatz »Können Tiere lügen?« erwähnt der Linguist Thomas A. Sebeok einen »hübschen Tiger« im Zürcher Zoo, der gelernt hatte, »mittels einer Abfolge an interessanten Verhaltensweisen«[9] Besucher an die Gitterstäbe seines Geheges zu locken. Wenn der faszinierte Besucher nahe genug war, durchweichte ihn der Tiger – man kann es nicht anders ausdrücken – mit einem mächtigen Pissestrahl. Das Tier hatte allem Anschein nach solches Gefallen an seinem Trick gefunden, dass die Zooverwaltung sich schließlich veranlasst sah, ein Schild aufzustellen, das die Besucher warnte, dem Tiger sei nicht zu trauen.

Dieser pissige Tiger steht beileibe nicht allein da. Ein Delfin in einer Forschungseinrichtung in Mississippi, dem man mit Fischen als Belohnung antrainiert hatte, Müll aus seinem Becken zu angeln, lernte, Müll unter einem Stein zu verstecken, um ihn dann an die Oberfläche zu bringen und sich nach Belieben Fisch zu erschleichen.[10] Schimpansen hat man bei einer Fülle an Täuschungsmanövern beobachtet. Ein Beispiel: Wenn Schimpansen nervös werden, grinsen sie unwillkürlich – ein Männchen, das von einem anderen bedroht wurde, das hinter ihm stand, wurde dabei gesehen, wie es, um den Eindruck zu erwecken, dass es keine Angst hatte, ganz bewusst seine Lippen wieder über die Zähne schob, bevor es sich umdrehte. Ein anderes junges Männchen, das rangniederste in seiner Gruppe, wurde beobachtet, wie es heimlich ein Weibchen zu verführen suchte, an das die anderen Männchen es normalerweise nicht heranlassen würden. Als eines der ranghöheren Männchen es unterbrach, verbarg es seine Erektion mit beiden Händen, als sei es einer britischen Sex-Comedy der 1970er-Jahre entsprungen.[11]

Rosstäuscherei ist in der Natur gang und gäbe, wir sollten also nicht zu streng mit uns sein, wenn wir hin und wieder die eine oder andere Schwindelei erzählen.

Es ist auch so, dass Täuschen nicht schlicht naturgegeben ist – es hat sich allem Anschein nach im Verlauf der Evolution entwickelt. Eine wissenschaftliche Studie zeigt, dass es quer durch alle Primaten eine enge Korrelation zwischen der Größe des Neocortex (dem Teil des Säugetiergehirns, der sich mit komplexen Aufgaben wie zum Beispiel Sprache befasst) und der Häufigkeit von Betrügereien, Täuschungsmanövern bei den jeweiligen Arten gibt.[12] Mit anderen Worten: Größere Gehirne bedeuten mehr Lügen. Gut möglich, dass die Herausforderungen eines Lebens in komplexen sozialen Gruppen – unter anderem die Notwendigkeit, die eigenen Zeitgenossen hin und wieder zu beschwindeln – ein Motor waren für die zunehmende Komplexität und Größe unseres Gehirns. Diese Verknüpfung zwischen kognitiver Leistungsfähigkeit und der Fähigkeit zum Lügen vollzieht sich auch beim Heranwachsen. Kinder erzählen ihre ersten Lügen mit etwa zweieinhalb Jahren, nicht lange nachdem sie angefangen haben zu reden. Die ersten Lügen sind schlichte »Wunscherfüllungslügen« – »Ich will lieber nicht derjenige sein, der die Kekse stibitzt hat.«[13] Aber im Zuge dessen, dass die geistigen Fähigkeiten eines Kindes heranreifen, es eine Theory of Mind entwickelt und den Austausch mit anderen in seiner Komplexität zu erfassen beginnt, macht gleichzeitig auch seine Fähigkeit zum Lügen rasante Fortschritte.

Wie verwurzelt die Unwahrheit in unserem täglichen Leben ist? Womöglich stärker, als Sie denken. Psychologische Untersuchungen deuten darauf hin, dass Sie in einer Unterhaltung mit jemandem, den Sie soeben kennengelernt haben, innerhalb der ersten zehn Minuten im Durchschnitt bereits dreimal gelogen haben werden.[14] Andere Studien besagen, dass jeder von uns an jedem Tag wenigstens einmal lügt – wobei man bei diesen Studien die Probanden gebeten hat, Auskunft darüber zu geben, wie häufig sie lügen, das heißt, das Ganze ist ein Stück weit angreifbar, besteht doch die Möglichkeit, dass die Leute diesbezüglich … nun ja, gelogen haben.

Das ist nicht das einzige potenzielle Problem, vor dem man steht, wenn man Leute fragt, wie oft sie lügen. Als ich dieses Buch zu schreiben begann, bestand eines meiner Vorhaben ursprünglich darin, ein »Lügentagebuch« zu führen – ich wollte einige Wochen gewissenhaft darauf achten, wann ich womöglich etwas Unwahres sage, und dies dann aufschreiben. Es sollte ein Selbstversuch werden, der mir helfen würde zu erkennen, in welchem Maße unser Leben wirklich von Unwahrheit durchdrungen ist, sogar (oder insbesondere) für diejenigen unter uns, die sich selbst für zutiefst ehrliche Menschen halten. Ich war total begeistert von der Idee, allerdings auch ein bisschen nervös: Wie viele Freundschaften, so fragte ich mich, würden durch die Veröffentlichung dieses Buchs wohl auf immer dahin sein?

Am Ende hätte ich mir die ganzen Gedanken sparen können. Nicht weil sich herausgestellt hat, dass ich ein leuchtendes Beispiel an Reinheit und Wahrheit bin (ich meine, natürlich *bin* ich das), sondern vielmehr, weil jeder Versuch, den ich unternahm, meine Lügen aufzuzeichnen, nach ungefähr einem Tag krachend scheiterte.

Ganz einfach: Ich war nicht in der Lage zu merken, wann ich anfing, Bullshit zu reden.

Ich weiß ganz sicher, dass ich in dieser Zeit gelogen habe. Nichts davon war besonders ruchlos: Ich habe beim Schreiben dieses Buchs keine größeren Verbrechen begangen. Grob gesagt fielen meine Lügen in drei Kategorien: Lügen in Bezug auf das, was ich bereits geschafft hatte, Lügen in Bezug auf das, was ich in nächster Zukunft würde schaffen können, und Lügen in Bezug auf mein soziales Leben.

Kategorie eins bestand zumeist aus Texten und Mails an meinen Lektor und meinen Agenten, in denen ich behauptete, dass es mit dem Buch ordentlich voranginge und ich schon eine Menge geschrieben hätte. (Entschuldigung.) Die zweite richtete sich vor allem an Kollegen, denen ich zuversichtlich versicherte, dass ich jetzt endlich dazukäme, das, was immer es war, was ich ihnen als Nächstes versprochen hatte, in Angriff zu nehmen und ganz bestimmt bis morgen etwas für sie hätte. (Gleich noch mal Entschuldigung.) Die dritte bestand aus jenem großen Sammelsurium an kleinen weißen Lügen, die die Gesellschaft davor bewahrt, in eine tödliche Abwärtsspirale der gegenseitigen Beschuldigungen zu geraten: zusammengesponnene Ausreden, warum man nicht zu einer Party kommen könne; fadenscheinige Behauptungen der Art, man habe einen Text eben erst gesehen, hohle Phrasen von der Sorte: Jawohl, du bist in dieser Auseinandersetzung zweifellos der Vernünftige, die andere Person hört sich an wie ein kompletter Armleuchter und hat mit Sicherheit absolut kein bisschen recht.

(Diese Kategorie wäre sicher sehr viel umfangreicher geworden, wenn ich zu der Zeit nicht, nun ja, versucht hätte, ein Buch zu schreiben – und daher viele Monate damit zugebracht habe, alle Einladungen, mit in die Kneipe zu kommen, mit einer komplett ehrlichen Begründung abzulehnen, damit nämlich, dass ich mich auf das wichtige Tun zu konzentrieren habe, mit leerem Blick auf den Bildschirm zu starren, ohne eine Zeile zu schreiben. Toptipp für Eigenbrötler: Ein dräuender Abgabetermin für ein Buch ist eine hervorragende und durch und durch ehrliche Ausrede, sich aus sozialen Unternehmungen auszuklinken!)

Die meiste Zeit über war mir in dem Moment, da ich sie von mir gab, sehr bewusst, dass es sich um Lügen handelte – mit Ausnahme gelegentlicher Versprechungen, etwas zu erledigen (die oftmals auf der reinen und schlichten Illusion beruhten, ich könne in jeder der sechsunddreißig Stunden, die nach meinem Gefühl einen Tag ausmachen, gleich produktiv sein). Und dennoch passierte während des eigentlichen Erzählens irgendwas in meinem Kopf – ein Schalter legte sich um, und ich blendete vorübergehend aus, dass ich kleine, hübsch portionierte Häppchen Mist von mir gab. Das ist etwas, das mir nie vorher aufgefallen war, sondern erst als ich mir zur Aufgabe gemacht hatte, meine kleinen weißen Lügen niederzuschreiben. Ich war in dem Augenblick schlicht nicht imstande, sie zu erkennen. Es fühlte sich an, als verfügte mein Gehirn über einen Selbstverteidigungsmechanismus, der es davor schützte, zu sich selbst zu sprechen.

Ich habe keine Ahnung, ob das Gehirn von irgendjemand anders auf diese Weise funktioniert. Es ist absolut möglich, dass ich gerade aus Versehen herausgefunden habe, dass ich ein Psychopath bin. Aber mal so ins Blaue geraten, ich glaube, die Chancen stehen ziemlich gut, dass es einer ganzen Menge Leute so geht.

Lügner lügen, Bullshitter reden Bullshit. Bis hierher ist es einfach. Wirklich interessant aber ist nicht die Frage, warum Leute Dinge sagen, die nicht wahr sind – das wird es immer geben. Nein, die wirklich interessante Frage ist, warum manche Lügen hängen bleiben und nicht totzukriegen sind – warum ungeachtet all unserer erklärtermaßen vorhandenen Achtung vor der Wahrheit und all der Strukturen, die wir als Gesellschaft geschaffen haben, um Unwahrheit zu erkennen und auszumerzen, manche Unwahrheiten weithin geglaubt werden. Mit anderen Worten, wie kommen Bullshitter damit durch?

Der Grund dafür ist, dass Lügen neben der rein zahlenmäßigen Überlegenheit über die Wahrheit aus gewissen strukturellen Gründen im Vorteil sind. In diesem Buch werden wir immer wieder sieben Hauptmechanismen begegnen, die die Verbreitung und das Festsetzen von Lügen begünstigen.

Die Aufwandsschwelle

Mit einer solchen Hemmschwelle haben Sie es zu tun, wenn die Schwierigkeit, den Wahrheitsgehalt von etwas zu prüfen, schwerer wiegt als die mutmaßliche Bedeutung der so gewonnenen Erkenntnis. Der Hauptpunkt dabei ist, dass dies an beiden Enden der Skala gilt: Es wirkt bei Dingen, die relativ leicht zu überprüfen wären, aber so trivial sind, dass sich keiner die Mühe macht, und genauso bei Dingen, die relativ wichtig sind, aber gleichzeitig schwer nachzuprüfen. Der Grund dafür, dass im 16. Jahrhundert Forschungsreisende mit der Behauptung davonkamen, dass es in Patagonien eine Population von vier Meter großen Riesen gibt, ist derselbe wie der, dass Sie in aller Regel damit durchkommen, wenn Sie Ihre Mathenoten im Lebenslauf ein bisschen nach oben schminken. Klar, es *könnte* wer nachprüfen, aber macht sich wirklich jemand die Mühe?

Das ist etwas, was ein gewiefter Bullshitter intuitiv erfasst. Es ist schlicht ineffizient, Unwahrheiten zu konstruieren, die mehr Überprüfung standhalten würden, als sie je erfahren werden. Ein talentierter Lügner locht seine Unwahrheiten – große wie kleine – weit jenseits der Aufwandsschwelle ein.

Informationsvakuen

Wir stellen uns Wahrheit und Lüge oft so vor, als lägen die beiden ewig miteinander im Clinch. Aber zu den Dingen, die die Aufwandsschwelle mit sich bringt, gehört, dass die Wahrheit in vielen Fällen zu diesem Clinch gar nicht aufkreuzt. Es gibt auf der Welt einfach einen solchen Berg von Sachen, über die wir null wissen. Und sobald es an Information mangelt, sinkt – wann immer irgendetwas auftaucht, was *so tut,* als sei es Information – unsere Hemmschwelle, solches zu glauben, auch wenn es keinerlei guten Grund dafür gibt.

Das alles passt zu einem kognitiven Wahrnehmungsfehler namens Ankereffekt: der Tendenz unseres Gehirns, sich dem ersten Fitzelchen Information an die Fersen zu heften, das wir über irgendetwas zu fassen bekommen, und ihm weit mehr Gewicht beizumessen als allem anderen. Wenn es keine solide

Information über irgendetwas gibt, wird eine beliebig herbei-
geflatterte Schrottinformation die Leere ausfüllen, und in vielen Fällen wird sie nicht einmal dann das Feld räumen, wenn
eine bessere Information zur Stelle ist.

Die Bullshit-Rückkoppelungsschleife

Keiner von uns kann sich die gesamte Welt allein zusammen-
reimen. Wir alle brauchen andere, um informiert zu sein. Das
ist eine gute Sache – gemeinsam können wir viel mehr über
die Welt herausfinden, als wir es je allein vermöchten! –, aber
das Ganze hat ein paar Schattenseiten. Und eine der größeren
darunter ist die Bullshit-Rückkoppelungsschleife. Eine solche
ist zu verzeichnen, wenn ein Fitzelchen unzuverlässige Information wiederholt wird, aber statt dass die Wiederholung als
das gesehen wird, was sie ist (irgendwer schwätzt etwas nach,
ohne der Behauptung einen größeren Wahrheitsgehalt zu verleihen), wird sie als Bestätigung dessen betrachtet, dass die
ursprüngliche, windige Information richtig war. Wenn das zu
lange so geht, kommt es dahin, dass die Falschinformation
nicht nur wiederholt wird, sondern sich schließlich auf eine
Weise etabliert, dass die Leute anfangen, das, was sie sagen,
so hinzudrehen, dass es zu den unzuverlässigen Tatsachen
passt – *jeder* weiß schließlich, dass diese wahr sind. Wenn
Ihnen daher etwas unter die Augen kommt, was darauf hin-
deutet, dass es falsch ist, dann liegt das vermutlich daran, dass
mit Ihren Augen etwas nicht stimmt.

Person A erzählt also Person B etwas Falsches, dann erzählt
sie dasselbe auch Person C. Person C ist zunächst skeptisch,
aber dann erzählt ihr B dasselbe auch, und C deutet dies als
zweite Quelle und lässt sich schließlich überzeugen. Person C

geht nun spornstreichs zu Person D, um ihr die aufregende Neuigkeit zu berichten, die wiederum erzählt es nun A, die dies ihrerseits als Bestätigung dafür wertet, dass sie die ganze Zeit recht hatte. An diesem Punkt haben E, F, G, H und ich von mehreren Leuten genau dasselbe zu hören bekommen, und das Ganze gilt nun als Allgemeinwissen. Und jetzt kommt J und fragt vorsichtig: »Ist das auch ganz sicher?«, worauf er vom restlichen Alphabet prompt als Häretiker auf dem Scheiterhaufen verbrannt wird.

Oder nehmen wir ein uns allen vertrautes Beispiel: Eine Zeitung kopiert irgendeine Tatsache aus Wikipedia und wird dann von Wikipedia zitiert zum Beleg dafür, dass es mit dieser Tatsache seine Richtigkeit hat.

Der Wunsch, es möge wahr sein

Es gibt ein ganzes Arsenal an Dingen, die unser Gehirn anstellt, um uns in geradezu einzigartiger Weise die Fähigkeit zu versalzen, den Unterschied zwischen Wahrheit und Unwahrheit zu erkennen. Sie tragen wissenschaftliche Namen, die Sie vielleicht schon einmal gehört haben – Dinge wie »motiviertes Denken« und »Bestätigungsfehler« –, aber letztlich laufen sie alle auf die Tatsache hinaus, dass, wenn wir etwas glauben *wollen*, die Antwort auf die Frage, ob das nun richtig oder falsch ist, ziemlich weit unten auf der Prioritätenliste unseres Gehirns steht. Es spielt keine Rolle, ob es sich um etwas handelt, das unserer politischen Haltung entgegenkommt, unsere Vorurteile bestärkt oder einfach Wunschträume bedient wie »vielleicht habe ich ja die Lotterie in Spanien gewonnen, auch wenn ich gar kein Los gekauft habe«; wir zaubern fröhlich die fadenscheinigsten Gründe aus dem Hut, um auch der albernsten Behauptung Glaubwürdigkeit beizumessen, und picken nur die Beweisrosinen aus dem Kuchen, die sie stützen, während wir dreist den Riesenberg an Belegen ignorieren, die dafür sprechen, dass das alles Quatsch ist.

Die Ego-Falle

Selbst wenn Unwahrheiten aufgedeckt werden, gibt es oftmals noch etwas, das verhindert, dass sich die Wahrheit genauso leicht verbreitet wie die Lügen, die ihre Stiefel zuerst geschnürt hatten: der Umstand nämlich, dass wir einfach nicht gerne zugeben, dass wir uns geirrt haben. Unser Gehirn tut das nicht gern, und es gibt eine Fülle an kognitiven Voreingenommenheiten, die uns davon abhalten, auch nur zur Kenntnis zu nehmen, dass wir womöglich Mist gebaut haben. Und selbst wenn wir so weit sind, dass wir realisieren, uns von etwas Falschem in die Irre geführt haben zu lassen, gibt es jede Menge Formen von sozialem Druck, die uns verleiten, dies verbergen zu wollen. Wenn der Bullshit uns einmal in den Klauen hat, sind wir wenig gewillt, uns zu befreien.

Wurschtigkeit

Selbst wenn es eine Chance gibt, der Unwahrheit entgegenzutreten, nutzen wir sie nicht immer. Vielleicht denken wir, es sei nicht wichtig, ob etwas richtig oder falsch ist (vor allem, wenn uns die Lüge gefällt). Andererseits denken wir vielleicht, dass es nichts bringt gegenzusteuern und machen uns die Mühe nicht. Vielleicht glauben wir, dass das Lügen so verbreitet ist, dass wir von dieser Größenordnung schier erdrückt

werden, und geben einfach auf. Oder wir denken womöglich:
»Na ja, wenn alle es machen, sollte ich vielleicht mitziehen.«
All das ist verständlich, aber nicht gut.

Mangel an Vorstellungskraft

Einer der größten Vorteile, die die Unwahrheit auf ihrer
Seite hat, ist womöglich schlicht und einfach der, dass wir
die zahllosen und oft überraschenden Varianten nicht kennen,
in denen sie sich manifestieren kann. Das hat seinen Sinn –
schließlich müssen wir unser Leben auf die Annahme gründen
können, dass das meiste von dem Zeug, das man uns erzählt,
wahr ist, ansonsten gerieten wir in eine paranoide Irrsinnsspi-
rale. Das aber kann uns dazu verleiten, die Wahrscheinlichkeit
dafür, dass etwas nicht wahr sein könnte, massiv zu unter-
schätzen. Wenn wir etwas in den Nachrichten hören oder
lesen, gehen wir davon aus, dass es vermutlich wahr ist. Wir
denken, wenn jemand vertrauenswürdig wirkt, wird er nicht
versuchen, uns über den Tisch zu ziehen. Wir glauben, dass,
wenn viele Augenzeugen behaupten, sie hätten etwas gesehen, auch etwas da gewesen sein muss. Keine dieser Annahmen ist so verlässlich, wie wir vielleicht denken.

Im Prinzip haben wir dem Geschäft mit der Unwahrheit
einfach nicht genügend Aufmerksamkeit geschenkt. Wir
haben es nicht systematisch untersucht, wir reden nicht darüber, und das hat zur Folge, dass wir sie nicht immer erkennen,
wenn wir ihr begegnen.

Am Ende dieses Buch, so steht zu hoffen, wird dies kein
Problem mehr sein.

2

Alte Fake News

Titan Leeds war tot. Daran gab es nicht auch nur den geringsten Zweifel.

Mr Leeds, ein ehrlicher Mann, der in seinem Leben viel gearbeitet hatte – vor seinem traurigen Abgang war er ein erfolgreicher Verleger in Burlington, New Jersey, gewesen –, verstarb am Mittwoch, den 17. Oktober im Jahre des Herrn 1733, nachmittags gegen halb drei. Die traurige Nachricht von seinem Tod wurde betrübt zur Kenntnis genommen, schwarz auf weiß gedruckt und versandt, auf dass jedermann es lesen konnte: »'s ist ohne Zweifel wahr, dass er verblichen und verstorben ist«[15] las man im Bericht über sein Hinscheiden unter anderem. Und selbst wenn vorausgesagt worden war, dass er nicht sehr lange zu leben haben werde, muss die Nachricht von seinem Dahinscheiden in relativ jungen Jahren – er war erst Anfang dreißig – für viele Bewohner Burlingtons, einer geschäftigen Gemeinde am Delaware River, die seit ihrer Gründung vor 50 Jahren durch eine Gruppe Quäker rasch gewachsen war, ein Schock gewesen sein.

Derjenige, der am meisten schockiert darüber gewesen sein muss, wird vermutlich Titan Leeds selbst gewesen sein, war er sich doch verdammt sicher, dass er noch lebte.

Wir können nur mutmaßen, wie er im Detail reagiert hat. Aber es besteht guter Grund zu der Annahme, dass der alles andere als verblichene Mr Leeds, sagen wir, einigermaßen entrüstet war, als er von seinem frühzeitigen Tod Kenntnis nahm. Ich meine ... das ist die Sorte von Dingen, die einen ein bisschen aus der Fassung bringen, oder? Jedem von uns würde man verzeihen, wenn er ein bisschen austickte. Aber in der Welt der 1730er-Jahre muss solches besonders verwirrend gewesen sein, denn zu jener Zeit standen Leeds nur wenig Anhaltspunkte zur Verfügung, anhand derer er hätte herausfinden können, wie ihm geschah.

In unserer Zeit gehört die unbehagliche Erfahrung, über den eigenen Tod lesen zu müssen, dankenswerterweise noch immer zu den selteneren – aber wir sind uns zumindest im Großen und Ganzen dessen *bewusst*, dass so etwas passieren kann. Wir haben bestimmt alle schon mal Geschichten von Leuten gehört, denen solches zugestoßen ist: falsch identifizierte Leichen oder vor der Zeit veröffentlichte Nachrufe und Todesanzeigen. »Die Berichte über mein Dahinscheiden waren maßlos übertrieben«, ist ein solcher wohlbekannter Spruch, der heute mehr oder weniger zum Allgemeinplatz geworden ist (auch wenn ein Pedant darauf hinweisen würde, dass Mark Twain das nicht wortwörtlich so gesagt hat).[16] Im Jahr 1980 druckte die *New York Times* einen Nachruf auf den berüchtigten Scherzbold Alan Abel[17] – eine redaktionelle Entscheidung mit offensichtlichen Fußangeln, wie sich am darauffolgenden Tag zeigte, als Abel eine Pressekonferenz abhielt, auf der er verkündete, dass er seinen eigenen Tod in Szene gesetzt habe, um sich »Publicity« zu verschaffen.[18] (Als Abel 38 Jahre später wirklich starb, hieß es im zweiten Anlauf der *NYT* zu seinem Nachruf trocken, dass er »allem Anschein nach nun wirklich gestorben« sei.)[19]

Mit anderen Worten: Für uns sind Todesanzeigen zur Unzeit kein Drama. Nicht nur, dass wir wissen, dass so etwas hin und wieder vorkommt, sondern viele von uns haben sich vermutlich irgendwann schon einmal gefragt, wie es wäre, wenn ihnen so etwas passierte. (Geben Sie es zu: »Sollten die Leute fälschlicherweise annehmen, dass ich tot bin, würde ich mich daranmachen herauszufinden, was die anderen *wirklich* über mich denken«, ist ein Gedanke, der Ihnen in Ihren dunkleren Momenten durchaus schon in den Sinn gekommen ist.) Im Jahr 2009, als das Zusammenwirken einer Satirewebsite mit der ewig hyperaktiven Twitter-Gerüchteküche vorübergehend Jeff Goldblum hatte sterben lassen, wandte sich der Schauspieler an *The Colbert Report* und hielt seine eigene Grabrede[20], ich denke, wir sind uns einig, dass das eine stilvolle Art ist, mit so etwas umzugehen.

Aber was Titan Leeds betraf – der nun einmal eher in der Morgendämmerung des Zeitalters der Massenmedien lebte –, muss all das fremd und neu gewesen sein. Die Möglichkeit, dass es Leute gibt, die aufgrund von etwas, das sie gelesen hatten, glaubten, dass sie tot seien, muss sich zu jener Zeit sehr viel seltsamer ausgenommen haben als für uns … und auch sehr viel ärgerlicher. Nicht zuletzt deshalb, weil seine eigenen Versuche, die Meldung zu widerlegen, vorsichtig ausgedrückt nicht hundertprozentig erfolgreich waren. Obwohl Leeds in Wort und Schrift ungehalten darauf bestand, dass er sehr wohl am Leben sei, erschienen noch Jahre später Berichte, die überzeugt berichteten, dass er entschieden supertot sei. Damit nicht genug, wurde die Kränkung dadurch verschlimmert, dass diese Berichte hartnäckig verlangten, welcher Betrüger auch immer diese wütenden Tiraden verfasse und behaupte, immer noch unter dem Namen des verstorbenen Mr Leeds am Leben zu sein, möge auf der Stelle damit aufhören, das Ansehen des verehrten Verstorbenen zu beschmutzen.

Dass das alles so lief, lag daran, dass die Geschichte von Leeds' Tod kein unschuldiger Fehler war – kein Irrtum in den

Kirchenbüchern und auch kein haltloses Gerücht, das in gutem Glauben weiterverbreitet worden war. Tatsächlich handelte es sich um eine vorsätzliche, dreiste Falschmeldung, verbreitet aus zwei klassischen Gründen: Profitgier und Bosheit. Das Ganze war ein skrupelloser (und bemerkenswert erfolgreicher) Versuch, die Verkaufszahlen eines neuen Emporkömmlings in der Verlagsszene in die Höhe zu schrauben. Zu Titans zusätzlichem Pech verfügte sein Konkurrent über einen besonders abgefeimten Sinn für Humor. Und wenn Leeds über all das schon verärgert war, so hätte er garantiert vor Wut geschäumt, wenn er erfahren hätte, dass der zweitklassige Kleinkrämer, der seinen Tod als billigen Marketing-Stunt vorspiegelte, in den kommenden Jahrzehnten zum hoch gefeierten intellektuellen Helden der jungen Vereinigten Staaten aufsteigen sollte.

Kurz: Titan Leeds hatte eine ziemlich brutale frühe Begegnung mit einem Phänomen, das man nicht anders bezeichnen kann als »Fake News«.

Titans postfaktisches Drama nahm aus dem trivialen Grund seinen Lauf, dass ein Stück den Fluss hinunter ein konkurrierender Jahrbuch-Herausgeber aufgekreuzt war. Im Amerika der 1730er-Jahre waren Jahrbücher (oder Almanache) ein Riesengeschäft, und Titan Leeds war Marktführer. Er hatte die Herausgeberschaft des Leeds'schen *Almanac* von seinem Vater übernommen, als der alte Herr gezwungenermaßen in den Ruhestand gegangen war. Daniel Leeds war in eine Quäkerfamilie hineingeboren worden, die ursprünglich aus Leeds in England stammte (das kleine in Kent, nicht das große in Yorkshire)[21] und angesichts der zunehmenden Verfolgung in ihrer Heimat 1677 nach Amerika emigriert war. Die Familie Leeds hatte den religiösen Repressionen der Alten Welt entfliehen wollen – nur um schnurstracks mitten in den religiösen Repressionen der Neuen Welt zu landen.

Daniel Leeds, ein rücksichtsvoller Mann und Autodidakt, der seine Jugend hindurch zu spirituellen Visionen und gelegentlichen Weinkrämpfen neigte, pflegte eine einigermaßen unorthodoxe persönliche Philosophie, in der sich heterodoxe christliche Mystik mit einer tiefen Liebe zur Naturwissenschaft paarte. Es war sein Wunsch, die Wahrheit, wie er sie sah, zu verbreiten, der ihn zum Verleger werden ließ – zuerst mit einem Almanach für Pioniere und danach mit einem eindrucksvollen philosophischen und theologischen Traktat, dem Höhepunkt seiner Lebensleistung. Er war am Boden zerstört, als seine Mitbrüder in der von ihm gegründeten Quäkergemeinde – erzürnt über seine nonkonformistischen Ideen und seine Nähe zur Astrologie – sein Werk ablehnten, darauf sein erstes Jahrbuch verschmähten und nahezu alle Kopien seines Buchs zerstörten.

Aber Daniel Leeds ließ sich nicht unterkriegen und wandte sich, statt sich in ein beschauliches Leben zurückzuziehen, mit neuer Energie der Herstellung seines Jahrbuchs zu – nebenbei lieferte er sich eine lange währende und unglaublich bittere Pamphlet-Schlacht mit seinen Nachbarn, eine nicht enden wollende Reihe von Fehden, die darin gipfelte, dass Leeds von einem seiner Erzfeinde (er hatte davon mehrere) beschuldigt wurde, ein Teufel in Person zu sein. Er sei, so schrieb dieser, »Satans Bote«. Knatsch zwischen Quäkern konnte im 18. Jahrhundert ganz schön barbarisch ausfallen.

Ein derart schlechter Ruf mag in den Mauern von Burlington möglicherweise für ein paar Gruselmomente gesorgt haben, war aber nicht notwendigerweise schlecht fürs Geschäft, und als eines der ersten echten Jahrbücher in den amerikanischen Kolonien sicherte sich der *Leeds Almanac* eine beträchtliche Leserschaft. Als der bittere Nachhall einer schlecht beratenen politischen Allianz Daniel 1714 schließlich zwang, die Geschi-

cke des Almanachs in die Hände seines halbwüchsigen Sohns
Titan zu legen, galt sein Werk seit Jahrzehnten als führender
Almanach der Region.

Das Problem am Marktführerdasein ist freilich, dass es Sie
zur Zielscheibe macht für alle Konkurrenten, die ebenfalls
auf den Markt zu drängen versuchen. Das ist genau das, was
geschah, als ein junger, ehrgeiziger Typ namens Benjamin
Franklin beschloss, ins Jahrbuch-Geschäft einzusteigen.

Heute wird Franklin erinnert als eine der wichtigsten Figu-
ren unter den Gründervätern der Vereinigten Staaten, der
Mann, der über allen anderen thronte und als das intellektu-
elle Schwergewicht der amerikanischen Unabhängigkeitsbe-
wegung galt. Franklin war ein vielseitig begabter, kluger Kopf,
dessen Hinterlassenschaft eine Bandbreite abdeckt von bahnbrechenden Experimenten zur Elektrizität bis zur Errichtung
der ersten öffentlichen Leihbibliothek Amerikas, von der Ein-
richtung des amerikanischen Postsystems bis zur Erfindung
bifokaler Brillen. Ich verspreche, dass ich es für dieses Buch
nicht zur Gewohnheit machen werde, Textbrocken aus Wikipedia herauszuschneiden und aneinanderzufügen, aber nur
um Ihnen ein Gefühl dafür zu geben, was für ein nerviger
Überflieger Benjamin war, hier die ersten Worte seines englischen Porträts dort, die ihn als »führenden Autor, Drucker,
Politikwissenschaftler, Politiker, Freimaurer, Postamtsleiter,
Naturwissenschaftler, Erfinder, Humoristen, Bürgerrechtler,
Staatsmann und Diplomat« ausweisen.[22]

Echt, allein das Lesen strengt an. *Bleib doch mal bei einer
Sache, Benjamin.*

Aber damals, 1732, war Franklin Mitte zwanzig und bei
nichts führend. Mit siebzehn war er aus seiner Heimatstadt
Boston geflohen. Um auch dem Schatten seines älteren Bru-
ders zu entkommen, hatte er sich vor Kurzem als Drucker in

Philadelphia, jener rasch expandierenden Stadt ein paar Meilen von Burlington den Fluss hinunter, niedergelassen. (Heutzutage ist Burlington dank einiger weiterer Jahrhunderte der Zersiedelung eine Vorstadt von Philly.) Franklin leistete gute Arbeit und hatte für sein expandierendes Verlagshaus bereits eine profitable Zeitung, die *Pennsylvania Gazette,* an Land gezogen. Aber wenn Sie in jenen Tagen an das große Geld wollten, dann mussten Sie das Produkt-Portfolio Ihres Medienangebots unbedingt auf das Geschäft der Jahrbuch-Herstellung ausweiten.

Benjamin Franklin, nerviger Überflieger

Jahrbücher oder Almanache, nur falls Ihnen der Begriff nicht vertraut ist, sind im Prinzip Ratgeber mit den wichtigsten Informationen, die Ihnen im kommenden Jahr von Nutzen sein würden. Im Grunde so wie in den darauffolgenden Jahrhunderten Zeitungen die Aufgabe übernahmen, Sportergebnisse, Fernsehprogramme, ein bisschen politische Meinung, Wettervorhersagen und einen Schuss lockere Astrologie zu etwas zusammenzufassen, das die Leute haben wollten, verfuhren Almanache mit … nun ja, ein bisschen politischer Meinung, Wettervorhersagen und einem Schuss lockerer Astrologie. (TV-Programme waren in den 1730er-Jahren noch keine so große Sache.) In Gemeinwesen, deren Kerngeschäft noch immer die Landwirtschaft bildete, war die Verfügbarkeit solchen Wissens – wann die Sonne auf- und unterging, wann Hochwasser und wann Ebbe sein würde, wann Frühjahr, Sommer, Herbst und Winter begannen – lebenswichtig. Von einem der größten Almanache jener Zeit, herausgegeben von Nathaniel Ames in Massachusetts, wurden jährlich mehr als 50 000 Exemplare verkauft,[23] eine Riesenauflage für das noch junge Verlagswesen. Sie verstehen, warum Franklin ein Stück vom Kuchen abhaben wollte.

Und so kam es, dass er 1732 *Poor Richard's Almanack* herausbrachte, in dem er unter dem Pseudonym Richard Saunders schrieb. Er gab sich als verarmter Sterngucker, den eine anspruchsvolle Frau, die von ihm verlangte, dass er mit irgendetwas Geld verdiene, zum Arbeiten zwang. (Franklin hatte ein verdammtes Faible für Pseudonyme. Spoileralarm: Dies ist nicht das einzige Mal, dass ein Deckname von Franklin in diesem Buch eine wichtige Rolle spielen wird.)

An diesem Punkt waren innerhalb der sonst sehr gesitteten Almanach-Szene Fehden zwischen konkurrierenden Profi-Wahrsagern bereits gang und gäbe, und manche der Mitbewerber zogen Jahr für Jahr mit einer ordentlichen Portion Schmähungen gegen ihre Rivalen zu Felde. (Im Jahr 1706 forderte ein Jahrbuchautor aus Boston namens Samuel

Clough seinen Konkurrenten Nathaniel Whittemore auf –
wohlgemerkt, es handelt sich um ein wörtliches Zitat –, »sich
zu verpissen«.[24]) Aber während die meisten dieser Scharmüt-
zel im Prinzip auf die Aussage hinausliefen – »du hast keine
Ahnung von Jahrbüchern« –, wählte Franklin einen listigeren
Weg, seinem Hauptkonkurrenten eins auszuwischen – witzi-
ger war er auch. Er ließ »Saunders« in seinem Eingangsartikel
verkünden, dass er, ehrlich gesagt, bereits viele Jahre früher
die Gelegenheit beim Schopf gepackt hätte und ins profitable
Almanach-Geschäft eingestiegen wäre, hätte nicht sein gutes
Herz ihn daran gehindert, das Geschäft seines »guten Freun-
des und Kommilitonen Mr Titan Leeds« zu ruinieren.

Der einzige Grund dafür, dass er nun seine Meinung geändert habe, so weiter, sei, dass dies traurigerweise nun nicht
mehr lange ein Problem sei – dieweil Titan Leeds in Bälde
dahinscheiden werde. Oder, wie er es formulierte, »der un-
erbittliche Tod, der Verdienst noch nie zu würdigen gewusst
hat, bereits den tödlichen Pfeil bereitet, seine unheilbringende
Schreckensschwester bereits ihre todbringenden Klauen ge-
wetzt hat, und dieser geistvolle Mann uns sehr bald genommen werden wird«.[25] Wir halten einen Moment inne und
stellen fest, dass *unheilbringende Schreckensschwester mit todbringenden Klauen* ein absolut hinreißender Titel für ein Me-
tal-Album wäre und momentan einfach ungenutzt brachliegt.

Franklin prophezeite, dass Titan Leeds »nach meinen
Berechnungen, die ich auf sein Bitten durchgeführt habe,
am 17. Oktober 1733 um drei Uhr neunundzwanzig Minuten
am Nachmittag, genau zum Zeitpunkt der Konjunktion von
Sonne und Merkur« sterben wird, und fügte der Farbigkeit
halber noch an, dass es da eine kleine Unstimmigkeit gebe mit
Leeds' »eigenen Berechnungen, denen zufolge dieser bis zum
26. desselben Monats leben werde«.

Ein gelungener Scherz, allerdings stammte er gar nicht von Franklin selbst – er hat sich bei dem irischen Kultsatiriker Jonathan Swift bedient, der 1708 dem Astrologen und Almanach-Verfasser John Partridge genau denselben Streich gespielt und vorhergesagt hatte, dieser werde »unweigerlich am 29. des kommenden März etwa gegen elf Uhr nachts an einem schweren Fieber sterben«.[26] Franklin, kein Freund der Astrologie, war über Swifts Jux bestimmt im Bilde (und ebenso über die Tatsache, dass Daniel Leeds ein Befürworter Partridges gewesen war) und zwinkerte auf diese Weise allen wissenden Lesern zu, die die Anspielung ebenfalls bemerken würden.

Zu Titan Leeds' großem Leidwesen gehörte er *nicht* zu den Wissenden. War sein Vater gesegnet gewesen mit einem passablen Sinn für Humor, so handelte es sich bei Titan (mit den Worten eines Gelehrten) um »einen ernsten, selbstgerechten, leichtgläubigen, praktisch veranlagten Mann, der Dinge für bare Münze nahm«[27]. Die Folge war, dass er genau das tat, was, wie Ihnen jeder Schulhofrüpel sagen kann, das Schlimmste ist: Er schluckte den Köder. In einer Replik an »Poor Richard« im darauffolgenden Jahr in seinem Almanach für das Jahr 1734 (Almanach-Grabenkämpfe jener Zeit verliefen ein wenig langsamer als solche auf Twitter) bezichtigte er seinen Rivalen »grober Unwahrheit«, brandmarkte ihn als »Narr und Lügner« und brüstete sich stolz, dass er »ungeachtet seiner falschen Prophezeiung die Gottesgnade genieße, am Leben zu sein, um ein Tagebuch für das Jahr 1734 zu schreiben und die Eselei und Unwissenheit dieses vermessenen Verfassers publik zu machen«.[28]

Das genügte Franklin als Ansporn, und so trieb er seinen Jux auf die nächsthöhere Ebene. Erstmals in seinem eigenen Jahrbuch für das Jahr 1734, in dem er seiner Erschütterung

Ausdruck verlieh über die entsetzlich unfreundlichen Dinge, die über ihn geschrieben worden seien, und dabei behauptete, dies zeige sehr klar, dass sein lieber alter Freund Leeds mit größter Sicherheit verstorben sei und jemand Niederträchtigeres an seiner statt dessen Almanach weiterführe. Und in der Ausgabe für das Jahr darauf verkündete er, dass er inzwischen sicher wisse, dass Leeds in der Tat am vorhergesehenen Tag gestorben sei, und lamentierte sodann, dass er nunmehr »viel Unrecht vom Geist des Titan Leeds habe erleiden müssen, der vorgebe, noch am Leben zu sein, und in seinem Almanach gegen ihn und seine Prophezeiungen schreibe«.

Wie lange Franklin Leeds noch in seinen Jahrbüchern verspottet und wie dieser auf fortgesetzte Meldungen über seinen Tod reagiert hätte, ist etwas, das wir leider nie zu wissen bekommen werden. Und zwar deshalb, weil Titan Leeds im Jahre 1738, gerade als die ganze Sache Gefahr lief, wahrhaft verwirrende Dimensionen anzunehmen, die Situation vereinfachte, indem er tatsächlich starb.

Das, so sollte man meinen, hat einen Schlussstrich unter die Sache gezogen – nicht zuletzt deshalb, weil die Reaktion der meisten Leute auf den plötzlichen realen Tod eines Menschen, über dessen Tod sie sich eine Weile lustig gemacht haben, vermutlich darin bestände, sich, nun, ich weiß nicht, ein bisschen schuldig zu fühlen und die Angelegenheit nie wieder zu erwähnen. Das wäre Ihre Reaktion, oder?

Nicht die von Franklin.

Nein, er veröffentlichte vielmehr 1739 einen Fake-Brief des Geistes von Titan Leeds, der bestätigte, dass »Poor Richard« auf der ganzen Linie richtiggelegen habe, er wirklich 1733 gestorben sei, und bestätigte, dass der Almanach, den Titan Leeds die letzten Jahre herausgegeben habe, das Werk von Betrügern sei.

Lassen Sie uns ehrlich sein: Benjamin Franklin war ein verflucht dreister Troll.

Er war überdies ein erfolgreicher Troll, denn die Sache verfing. Poor Richards Almanach wurde der Renner, während Leeds' Almanach einen allmählichen Niedergang erlebte und etwa ein Jahrzehnt später ganz eingestellt wurde. Sein Almanach war scharfzüngiger und unterhaltsamer als der seiner Konkurrenz, und seine Geschäftspraktiken waren skrupelloser: Er stichelte in seinen Artikeln nicht nur frech gegen die Astrologie, sondern verabsäumte auch nicht, seine Leserschaft immer wieder an den Hang der Familie Leeds zu seltsamen Überzeugungen zu erinnern und jene alte Verleumdung als »Satans Boten« erneut aufzuwärmen. Die Tatsache, dass das, was er schrieb, überhaupt nicht stimmte … schien keine übermäßig große Rolle zu spielen.

Was in vielerlei Hinsicht der Knackpunkt dieses Buchs ist. Denn wie wir sehen werden, haben wir uns, vor die Wahl gestellt zwischen dem, was wahr, und dem, was eine tolle Story ist, unsere gesamte Geschichte hindurch meist für die tolle Story entschieden.

Aber lassen Sie uns ein bisschen zurückblicken: Wir müssen verstehen, wie die seltsame und verwirrende Welt der Massenmedien im Einzelnen zustande kam, in deren Kindertagen Titan Leeds lebte. Das Konzept von »Nachrichten« und der Hunger danach waren freilich nicht neu. Die Menschen wollten schon immer wissen – und insbesondere wissen, was jemand anderer nicht weiß. Das, was hinter dem Horizont passiert, auf der anderen Seite einer geschlossenen Tür oder hinter dem eigenen Rücken.

Das war insbesondere der Fall in vergangenen Jahrhunderten, als das Reisen beschwerlicher und seltener war. Nachrichten reisten nicht rascher, als ein Pferd laufen konnte, und erreichten ihr Ziel selten, wenn überhaupt – und so wurden Fake News in alter Zeit begierig aufgenommen, wann immer sie zu haben waren. Im 11. Jahrhundert waren die Mönche zweier einsamer, gut hundertfünfzig Kilometer voneinander entfernter Klöster in Wales derart erpicht auf neue Informationen, dass alle drei Jahre ein Austausch stattfand: Beide schickten einen Novizen auf die gefahrvolle Reise durch Snowdonia, damit er eine Woche im jeweils anderen Orden verbrachte, wo ihm der jeweils neueste Tratsch zu Ohren kam.[29]

Aber ab der Mitte des 15. Jahrhunderts fingen die Dinge an, sich dramatisch zu verändern. Auseinanderzudröseln, was genau in dieser Epoche der europäischen Geschichte was bewirkt hat, ist heillos verzwickt, weil allerorten eine Menge Zeug zugleich passierte: Es gab fast durchgehend Kriege, religiöse Spaltungen ohne Ende, neue Länder wurden entdeckt, hinzu kamen Kontakte zu anderen Kulturen und die Wiederentdeckung alter Texte aus zurückliegenden Zivilisationen. Aber um es einfach zu halten, lassen Sie uns feststellen, dass es im Laufe dieser Zeit drei große Veränderungen gab, die unserem von Natur aus vorhandenen Bedürfnis, im Bilde zu sein, eine sehr viel größere Tragweite verliehen und zu einer Informationsexplosion führten, die die Welt in nie da gewesener Art und Weise tiefgreifend verändern sollte.

Ein Aspekt war die allmähliche Entwicklung eines verlässlichen und ausgedehnten Postwesens. Ein anderer der Aufstieg des Kaufmannsstands. Im Zuge eines sich internationalisierenden Handelswesens bildete sich eine neue, wohlhabende Elite mit Verbindungen und Interessen, die nicht selten Kontinente überspannten, Leute, für die die neuesten Nachrichten nicht nur interessant waren, sondern immens wertvoll. Und der Dritte war natürlich die Weiterentwicklung der Druckerpresse.

Die Postnetze brachten es mit sich, dass Nachrichten mit

einem Mal nicht mehr persönlich überbracht werden mussten: Menschen konnten aus der Bequemlichkeit ihres Zuhau-
ses heraus Nachrichten sowohl verschicken als auch empfan-
gen, ohne dafür eine gefährliche Reise oder eine Armee an
Sendboten (oder auch eine echte Armee, die garantierte, dass
die Boten ihr Ziel sicher erreichten) bemühen zu müssen. Für
Informationshungrige aller Couleur wurde der Brief rasch
zum bevorzugten Medium – und schließlich und endlich
auch zu einem Geschäftsmodell.

Ende des 16. Jahrhunderts war ein neuer Beruf entstanden:
der des Nachrichtenhändlers. Es begann in den großen Städten Italiens, die *novellanti*, zu Deutsch »Novellanten«, trugen die neuesten und verlässlichsten Nachrichten zusammen,
die sie von ihren Kontaktpersonen bekommen konnten, und
schrieben daraus Informationsbriefe, die dann auf dem ganzen Kontinent an Abonnenten verschickt wurden: Wohlhabende Politiker und Geschäftsleute waren das, die für solche
Dienste eine ordentliche Summe bezahlten. Diese klugen und
perfekt vernetzten Köpfe, deren Geschäft sich auf die Verlässlichkeit ihrer Informationen gründete, waren (wie Andrew
Pettegree in seinem Buch »The Invention of News« schreibt)
»die ersten Nachrichtenagenturen«.[30]

Unterdessen hatte Johannes Gutenberg 1439 die Druck-
presse mit beweglichen Lettern in Europa eingeführt und
sorgte damit für eine Explosion von sich überschlagenden,
verwirrenden Veränderungen, deren Nachbeben noch viele
Jahrhunderte hindurch quer über den Kontinent zu spüren
war. Mit einem Mal war die Möglichkeit, mit einem großen
Publikum zu kommunizieren, nicht mehr davon abhängig, wie
viele Schreiber man sich leisten konnte. Die Macht der etab-
lierten Kräfte, als Hüter des Wissens den Informationsfluss zu
steuern, begann zu bröckeln. Das Drucken war von Anfang an

ein ausgesprochen kapitalistisches Geschäft: betrieben zumeist von kommerziellen Anbietern auf Gewinnbasis, hoch kompetitiv und mehr oder weniger unreguliert durch die Mächte von Staat und Kirche (zumindest, bis man dahinterkam, dass die Leute damit Protestantismus trieben). Jahrhunderte hindurch hatte der Preis eines Buchs relativ stabil bei »sauteuer« gelegen. Als Gutenberg im Spiel war, sank er für mehr als ein Jahrhundert um 2 Prozent pro Jahr. Das mag nicht nach sehr viel klingen, wenn man es jahrweise betrachtet, aber sobald Sie darüber nachdenken, wie sich das über die Jahrzehnte auswirkt, ändert sich das Bild: 1450 hätten Sie für ein Buch den Wert von vielen Monatslöhnen hinblättern müssen. Im Jahr 1600 bekamen Sie es für weniger als einen Tageslohn.[31]

Diese Entwicklungssphären – Geschäft, Post, Druck – dümpelten die nächsten anderthalb Jahrhunderte fröhlich nebeneinanderher, sorgten ohne mit der Wimper zu zucken, rechts und links des Wegs für jede Menge Neuerungen-Chaos, bis sie 1605 dank eines jungen Mannes namens Johann Carolus schließlich aufeinanderprallten.

Carolus war seines Zeichens Buchbinder und Buchhändler – aber vor allem war er vor Kurzem nebenerwerbsmäßig ins Nachrichtengeschäft eingestiegen. Straßburg war ein grandioser Ort für derlei Tun: ein geschäftiger Knotenpunkt für das Geschäfts- und Postwesen. Aber natürlich litt das Geschäft mit den handgeschriebenen Nachrichten- und Kaufmannsbriefen unter einer natürlichen Expansionsgrenze: Es hing davon ab, wie schnell jemand schreiben konnte. Und so kam es, dass Johann sich die verschiedenen Seiten seines Einkommens rund ums zu lesende Wort genauer ansah: Da waren gedruckte Bücher. Und da waren mühsam von Hand geschriebene Briefe. Gedruckte Bücher, handgeschriebene Briefe. Hmmmm.

Holzschnitt von jemandem, der die *Relation* verhökert

Johann Carolus zählte zwei und zwei zusammen und schuf
DIE ZEITUNG.

Im Prinzip kann man das, was Carolus tat, eine Investition
in eine disruptive neue Technologie nennen, mit der er sein
Medien-Start-up aufzupimpen gedachte. Das Ergebnis dieser
Eingebung war der Senkrechtstarter *Relation aller Fürnem-
men und gedenckwürdigen Historien*, die allererste gedruckte
Zeitung der Welt. Sie hatte nicht viel mit unseren Zeitungen
von heute gemein, ehrlich gesagt: Sie sah in ihrem Quart-
format mehr wie ein kleines Buch aus und ließ moderne Gim-
micks wie Bilder, Überschriften oder allgemeines Interessant-
sein vermissen. Die *Relation* hatte sehr viel Ähnlichkeit mit
dem Newsletter-Format, eine trockene, undifferenzierte Liste

von sachlichen Meldungen dergestalt, welche wichtigen Leute gegenwärtig in welchen Städten weilten, ohne sich die Mühe zu machen, denjenigen, die nicht Elite genug waren, um dies ohnehin zu wissen, zu erklären, wer diese Leute waren. (Ich meine, klar, in dieser Hinsicht ähnelte sie sehr den Klatschspalten einer modernen Zeitung.)

Aber das Ganze war ein Riesenerfolg, und binnen weniger Jahre wurde das Konzept Zeitung in mehr und mehr Städten Nordeuropas kopiert. Die zweite Zeitung, *Aviso Relation oder Zeitung*, ging 1609 in Wolfenbüttel in Druck. Frankfurt, Berlin und Hamburg folgten im Verlauf des nächsten Jahrzehnts mit eigenen Zeitungen.[32] 1619 verfügte Amsterdam über zwei konkurrierende Zeitungen.[33] Im Verlauf des 17. Jahrhunderts wurden allein in Deutschland 200 Zeitungen gegründet.

Im Süden Europas war das Konzept allerdings weniger populär. Die Italiener, einst Pioniere des handgeschriebenen Nachrichtenbriefs, rümpften die Nase ob dieses neumodischen Unsinns. Sie waren nicht die Einzigen: Mochte die Nachrichtenexplosion des frühen 17. Jahrhunderts auch von weiten Teilen einer informationshungrigen Bevölkerung freudig begrüßt werden, so provozierte sie doch auch Hohn, Spott und Beunruhigung – vieles davon auf eine Art und Weise, die dem modernen Leser überraschend vertraut vorkommen muss.

Die Furcht vor falschen Nachrichten, insbesondere unter den Eliten, die sich sorgten, weil sie nun nicht länger die Hüter der Information waren, mangelndes Vertrauen in professionelle Nachrichten-Verfasser, gepaart mit einem übermäßigen Vertrauen in solche Informationen, die einem von jemandem anvertraut wurden, den man persönlich kannte, verbreitete Ängste vor den Auswirkungen einer Informationsüberflutung und Verachtung für Leute, die »süchtig nach Neuigkeiten«

waren. All das sind markante Merkmale unserer Infopanik im
21. Jahrhundert, aber jedes davon war auch im 17. Jahrhundert
bereits gang und gäbe. Oftmals mit exakt denselben Worten.
Da wäre als Erstes die Sucht nach Neuigkeiten. Die Deutschen warteten sehr bald mit einem Wort dafür auf: *Neuig-
keitssucht*[34], das weithin mit den Worten umschrieben wurde
wie »die entsetzliche Neugierde gewisser Leute, die ständig
Neues lesen und hören müssen«.[35] In den Niederlanden wurden Leute, die versessen auf die neuesten Nachrichten waren,
für ihre Sucht verspottet: Ein Flugblattschreiber aus dem
Süden machte sich über die Leute aus dem Norden lustig
wegen deren unersättlichem Appetit auf Nachrichten, indem
er sie sagen ließ: »Wir müssen das Neueste lesen, sonst geht
uns die Geduld aus.« Der englische Dramatiker und Satiri-
ker Ben Jonson veralberte während der 1620er-Jahre das Ver-
fassen und den Konsum von Neuigkeiten gleichermaßen in
mehreren Stücken, unter anderem in »News From the New
World Discovered in the Moon« und »The Staple of News«.
Es herrschte nicht nur eine Menge Unverständnis angesichts dieses unersättlichen Appetits auf Neues, sondern auch
eine weitverbreitete Angst vor den schrecklichen Auswirkungen dieser Explosion an gedrucktem Material auf die Menschen und die Gesellschaft. Genau wie heute war Informationsüberflutung eine große Sorge, und man sprach darüber mit
apokalyptischen Worten. Der französische Gelehrte Adrien
Baillet schrieb 1685 unheilverkündend: »Wir haben Grund zu
fürchten, dass die Vielzahl an Büchern, die tagtäglich gewaltig
zunimmt, die folgenden Jahrhunderte in einen Zustand wird
geraten lassen, so barbarisch wie die Jahrhunderte, die dem
Niedergang des Römischen Reiches folgten.«[36]
Ebenfalls genau wie heute wurde über diese Informationsüberflutung gesprochen, als sei sie ein völlig neues Phänomen,

einzig dem Jahrhundert eigen, in dem man gerade lebte. Tatsächlich aber klagen Menschen seit Jahrtausenden darüber, dass es viel zu viel Zeug zu lesen gibt. Sogar in der Bibel:»… denn viel Büchermachens ist kein Ende, und viel studieren macht den Leib müde« heißt es warnend in Prediger 12:12. Der römische Philosoph Seneca klagte unterdessen im 1. Jahrhundert, dass die Fülle an Büchern Ablenkung bedeute.

Aber während Ihr Schamgefühl beim Anblick Ihres Stapels an ungelesenen Büchern ein zeitloses sein mag, gab es für die Menschen, die zu Beginn des Nachrichtenzeitalters lebten, gute Gründe für den Eindruck, dass alles ein bisschen zu viel würde. Zunächst einmal war wirklich eine Menge los.

Wie Robert Burton 1621 in seinem Emo-Klassiker »The Anatomy of Melancholy« schrieb (zu Deutsch: »Die Anatomie der Melancholie«):

Tagtäglich höre ich neueste Nachrichten und landläufige Gerüchte über Kriege, Seuchen, Feuer, Überschwemmungen, Diebstähle, Morde, Massaker, Meteore, Kometen, Geister, Wunder, Erscheinungen, über belagerte und eroberte Städte in Frankreich, Deutschland, der Türkei, Persien, Polen, von Aushebungen und Kriegsvorbereitungen, Schlachten und Gefallenen, über Zweikämpfe, Schiffsuntergänge, Piraterie und Seeschlachten, von Friedensschlüssen, Bündnissen, Kriegslisten und neuen Mobilmachungen, wie sie diese stürmischen Zeiten erzeugen. Ein großes Durcheinander von Schwüren, Wünschen, Klagen, Edikten, Petitionen, Prozessen, Gesetzen, Proklamationen und Beschwerden kommt uns täglich zu Gehör. Neue Bücher erscheinen Tag um Tag, Pamphlete, Flugschriften, Geschichten, ganze Kataloge mit den unterschiedlichsten Titeln, neue Paradoxa, Meinungen, Schismen, Ketzereien, Kontroversen in der

Philosophie, Theologie usw. Eben erreichen uns Neuigkeiten über Hochzeiten, Maskenspiele, Mummenschanz, Lustbarkeiten, Jubiläen, Gesandtschaften, Turniere, Trophäen, Umzüge, Gelage, Wettkämpfe, Theaterstücke, dann wieder wie nach dem Umbau eines Bühnenbildes Nachrichten von Verrat, Betrügereien, Räubereien, Schurkenstreichen aller Art, Trauerfeiern, Beerdigungen, vom Ableben der Herrscher, von neuen Entdeckungen und Expeditionen, von mal komischen, mal tragischen Ereignissen. Heute erfahren wir etwas über Erhebungen in den Adelsstand und militärische Beförderungen, morgen über Absetzungen, dann wieder über neue Ehrungen. Einer wird freigelassen, der andere ins Gefängnis geworfen; einer kauft, der andere ruiniert sich, jener hat Erfolg, sein Nachbar macht bankrott, hier Hülle und Fülle, dort Hunger und Not; einer hastet zu Fuß, der andere reitet.[37]

Gut möglich, dass Robert Burton sich einfach eine kleine Auszeit hätte gönnen müssen. Eine Pause, um sich auf sein Wohlbefinden zu konzentrieren. Ein Wellness-Wochenende irgendwo vielleicht.

Burton beließ es nicht dabei. Wie Baillet betrachtete er die plötzliche Überfülle an Gedrucktem und prophezeite einen alsbaldigen Untergang: »Wer aber ist ein solcher literarischer Vielfraß, dass er alles, was auf den Markt kommt, zur Kenntnis nehmen könnte. Wie schon jetzt werden wir uns mit einem immensen Chaos von Büchern, einem solchen erstickenden Durcheinander herumschlagen müssen, dass uns die Augen vom Lesen und die Finger vom Umblättern schmerzen.«[38]

Und an anderer Stelle in seiner »Anatomie der Melancholie« beklagt er ganz offensichtlich das Vorherrschen von Aufreißermanier und Marktschreierei, wenn er feststellt: »Außerdem ist es heutzutage Usus, Büchern eine fantastische Titelei voranzustellen, damit sie sich besser verkaufen … Denn nichts nimmt – wie schon Scaliger weiß – einen Leser mehr gefangen als eine außergewöhnliche und unerwartete Beweisführung, und nichts findet schnelleren Absatz als ein skurriles Pamphlet.«[39]

Jene Kritik an »skurrilen Pamphleten« war auch im 17. Jahrhundert häufig zu hören. Während die frühen Nachrichtenbriefe mit ihren Abonnenten aus Elitekreisen großen Wert auf einen untadeligen Ruf in Bezug auf die Vertrauenswürdigkeit und Verlässlichkeit ihrer Informationen legten, ließ sich solches für alles Gedruckte nicht behaupten. Zwar waren viele nach den neuesten Nachrichten süchtig, aber es herrschte auch weit verbreiteter Argwohn dagegen.[40] Die Menschen standen dem, was sie gedruckt lasen, skeptisch gegenüber: Viele glaubten, dass handgeschriebene Briefe vertrauenswürdiger seien. Als verlässlichste Information galt immer noch die, die ihnen persönlich von jemandem überbracht wurde, den sie kannten.[41]

Einfach ausgedrückt: Eine Menge Leute glaubten, dass eine Menge Fake News die Runde machten.

Sie hatten womöglich nicht ganz unrecht. Um nur ein Beispiel zu nennen: Ein berühmtes Flugblatt, 1614 gedruckt unter dem schmissigen Titel *True and Wonderful: A Discourse relating a strange and monstrous serpent (or dragon) lately discovered, and yet living, to the great annoyance and divers slaughters both of men and cattell, by his strong and violent poison, in Sussex two miles from Horsham, in a woode called S. Leonards Forrest, this present month of August, 1614. With the true generation of serpents.* (zu Deutsch etwa: »Wahr und wunderbar: Eine Abhandlung über eine soeben entdeckte gewaltige Schlange (oder einen Drachen), die mit ihrem starken

Gift zu großem Leid und mancherlei Gemetzel an Mann und Vieh [Anlass gewesen], und in diesem Monat August 1614 noch in Sussex, zwei Meilen von Horsham, in einem Wald namens St. Leonards Forrest lebt.«)

Nun sieht Horsham nicht nach einem besonders vielversprechenden Ort für die Drachenjagd aus: ein kleiner, freundlicher Marktflecken, heute vielen Leuten vielleicht am ehesten bekannt als der Ort, an dem einem aufgeht, dass man in das falsche Ende des Zuges gestiegen ist und nun nach Bognor Regis fährt. England verfügt über viele riesige, dunkle und undurchdringliche Wälder im Urzustand, in denen durchaus Drachen lauern könnten. Aber St. Leonards Forest käme den Spitzenplätzen darunter vermutlich nicht einmal im Entferntesten nahe.

Aber das hinderte den fraglichen Herausgeber, einen gewissen John Trundle, nicht, den »sicheren und allzu wahren« Bericht über ein knapp drei Meter langes Ungetüm mit schwarzen und gelben Schuppen zu bringen, das so schnell rennen könne wie ein Mensch, eine giftige Spur hinter sich lasse wie eine Schnecke und sein Gift 25 Meter weit speien könne – womit es bereits zwei Menschen getötet habe. Besonders unheilverheißend: Auf beiden Seiten seines Leibes sprossen ihm zwei große Auswüchse, was annehmen mache, dass es dabei sei, Flügel auszubilden.[42]

Trundle war genau die Art von Herausgeber, die für die weit verbreitete Nachrichtenskepsis jener Zeit verantwortlich zeichnete: Er blickte auf eine lange und ruchlose Karriere als Herausgeber von in erster Linie Schrott zurück. Egal wie unglaubwürdig etwas war, wenn es ins Auge sprang, druckte er es. Er wurde von Kommentatoren und Konkurrenten allerorten angegriffen, genau wie die vielen anderen Herausgeber, die das Geschäft mit Sensationsmache und Blutgier betrieben.

Ein anonymer Flugblattschreiber geißelte die Fülle an »naiven Fabeln von fliegenden Schlangen oder ebenso naiven Fantasien von menschenfressenden Drachen, von Männern und Frauen, die auf geheimnisvolle Weise verbrannt waren, ohne dass da Feuer war, und von Toten, die aus ihren Gräbern auferstanden«[43], die es in den Druck schafften. (Das Flugblatt, das diese Kritik anbrachte, handelte von einem »gewaltigen Meerungeheuer oder Wal«, das angeblich in Essex an Land gespült worden sei.)

Die Furcht vor falschen Meldungen grassierte im 17. Jahrhundert am stärksten in den Reihen des Establishments, das schlicht nicht glücklich darüber war, dass jeder hergehen und drucken und in Umlauf bringen konnte, was er wollte. In England, einem Land, das sich noch nicht von den Turbulenzen des Englischen Bürgerkriegs und der anschließenden Restauration erholt hatte, spitzte sich das Ganze gegen Ende des 17. Jahrhunderts massiv zu. Es wurden Gesetze zur Kontrolle der gedruckten Presse eingeführt, die Truppen des Königs erhielten die Macht, Anwesen auf das Vorhandensein von illegalen Druckerpressen zu durchsuchen. Es war aber nicht allein das Drucken, das den Mächtigen Sorge bereitete – in einem klassischen Beispiel für den Versuch, den Überbringer einer Botschaft zu knebeln, weil man sich vor deren Inhalt fürchtete, wüteten die Eliten auch gegen Kaffeehäuser.

Kaffee war ganz ähnlich wie die Zeitung ein neues und beängstigendes Phänomen. Londons erstes Kaffeehaus war 1652 von einem griechischen Einwanderer eröffnet worden und entwickelte sich rasch zum absoluten Renner. Bald gab es Nachahmer, und binnen weniger Jahrzehnte war Kaffee zu einer entscheidenden Ingredienz im Lebenssaft der Stadt geworden. Die Leute tranken nicht nur Kaffee, sondern führten – sehr zum Entsetzen der oberen Schichten – in den

Kaffeehäusern überdies lebhafte Diskussionen über Politik. Manche darunter haben dabei womöglich falsche Gerüchte in Umlauf gesetzt. So konnte es nicht weitergehen.

Am 29. Dezember 1675 beschloss König Karl II., genug sei genug, und erließ eine »Proklamation zur Aufhebung der Kaffeehäuser«, in der es hieß, dass »in solchen Häusern anlässlich der Zusammenkunft gewisser Personen darin verschiedentlich falsche, böswillige und skandalöse Berichte ausgearbeitet und im Ausland verbreitet werden zur Verleumdung der Regierung Seiner Majestät und zur Störung des Friedens und der Ruhe im Reiche«.[44] Mit dieser Proklamation wurden alle Kaffeehäuser in England (und in Wales sowie in der umkämpften schottischen Grenzregion Berwick-on-Tweed) gezwungen, binnen zwölf Tagen, also am 10. Januar, zu schließen. Die Reaktion der koffeinabhängigen Reichen und Schönen Londons kam rasch und unmissverständlich: Auf absolut gar keinen Fall würden sie zulassen, dass ihnen der Kaffee weggenommen würde. Karl II. war gezwungen, einen Rückzieher zu machen, und beendete seinen Kaffeebann, Tage bevor er hätte in Kraft treten sollen.

Im Oktober 1688 versuchte König Jakob es noch einmal, dieses Mal mit mehr Gewicht auf der Botschaft, und gab eine Proklamation heraus »Zur Einschränkung der Verbreitung von Falschen Neuigkeiten«. Strafe drohe allen »Verbreitern von falschen Nachrichten oder Verbreitern jeglicher böswilliger Lästereien und Verleumdungen«, insbesondere solcher, die »Worte oder Dinge äußern oder drucken, um das Volk zu Hass oder Ablehnung Unserer Person oder der eingesetzten Regierung anzustacheln und aufzurühren«.[45] Man kann verstehen, warum er vielleicht ein wenig nervös gewesen sein könnte: Zu jener Zeit bereitete sich die niederländische Flotte darauf vor, England einzunehmen. Zu Jakobs großem Pech half ihm der Versuch, falsche Neuigkeiten zu unterdrücken, nicht sehr viel: Er wurde von seiner Tochter abgelöst und floh einen Monat später aus dem Land.

Englands Pressegesetze wurden 1695 wieder gelockert, und die Folge war eine weitere Schwemme von Nachrichtenlieferanten. Das brachte aufs Neue all die Probleme mit sich, die wir noch heute in den Medien beobachten. Im Jahr 1734 hatte der *Craftsman* bereits eines der Schlüsselprobleme der Presse erkannt – und zwar die Tendenz, Sachen voneinander abzuschreiben, bis eine ausgewachsene Bullshit-Rückkoppelungsschleife beisammen ist: »Wenn ein falsches Stückchen Information in eine Zeitung gelangt, so macht es in der Regel die Runde durch alle, so es nicht rechtzeitig korrigiert wird von jemandem, der mit den speziellen Umständen vertraut ist.«[46]

Die Situation verschärfte sich durch den Aufstieg der Presse auf der anderen Seite des Atlantiks in Amerika – der Informationsaustausch zwischen England und seiner Kolonie lieferte noch Gelegenheiten zuhauf, voneinander abzuschreiben, und das mit der zusätzlichen Aufwandsschwelle, dass sich schwer nachprüfen ließ, was in Übersee wirklich passiert war. Wilde Gerüchte und komplett Erfundenes zu dem, was auf der anderen Seite des großen Teichs geschah, gingen zwischen England und Amerika munter hin und her und wurden mit jedem weiteren Erzählen bunter ausgeschmückt.

Das vielleicht beste Beispiel dafür ist der Fall einer mehrfach über den Atlantik hin- und hergereisten Verteidigungsrede, Mitte des 18. Jahrhunderts vor Gericht gehalten von einer allem Anschein nach zutiefst ungerecht behandelten Frau. Die Geschichte wurde hüben und drüben über mehrere Jahrzehnte wieder und wieder gedruckt, wobei sich der zentrale Plot bei neuen Auflagen mehrfach änderte und die enthaltene Botschaft vor einem sich verändernden historischen Hintergrund eine ungeheure rhetorische Wucht entfaltete. Es handelt sich um die Rede der Polly Baker.

Dem modernen Betrachter scheint Pollys Rede geradezu mit Vorsatz darauf getrimmt, sich in Windeseile zu verbreiten – was sie für die Verhältnisse des 18. Jahrhunderts auch tat. Erstmals abgedruckt wurde sie am 15. April 1747 im *London General Advertiser* als, wie es hieß, Mitschrift einer Rede, die Miss Baker bei ihrer Gerichtsverhandlung auf der anderen Seite des Atlantiks »in Connecticut nahe Boston in New England« gehalten hatte. Baker stand unter Anklage, weil sie ein uneheliches Kind zur Welt gebracht hatte – nicht nur das: Es war bereits das fünfte Mal, dass sie mit dieser Anschuldigung vor Gericht gebracht worden war. Statt aber beschämt zu sein, wurde Polly Baker deutlich: Wie es angehen könne, fragte sie, dass sie zum wiederholten Mal strafrechtlich dafür verfolgt werde, dass sie ein uneheliches Kind in die Welt gesetzt habe, während den Vätern dieser Kinder nie auch nur irgendwer auf die Finger geschlagen hat? »Ich habe unter Einsatz meines Lebens fünf wunderbare Kinder in die Welt gesetzt, ich habe sie durch meinen eigenen Fleiß gut versorgt«, fährt sie fort, »ich habe mein Ansehen aufs Spiel gesetzt und in der Öffentlichkeit viele Male Strafe, Schimpf und Schande über mich ergehen lassen, meiner bescheidenen Ansicht nach sollte ich daher nicht ausgepeitscht, sondern mit einem Denkmal geehrt werden.«

Ihre Rede war so eindringlich, berichtet uns der *General Advertiser*, dass das Gericht nicht nur von einer Bestrafung absah, sondern sich einer der Richter von ihren Worten so beeindruckt zeigte, dass er sie anderentags prompt heiratete. Das Ganze scheint prädestiniert, in die Sprache der Auflage machenden beziehungsweise Klicks erntenden Klatschseiten der Jetztzeit übersetzt zu werden: *Diese Frau brachte mit einer glutvollen Rede über Hurenehre ein Gericht aus der Fassung – Was dann geschah, wird Sie überraschen.*

Das war ganz ohne Frage Superinhalt. Und so kam der britische Presseapparat ins Rollen. Am Tag nachdem Miss Baker ihr Debüt im *General Advertiser* gegeben hatte, druckten mindestens fünf weitere Londoner Zeitungen die Rede ebenfalls. Sie fand den Weg in die Zeitungen anderer Städte: Northampton, Bath, Edinburgh, Dublin. Wenige Wochen später zogen auch die Zeitschriften mit ihren größeren Vorlaufzeiten nach. (Keine davon hatte natürlich die Zeit gehabt, rasch in Connecticut vorbeizuschauen, um zu sehen, ob sie Polly ausfindig machen konnte. Die geografischen Hürden lieferten einmal mehr eine exzellente Vorlage für die Verbreitung von Unwahrheit.) Die Geschichte wurde nicht nur kopiert, sondern fing an, sich von einer Ausgabe zur anderen leicht zu verändern, ob aus Versehen oder mit Absicht, sei dahingestellt. Die bemerkenswerteste Version war vielleicht die im *Gentleman's Magazine*, das für sich beschloss, es sei als überraschende Wende nicht damit getan, sie einfach nur mit einem Richter zu verheiraten – man ließ die beiden darüber hinaus fünfzehn weitere gemeinsame Kinder bekommen. Wann genau diese fünfzehn Kinder das Licht der Welt erblickt haben sollen, blieb unklar, der Text blieb in Bezug auf den Zeitpunkt der Ereignisse eher vage.

Ein paar Monate später, im Juli, hatte die Geschichte den Atlantik überquert und ihren Weg in den aufstrebenden Zeitungsmarkt der amerikanischen Kolonien gefunden; sie gab ihr Debüt in Boston, bevor sie die Küste hinunter nach New York und Maryland reiste. Obwohl es für die amerikanische Presse immerhin ein kleines bisschen leichter gewesen wäre, einen Blick auf die Echtheit der Geschichte zu werfen, bleibt unklar, ob sich irgendwer die Mühe gemacht hat – was, ehrlich gesagt, kaum überrascht. Selbst im Goldenen Zeitalter von Telefon und Google kann es ziemlich haarig sein nachzuweisen, dass etwas *nicht* passiert ist. Zu einer Zeit, da es nur zwölf Zeitungen im Land gab und die Figur des kühnen Investigativ-Journalisten noch ein ganzes Jahrhundert auf sich warten lassen würde, ist es vielleicht nicht verwunderlich, wenn jedermann denken mochte, er habe Besseres zu tun. Es war völlig gängige Praxis, Stoff aus Großbritanniens weiter entwickelter Presse zu übernehmen. Die Aufwandsschwelle für das Überprüfen mag nicht mehr allzu hoch gewesen sein, aber die mutmaßliche Autorität, die der gute Ruf der britischen Presse dem Geschriebenen verlieh, stand diesem Schritt dennoch entgegen. Mehrere strukturelle Probleme wirkten hier zusammen, und so speiste der Mangel an Vorstellungskraft, was die Verlässlichkeit der britischen Presse anging, eine Bullshit-Rückkoppelungsschleife in großem Stil.

Statt also weiteres Handeln anzustoßen (tiefer zu graben oder zu widerlegen), mogelte sich Pollys wütender Aufschrei gegen sexistisches Zweierleimaß klammheimlich in den Kanon des kollektiven Bewusstseins und wurde einer von den guten alten Allzeitfavoriten – jener Sammlung von Geschichten, die das Hintergrundrauschen der kollektiven Psyche bilden und immer wieder gerne hervorgekramt werden, wenn irgendjemand irgendetwas besonders deutlich machen will. Die nächsten paar Jahrzehnte hindurch hatte sie immer mal wieder ihren Auftritt. Sie wurde in Zeitungen, Zeitschriften und Büchern abgedruckt, wurde ins Schwedische und Französische übersetzt. Als Sinnbild für eine ganz normale Person, die sich gegen ungerechte Gesetze zur Wehr setzt, erlangte sie große Bedeutung in der Welt des Deismus – jener religiösen Strömung, die gegen einen intervenierenden Gott und jede vermeintlich von reiner Willkür geleitete Autorität focht und von großem intellektuellen Einfluss sowohl auf die Französische als auch auf die Amerikanische Revolution sein sollte.

Dieser Kontext bildete den Hintergrund, vor dem Pollys Rede rund zwanzig Jahre nach ihrer Erstveröffentlichung ihre zweite große Neuauflage erlebte – was obendrein auch dazu führte, dass die wahre Geschichte dahinter schließlich ans Tageslicht kam. 1770 erschien die Anekdote in überarbeiteter und ordentlich melodramatisierter Form in einem französischen Bestseller, verfasst von Abbé Raynal, einem ehemaligen Priester mit einem etwas windigen Geschichtsverständnis, aber einer gewissen Gabe für Agitation und Propaganda. (Zumindest ein Teil des Werks war von ihm, große Abschnitte hatte der etwas begabtere Philosoph Denis Diderot nebst einem ganzen Haufen weiterer Mitarbeiter beigetragen. Gut möglich, dass Diderot derjenige war, der Pollys Geschichte mit in den Text aufgenommen hat, er scheint ein großer Fan davon gewesen zu sein.)

In der fiebrigen Atmosphäre des vorrevolutionären Frankreichs traf die Bedrängnis einer Polly Baker in der Auseinandersetzung mit tyrannischen Gesetzgebern einen Nerv und wurde ein Riesenerfolg. Raynals »Histoire« wurde mehrfach in autorisierten und nicht autorisierten Fassungen neu aufgelegt. In den 1770er- und 1780er-Jahren erschienen weitere französische Versionen von Pollys Geschichte, weshalb es dazu kam, dass eines schönen Tages im Jahr 1777 oder 1778 – die Amerikanische Revolution war gerade in vollem Gange – Raynal dem amerikanischen Gesandten in Frankreich einen Besuch abstattete und diesen in einer Diskussion mit einem Besucher aus Connecticut über sein populäres Geschichtsbuch fand.

Keine der drei anwesenden Personen hat je darüber

geschrieben, wie sich dieses Treffen abspielte. Wir haben nur einen Bericht aus zweiter Hand über den damals noch zukünftigen amerikanischen Präsidenten Thomas Jefferson, der berichtete, man habe ihm ein paar Jahre später erzählt, was in der fraglichen Situation geschehen sei – wie bei vielem in der Geschichte ist auch das mit Vorsicht zu genießen.

Die grobe Linie des Treffens ist folgende: Die beiden Amerikaner diskutierten über Raynals Buch und mokierten sich darüber, wie schlecht dieses sei, als der Autor unerwartet hereinspaziert kommt. Der Mann aus Connecticut, ein gewisser Silas Deane, begrüßte Raynal und erzählte fröhlich, man habe soeben darüber geplaudert, wie viele Fehler sich in seinem Buch befänden. (Anmerkung am Rande: Als Autor bitte ich Sie inständig: Bitte machen Sie so etwas nie. Das ist unhöflich, gestehen Sie sich wenigstens erst ein paar Minuten Smalltalk zu.) Raynal protestierte, es gebe keine Fehler, und er habe mit großer Sorgfalt versucht sicherzustellen, dass sämtliche Fakten in seinem Buch aus autorisierter Quelle stammten.

»Aber was ist mit Polly Baker?«, fragte Deane, »ihre Geschichte steht auch drin, und die ist definitiv nie passiert.«

»Ganz im Gegenteil«, beharrte Raynal, »ich habe eine unanfechtbare Quelle hierfür, auch wenn ich mich im Augenblick, so aus dem Stegreif, gerade nicht erinnern kann, welche genau es war.«

An diesem Punkt vermochte der amerikanische Gesandte – ein gewisser Benjamin Franklin – sein Gelächter nicht mehr zu unterdrücken.

Und zwar deshalb, weil er derjenige gewesen war, der die Geschichte von Polly Baker knapp drei Jahrzehnte zuvor von vorn bis hinten erfunden und in die britische Presse lanciert hatte. Seine Lügenlaufbahn hatte mit der fälschlichen Verkündigung von Titan Leeds' Tod offenbar nicht geendet.

Genau genommen hatte sie damit auch nicht angefangen. Franklin hatte seine Betrugskarriere in der Nachrichtenindustrie bereits als Teenager begonnen – im Jahr 1722, als ihm sein älterer Bruder James untersagte, für den *New-England Courant* zu schreiben, den James herausgab. Angefressen ob dieses Abwürgens seiner kreativen Fähigkeiten tat der junge Benjamin etwas, das jeder einfallsreiche Sechzehnjährige tun würde: Er erfand eine Witwe mittleren Alters namens »Silence Dogood« und sandte unter deren Namen Artikel ein. (Etwas, das Sie wissen werden, wenn Sie den bedeutenden Dokumentarfilm »Das Vermächtnis der Tempelritter« mit Nicolas Cage in der Hauptrolle gesehen haben.) James Franklin, komplett ahnungslos, was den wahren Autor anging, druckte vierzehn davon, und Miss Dogood zog eine ansehnliche Anhängerschaft in ihren Bann, ja sie erhielt sogar mehrere Heiratsanträge.

In Anbetracht dessen, dass sein erster Vorstoß ins Reich der Niedertracht ein derartig überwältigender Erfolg gewesen war, machte Franklin fröhlich dort weiter, wo Dogood aufgehört hatte. Im Jahr 1730 druckte er in Philadelphia seine eigene Zeitung, die *Pennsylvania Gazette*, in der er einen komplett erfundenen Bericht über einen Hexenprozess abdruckte. In Wirklichkeit hatte es in Amerika seit etlichen Jahrzehnten keinerlei nennenswerte Hexenprozesse mehr gegeben. Als Nächstes widmete er sich dem *Poor Richard's Almanack*, in dem er (wieder unter fremder Feder) den unglückseligen Mr Leeds ums Leben brachte.

Um Ihnen eine Vorstellung davon zu vermitteln, wie viel Mühe Franklin auch in den unbedeutendsten seiner Streiche steckte: 1755 druckte er ein frei erfundenes Extrakapitel für die Bibel und legte es in seine Bibelausgabe (das absolut nicht existierende 51. Kapitel der Genesis), einzig und allein, um einen Streit mit einer vornehmen englischen Dame zu gewinnen.[47]

Polly Baker war wirklich nicht dazu gedacht gewesen, revolutionären Eifer zu schüren, sondern sollte lediglich Franklins Belustigung dienen. Einmal mehr waren die Dinge ... nur ein klein wenig aus dem Ruder gelaufen.

Das alles geschah in den frühen Jahren der Massenmedien, die Form von Nachrichtenindustrie, wie wir sie kennen, sollte noch ein paar Jahrzehnte auf sich warten lassen. Und dennoch finden sich eine Menge Elemente darin, die uns heute bekannt vorkommen: das gedankenlose Nachdrucken von Nachrichten, ohne deren Wahrheitsgehalt nachgeprüft zu haben, die beklommene Mischung aus Argwohn und Gutgläubigkeit seitens der Leser, die Tatsache, dass eine Geschichte, die zu schön ist, um wahr zu sein, sich trotzdem durchsetzt. Und all diese Dinge dauerten fort, da die Nachrichtenindustrie sich zu jenem Inhalte wiederkäuenden Koloss auswuchs, als den wir sie heute kennen. Damit wollen wir uns im nächsten Kapitel befassen – in dem wir feststellen werden, dass Polly Baker beileibe nicht der einzige Scherz ist, der ein bisschen außer Kontrolle geriet.

3

Das Fehlinformationszeitalter

Fans von aufregenden Neuigkeiten in New York hatten Anfang August 1835 jede Menge Gesprächsstoff. Da war natürlich das Wetter, es herrschte eine Gluthitze, die den ganzen Monat kaum nachließ. In Lower Manhattan hatte es ein großes Feuer gegeben. Das politische Klima wurde zunehmend angespannt, alles beherrschende Themen waren die Sklaverei und die oft gewaltsamen Zusammenstöße zwischen den »Whigs« und den Demokraten, das alles in einem Jahr, in dem es zum ersten Attentatsversuch in der Geschichte des Landes auf einen Präsidenten gekommen war. Unter denen, die den Naturwissenschaften nahestanden, herrschte eine gewisse erwartungsvoll nervöse Stimmung angesichts der unmittelbar bevorstehenden Rückkehr des Halley'schen Kometen. Und dann war da noch eine bizarre Ausstellung in Niblo's Garden, einem Unterhaltungsetablissement am Broadway, veranstaltet von einem jungen, ehrgeizigen Typen (einem gewissen Phineas Taylor Barnum), der sich einen Namen als Schausteller machen wollte und seit der Eröffnung der Show am 10. August mächtig für Schlagzeilen gesorgt hatte.

Nicht nur, dass es eine Menge Neuigkeiten gab, allein die *Verfügbarkeit* von Nachrichten war ein neues Phänomen. Die Stadt hatte in den vorausgegangenen zwei Jahren eine wahre Explosion an Neugründungen von Billigzeitungen erlebt –

eine neue Klasse von erschwinglichen Publikationen für die große Masse, die allesamt aggressiv um Storys und Leser konkurrierten.

Also: Ja, es wird Anfang August jede Menge zum Bereden gegeben haben.

Ende August war das Einzige, worüber jedermann redete, die Fledermausmenschen, die den Mond bewohnten.

Es ist wichtig, an dieser Stelle festzuhalten (denn ich möchte nicht, dass Sie etwas missverstehen), dass die rothaarigen Fledermausmenschen dort auf dem Mond die lunare Landschaft keineswegs allein bevölkern. Seien Sie kein Narr. Wie jeder weiß, sind sie Teil eines pulsierenden komplexen Ökosystems im All, zu dem – unter anderem – riesige Biber auf zwei Beinen gehören, die ihre Kinder auf dem Arm tragen, Hochgeschwindigkeitsamphibien in Kugelform, die die Ufer und Strände der überreichen Fluss- und Seenlandschaft auf dem Mond entlangkullern, und Herden ziegengesichtiger blauer Einhörner, die fröhlich über idyllische Wiesen voller scharlachroter Blumen tollen.

Diese himmlischen Wunder offenbarten sich Ende August im Laufe einer Woche nach und nach zuerst den Lesern der *New York Sun*, welche die Neuigkeit von ihrer Entdeckung einem Bericht aus einem Sonderheft des *Edinburgh Journal of Science* entnommen hatte, um sie ihrer amerikanischen Leserschaft zu präsentieren. Der Bericht basierte auf jüngsten Beobachtungen, die der große Astronom Sir John Herschel auf der anderen Seite des Ozeans in Südafrika am Kap der Guten Hoffnung mit einem bemerkenswerten neuen Teleskop von bislang ungekannter Leistung und Auflösung gemacht hatte.

Die Berichte über die Mondbeobachtungen ließen die Stadt und die übrige Welt erbeben. Menschenmengen versammelten sich vor den Bürogebäuden der Zeitungen, konkurrierende Blätter übernahmen eilig die Neuigkeiten voneinander, und das Sujet beherrschte die Alltagsgespräche ebenso wie die Alltagskultur, inspirierte unter anderem ein irre erfolgreiches Stück an der Bowery, das weniger als einen Monat später Premiere feierte. Und es trug dazu bei, die *Sun* – ein Blatt, das nur zwei Jahre früher gegründet worden war – zur höchstwahrscheinlich meistverkauften Zeitung der Welt zu machen.

Aber (und bitte bereiten Sie sich auf eine schockierende Nachricht vor) *nichts von alledem war wirklich wahr.*

Ein französischer Kupferstich der Gebrüder Thierry, der die Fledermausmenschen des Mondes zeigt

Ich weiß, ich weiß. Das ist eine ziemliche Flut an Informationen, die Ihr Kopf da binnen kürzester Zeit aufnehmen soll.

Aber bitte glauben Sie mir, wenn ich Ihnen sage, dass Wissenschaftler das alles sehr genau nachgeprüft haben und es auf dem Mond tatsächlich *überhaupt keine* rotschopfigen Fledermausmenschen gibt. Auch keine ziegengesichtigen Einhörner.

Der große Mondschwindel von 1835 war nicht, wie die ursprünglichen Storys in der *Sun* glauben machen wollten, die Arbeit eines »Dr. Andrew Grant«, der »seit mehreren Jahren unentbehrlicher Gehilfe des jungen Herschel«[48] gewesen war, sondern entstammte der Feder eines jungen englischstämmigen Journalisten namens Richard Adams Locke. Locke war nur zwei Monate zuvor bei der *Sun* angestellt worden. Er hat nicht lange gebraucht, um bleibenden Eindruck zu hinterlassen.

Wenn Sie irgendeine Geschichtsepoche herausgreifen sollten, um an ihr das Werden der modernen Nachrichtenindustrie zu illustrieren, eignet sich die Mitte der 1830er-Jahre in New York genauso gut wie jede andere. Vor dieser Zeit unterschieden sich Zeitungen sehr von denen, die wir heute kaufen (oder genauer: denjenigen, die wir nicht kaufen, aber deren Internetseiten wir gelegentlich lesen). Zuerst einmal waren sie fast so etwas wie Luxusartikel, gerichtet ausschließlich an den wohlhabenden Kaufmann und die politische Klasse, und unternahmen wenig Anstrengungen, eine breitere Kundschaft anzuziehen. Die Zeitungen, die es Anfang der 1830er-Jahre in New York gab, kosteten sechs Cent das Stück, das überstieg um einiges das, was sich die meisten Angehörigen der rasch wachsenden Stadtbevölkerung hätten leisten können. Sie bestanden aus einem einzelnen, gefalteten Stück Papier, hatten mithin nur vier Seiten, von denen die erste und die letzte – für jeden Zeitungsmacher von heute das wertvollste Stück vom Kuchen – einer Fülle an kurzen Anzeigen vorbehalten waren, die in engen Spalten und nahezu unleserlich kleiner Schrift gedruckt waren.

Dank der segensreichen Neuerungen des 20. Jahrhunderts, angestoßen von Rupert Murdoch, sind die Worte »Seite drei« in den Köpfen britischer Zeitungsfans heutzutage unauflöslich verknüpft mit Oben-ohne-Fotos von Frauen. Die Seite 3 der New Yorker Zeitungen Anfang der 1830er-Jahre hingegen wurde dominiert von langen Auflistungen von Dingen wie Wechselkursen und den Einzelheiten der Schiffe, die frisch im Hafen eingelaufen waren, die Art von Informationen, die für einen Kaufmann unerlässlich war, als Softporno-Erotika aber mehr oder weniger nutzlos, so Sie nicht über ein paar besonders abseitige Vorlieben verfügen. Sämtliche echten Nachrichten-Storys wurden auf Seite 2 verbannt, eine Seite, die jeder Zeitungsjournalist der Neuzeit bezeichnen würde als »die Ecke, in die man Zeug setzt, das die Leute sowieso nicht lesen«.

Nichts von alledem schreit sonderlich laut »Bitte kaufen Sie diese Zeitung!«. Aber das wenig anziehende Format war im Grunde kein Problem für die Verkaufszahlen dieser Blätter, denn sie basierten in der Regel auf Abonnements und wurden nicht am Zeitungskiosk gehandelt (was praktisch war, wenn man bedenkt, dass es gar keine Zeitungskioske gab). Sie basierten überdies auf Vetternwirtschaft, insbesondere auf politischem Klientelismus. Das war die eine Seite der »Parteipresse« in den Vereinigten Staaten, da die meisten Nachrichtenorgane sich entweder direkt im Besitz von Parteigängern befanden oder auf Vergünstigungen durch die von ihnen bevorzugten Politiker angewiesen waren, zum Beispiel auf lukrative Verträge mit der Regierung als Gegenleistung für ihre unermüdlich lautstarke Unterstützung.

Die Folge von alledem kann man großmütig beschreiben

als »dynamische und leidenschaftliche öffentliche Debatte über die großen politischen Themen, mit denen ein junges Land konfrontiert wird«, oder ein bisschen weniger großmütig als »einen Haufen Egomanen, die Müll über ihre Konkurrenten verbreiten und sich keinen Deut um dessen Richtigkeit scheren«.

Diese, ähm, »Leidenschaft und Dynamik« schwappte nur zu oft hinüber ins reale Leben. Das New York von 1835 unterschied sich massiv von der gleißenden Metropolis unserer Zeit. Natürlich gab es keine verglasten Wolkenkratzer. Stattdessen streunten Wildschweine durch die von Unrat verdreckten Straßen. Aber dessen ungeachtet verfügte die Stadt über ein paar Merkmale, die den heutigen New Yorkern sehr bekannt vorkommen dürften: Im Sommer stank es wie die Hölle, es gab keine funktionierende U-Bahn, und es verfügte über eine kleine, aber einflussreiche Clique von Medienprofis, die ihre zwischenmenschlichen Dramen viel zu verdammt ernst nahmen.

Zeitungsherausgeber wurden sehr eng mit den Häusern assoziiert, denen sie vorstanden, nicht zuletzt deshalb, weil sie den größten Teil des Textes in ihren Blättern selbst schrieben. Die neuzeitliche Unterscheidung zwischen der Rolle des Reporters (dessen Job es ist, loszuziehen und Neuigkeiten aufzuspüren) und der des Zeitungsbosses (dessen Job es ist, in einem Büro zu sitzen und Fotos von Spider-Man einzufordern) war zu jener Zeit eine eher vage Angelegenheit. Die Folge davon war, dass das erbitterte Sichbeharken zwischen den Häusern der verschiedenen Parteianhänger sehr häufig zutiefst persönliche Züge annahm – und es an der Tagesordnung war, dass zwei rivalisierende Zeitungsbosse, die sich zufällig über den Weg liefen, einander gerne mal die Seele aus dem Leib prügelten. Ein Zeitungsherausgeber ging sogar dazu über, Schusswaffen bei sich zu tragen, nachdem ihm ein und derselbe Kontrahent innerhalb einer Woche dreimal an die Gurgel gegangen war.

In diese aufgeheizte, ätzende Atmosphäre platzte 1833 die *New York Sun*, die die Medienlandschaft für immer verändern sollte. Die Idee, die hinter der *Sun* (und anderen Wegbereitern des neuen Zeitalters der »Penny Press«) stand, war radikal: Statt der üblichen sechs Cent sollte die einzelne Ausgabe nur einen Cent kosten. Statt sich über Abonnements und Klientelwirtschaft zu finanzieren, sollte sie unabhängig sein und von einer Armee Zeitungsjungen, die die dramatischsten Schlagzeilen laut in die Welt hinausposaunen würden, überall in den Straßen feilgeboten werden. Sie würden den größten Teil ihres Geldes mit Werbung verdienen, die ja dank der dramatisch höheren Verkaufszahlen mit einem Mal einen viel größeren Leserkreis erreichen würde. Das waren keine Nachrichten mehr für eine kleine homogene In-Group – das hier war Massenmarkt, populär und populistisch, bereit, sich an breites Publikum zu wenden … und für Blickfang zu sorgen.

Mit anderen Worten, man war auf das Geschäft mit dem groben Pinselstrich verfallen, dem sich große Teile der Nachrichtenindustrie die nächsten grob 170 Jahre verschreiben sollten – mehr oder weniger bis vor ein paar Jahrzehnten, als Unternehmen zerschlagende Hedgefonds auf das Internet trafen und jedermanns großzügige Spesenkonten komplett durcheinanderwirbelten. (Kurzer Exkurs: Nicht wenige Leute haben vor noch nicht allzu langer Zeit gemutmaßt, die Nachrichtenindustrie mühe sich gegenwärtig mächtig, wieder zu den alten Geschäftsmodellen zurückzukehren: entweder zu Produkten auf Subskriptionsbasis, die sich an einen kleinen ausgewählten Leserkreis richten, oder zur Abhängigkeit von der Gunst machthungriger Oligarchen, die nach Einfluss streben. In jedem Fall ist Spaß angesagt im Blätterwald.)

Die *Sun*, die rasch auf jenes Erfolgsrezept verfiel, das die Zeiten überdauern sollte – sprich, dass vor allem Geschichten über Verbrechen, Katastrophen und menschliche Dramen die Leser in Bann ziehen –, sah ihre Leserschaft in nie gekannte Höhen schnellen. Anfang August 1835 brüstete man sich dort, 26 000 Exemplare verkauft zu haben, weit mehr als sogar die *Times* in London – die bis zum Auftritt der *Sun* ziemlich sicher die größte Zeitung der Welt gewesen war. Das mag zum Teil dem verheerenden Brand vom 12. August geschuldet gewesen sein, einem Großfeuer, das große Teile des Zeitungsviertels von Lower Manhattan in Schutt und Asche gelegt hatte. Für die Verkaufszahlen der *Sun* war das Ganze ein doppelter Glücksfall: Es bot nicht nur eine große dramatische Nachrichtenstory, die die Leute unbedingt lesen wollten, sondern praktischerweise fiel auch die Druckerpresse des schärfsten Konkurrenten der *Sun*, dem *New York Morning Herald*, den Flammen zum Opfer, der zu jener Zeit erst drei Monate auf dem Markt gewesen war.

Von daher befand sich die *Sun* in jenem August in bester Ausgangslage, um die Medienwelt mit einer Sensation zu beglücken. Dennoch fing sie die Geschichte mit den Mondmenschen bescheiden an: mit einem kurzen Absatz auf Seite 2 der Ausgabe vom Freitag, den 21. August, mit der Überschrift »Celestial Discoveries« (zu Deutsch: »Himmlische Entdeckungen«). Er besagte, dass Sir John Herschel »mit Hilfe eines ungeheuren Teleskops, das auf einem völlig neuen Prinzip beruht, am Kap der Guten Hoffnung astronomische Entdeckungen wundervollsten Inhalts« gemacht habe.

Der Abschnitt, so sollte sich zeigen, war lediglich der Teaser. Die Geschichte selbst nahm erst in der darauffolgenden Woche, am Dienstag, den 25. August, Fahrt auf. Doch selbst dann nahm sich die *Sun* die Zeit, das Ganze langsam aufzubauen, statt mit den aufregendsten Teilen voran ins Haus zu fallen. Die Folge am ersten Tag gab sich, offen gestanden, ein bisschen langweilig und bestand großenteils aus Abhandlungen darüber, wie das »ungeheure Teleskop« mit seinen sieben Linsen funktionierte.

Aber ebendieser Ansatz arbeitete für die *Sun*: Anstelle der Skepsis, die VERFLUCHTER MIST, AUF DEM MOND GIBT ES FLEDERMAUSMENSCHEN womöglich provoziert hätte, verlieh die nüchterne Berichterstattung – vorgestellt als Nachdruck einer Veröffentlichung vom August im *Edinburgh Journal of Science* – der Geschichte eine Aura der Seriosität und brachte die Leser dazu, anderntags wiederzukommen, um mehr zu erfahren.

Am darauffolgenden Tag begann die *Sun,* die Wunder des Mondes zu schildern. Die Mittwochsfolge tat kund, dass der Mond mit einem reichen Pflanzen- und Tierleben bestückt sei – unter anderem jenen Feldern voller roter mohnähnlicher Blumen, den kullernden Amphibiengeschöpfen und den blauen Ziegeneinhörnern. Das war schon bemerkenswert genug, aber nichts im Vergleich zu Tag drei, an dem die Entdeckung der aufrecht gehenden Biber verkündet wurde, die eindeutig ein gewisses Maß an Intelligenz besaßen, ihre Jungen auf dem Arm trugen »wie ein Mensch« und in Hütten lebten, »besser und höher gebaut als die vieler menschlicher Barbarenstämme«.

An diesem Punkt war die Story bereits eine Sensation, aber Folge vier, die am Freitag, den 28. August, erschien, eröffnete eine neue Dimension. Das war der Tag, an dem die *Sun* die Welt mit den mondbewohnenden Fledermausmenschen bekannt machte: »*Vespertilio homo* oder Fledermausmensch«, wie Herschel sie angeblich genannt hatte, Wesen von etwa »einem Meter zwanzig Körpergröße« mit »kurzem und glänzendem kupferfarbenen Haar« und gelben Gesichtern, die beschrieben wurden als »kleiner Fortschritt gegenüber den großen Orang-Utans«. Und ganz wichtig, Flügel, »bestehend aus einer dünnen Haut …, vom Schulteransatz bis hinunter zu den Waden am Rücken eng angeschmiegt liegend«.

Nicht genug damit, dass diese menschenähnlichen Wesen fliegen konnten, sie waren auch offenkundig hochintelligent – zeigten sich »augenscheinlich in Unterhaltungen vertieft«, und »ihre Gestik … wirkte bewegt und mitfühlend«. Und nur für den Fall, dass das alles noch nicht ausreichte, um die Aufmerksamkeit der Leute zu fesseln, konstatierte der Artikel noch, dass »unsere weiteren Beobachtungen zu den Lebensgewohnheiten dieser Wesen, von denen es zwei Geschlechter gibt, Ergebnisse erbrachten, die derart bemerkenswert sind, dass wir der Ansicht sind, sie sollten der Öffentlichkeit direkt über die Arbeiten von Dr. Herschel zugänglich gemacht werden … es handelt sich zweifellos um unschuldige und glückliche Kreaturen, auch wenn einige ihrer Vergnügungen sich mit unseren irdischen Vorstellungen von Schicklichkeit schlecht in Einklang bringen lassen«. Ein Abschnitt, in dem diese »Vergnügungen« im Einzelnen beschrieben wurden, war, gut sichtbar, der Zensur zum Opfer gefallen.

Jawoll. Mochte der Text sich auch darum drücken, die Dinge zu benennen, der Leser wird sicher nicht im Zweifel gewesen sein. Leute: Die Fledermausmenschen auf dem Mond haben gevögelt.

Die beiden letzten Folgen mussten unweigerlich ein bisschen gegen die Freitagsenthüllungen abfallen, vermochten aber dennoch das inzwischen beinahe unersättliche Interesse der Leser aufrechtzuerhalten. Der Samstag brachte die Entdeckung großer, geheimnisvoller tempelähnlicher Bauten, gebaut aus Mondsaphir, während der folgende Montag (am

Sonntag war Pause) mit einer neuen und höher entwickelten Varietät von Fledermausmenschen aufwartete. Über diese höheren Fledermausmenschen, die als »höchste Tierordnung in diesem artenreichen Tal« bezeichnet und im Kreis sitzend, sich angeregt unterhaltend dargestellt wurden, wird berichtet, sie seien »von größerer Statur als die anderen Exemplare, weniger dunkel gefärbt und in jeder Hinsicht eine höhere Form der Rasse«.

Ja, richtig, die Fledermausmenschen hatten die grandiose Zeitspanne von vier fabelhaften Tagen existiert, bevor man anfing, extrem rassistisch mit ihnen umzuspringen.

Das Verlagshaus der *Sun* wurde von Menschenmassen belagert, die neue Einzelheiten lesen wollten, die Druckerpresse konnte die Exemplare gar nicht rasch genug ausspucken.

Die Masse war nicht nur schwer darauf aus, mehr zu erfahren, sie beteiligte sich auch aktiv an dem Schwindel: William Griggs, ein Freund des Urhebers dieses Streichs, Locke, berichtete, er habe in der Menge Leute in einem Zustand »bedingungsloser Gutgläubigkeit« Dinge sagen hören, die das Märchen untermauerten. Ein »hoch respektabel aussehender älterer Herr in einem Quäkeranzug aus feinem Tuch« behauptete, Herschels Teleskop mit eigenen Augen gesehen zu haben, wie es in den East India Docks von London auf ein Schiff verladen wurde. Ein anderer Mann »von absolut achtbarer Erscheinung« behauptete, er besitze eine Kopie des Originalartikels im *Edinburgh Journal of Science*, und die *Sun* habe die Dinge wahrheitsgemäß wiedergegeben. Griggs bezeichnete diese Aktionen als Anfall von »Spontanflunkerei«.[49]

Benjamin Day, der pfiffige Herausgeber der *Sun*, wusste, wann etwas Lukratives im Busch war, und sah sofort die Chance, Kohle zu scheffeln – noch bevor die Artikelserie abgeschlossen war, druckte er den Text als Extrablatt ab, von dem sich in Windeseile Zehntausende Exemplare verkauften (zu einem Preis von zwölfeinhalb Cent das Stück). Er beauftragte Künstler, die Mondbewohner zu zeichnen. Und er investierte in neue dampfgetriebene Druckerpressen, um sicherzustellen, dass der *Sun* nie wieder ein Engpass entstehen würde. Nachrichten waren auf dem Weg, sich zur Industrie zu entwickeln.

Dass der Schwindel weithin geglaubt wurde, scheint außer Zweifel. Zeitgenössische New Yorker aus jenen Tagen schrieben in ihren Tagebüchern darüber, und wenige scheinen dabei ihrer Skepsis Ausdruck gegeben zu haben. Zahlreiche Berichte aus zeitgenössischen Quellen sagen aus, dass die Leute von Lockes Artikel wie gebannt gewesen seien. Kein Geringerer als Edgar Allen Poe sollte später schreiben: »Nicht einer von zehn hat daran gezweifelt … Ein gravitätischer Mathematikprofessor in einem College in Virginia berichtete mir ernsthaft, dass er keinen Zweifel am Wahrheitsgehalt der ganzen Sache hege!«[50] Poe selbst war seinerzeit schwer angefressen wegen des Schwindels – nicht etwa, weil er sich hatte narren lassen, sondern weil er ein paar Monate zuvor seine eigene Juxstory über eine Reise zum Mond im *Southern Literary Messenger* veröffentlicht und vorgehabt hatte, eine Fortsetzung zu schreiben, als die *Sun* ihm einen Strich durch die Rechnung machte.

Schließlich und endlich fingen die Leute allerdings doch an, öffentlich Zweifel zu äußern – und zu den Ersten gehörte James Gordon Bennett, der Herausgeber des *Morning Herald* – war er doch gezwungen gewesen, die erste Woche des Schwindels stillzuhalten, weil seine Zeitung aufgrund des Feuers am Anfang des Monats noch nicht wieder gedruckt werden konnte, und hatte vermutlich angesichts der Erfolge seiner damaligen Konkurrenten mit den Zähnen geknirscht.

Am Montag, den 31. August, aber war der *Herald* wieder im Geschäft (jetzt ohne den »Morning« in seinem Namen)[51], und Bennett holte auf der Stelle aus zu einer Breitseite gegen seine Mitbewerber mit dem Artikel »Der astronomische Schwindel enträtselt« – in dem er unter anderem anmerkte, dass das echte *Edinburgh Journal of Science* zwei Jahre zuvor eingestellt worden sei und somit unmöglich als Quelle infrage komme. In den kommenden Wochen schlug er immer weiter in diese Kerbe, nannte das Handeln der *Sun* »zutiefst unlauter, bösartig und nichts weiter als schamlose Schwindelei« und beschuldigte die Urheber, »aus Geldgier die Unwahrheit« zu drucken.

Traf die Anschuldigung zu? Druckte die *Sun* nur um des Geldes wegen Lügen? Nun ja, also: Ohne Zweifel hat der Druck, Auflage machen zu müssen, sein Teil dazu beigetragen, Locke zum Schreiben seines überdimensionierten Humbugs zu animieren, und Day hat nicht eine Sekunde gezögert, jeden Dollar aus der Sensation zu pressen, dessen er habhaft werden konnte. Doch Locke scheint auch andere Motive gehabt zu haben. Ja, als er (Jahre später) den Schwindel schließlich gestand, erklärte er, er habe eine der berühmtesten Lügengeschichten der Menschheitsgeschichte ursprünglich deshalb verfasst, weil er sich selbst maßlos über Leute ärgerte, die Lügen in die Welt setzten. Das Ganze sei nicht als Schwindel, sondern als eine Parodie auf die »Natürliche Theologie« gedacht gewesen, eine philosophische Strömung, die zu jener Zeit Furore machte und in der Wissenschaft als zweitrangig eingestuft wurde, wenn es darum ging, Gottes Plan zu verstehen. Als großer Freund der Naturwissenschaft und leidenschaftlicher Fan von Geologie und Astronomie ging ihm diese Art zu denken schwer gegen den Strich. Er wollte sie als die Scharlatanerie entlarven, die sie zweifelsohne war.

Locke hatte wirklich nicht vorgehabt, dummes Zeug zu verbreiten. Er hatte sich nur einen sehr ausgeklügelten Scherz erlaubt, den so gut wie niemand verstanden hatte.

Es war ein Scherz, der für Locke in unschöner Weise nach hinten losging. Er konnte dem Schatten seines Mondes sein ganzes weiteres Leben hindurch nicht mehr entfliehen. Ein Jahr später verließ er die *Sun* und heuerte bei einer anderen Zeitung an, wo er auf Arbeit hoffte, die der Welt mehr Nutzen bringen würde, scheiterte jedoch auch dort. Ein paar Jahre nach seinem Kunststück versuchte er es mit einem weiteren Scherz rund um die angeblich verloren gegangenen Tagebücher des schottischen Abenteurers Mungo Park, aber niemand interessierte sich dafür. Man nahm nicht mehr ernst, was er schrieb. Locke begann mehr und mehr zu trinken. Weniger als zehn Jahre nachdem sein Schwindel veröffentlicht worden war, gab er den Journalismus ganz auf und verbrachte die letzten dreißig Jahre seines Lebens in aller Stille im Dienst des Zollamts.

Aber was er hinterließ, hat bis zu uns heute überdauert. Das Vermächtnis des Mondschwindels – Zeitungen, die um Auflagen ringen, die Industrialisierung der Nachrichtenverbreitung und der Vorrang von Sensationsmache vor Richtigkeit – sind Aspekte, die das Geschäft mit den Nachrichten im Laufe der kommenden Jahrhunderte mitbestimmen sollten. Mit den Worten jener unschätzbaren Online-Quelle The Museum of Hoaxes war Lockes Mond-Serie »die erste wahrhaft sensationelle Demonstration der Macht von Massenmedien«.[52]

Genau wie bei Franklin handelte es sich um einen Journalistenscherz, der aus dem Ruder lief. Es sollte nicht das letzte Mal sein, dass ein solcher außer Kontrolle geriet.

Ich sollte an dieser Stelle vermutlich meine eigenen Interessen offenlegen. Ich bin beides: Journalist und jemand, der schon Scherze getrieben hat, die außer Kontrolle geraten sind. In den letzten Jahren haben sich – dank der Fallstricke der neuen Medien im Allgemeinen und der Nachsicht meiner Chefs bei BuzzFeed im Besonderen – in meinem Job beide meiner Berufungen zu einem einzigen, ein bisschen unübersichtlichen Jobpaket vereint. Einerseits habe ich als Journalist über grassierende Falschmeldungen berichtet – habe geholfen, eine skrupellose Nachrichtenagentur auffliegen zu lassen, russische Bots gejagt und eine gefühlt unendliche Anzahl mittels Photoshop gefälschter Bilder von Haien entlarvt, die überflutete Straßen entlangschwimmen. Andererseits habe ich als Satireautor feingesponnene falsche Medienberichte über Ereignisse fabriziert, die nie stattgefunden haben.

Diese Veräppelungen wurden natürlich nahezu ohne Ausnahme von zumindest einem kleinen Teil der Leserschaft für bare Münze genommen. Ich habe auf bittere Art lernen müssen, dass es faktisch nichts gibt, was Sie tun können – außer vielleicht über das Ganze fett DAS IST EIN WITZ, LEUTE zu schreiben, was die Pointe ein kleines bisschen vermasseln würde –, um jemanden wo auch immer daran zu hindern, auch noch den himmelschreiend offensichtlichsten Witz für bare Münze zu halten. Wenn Sie gerne Ihren Platz in der Welt infrage stellen, reicht kaum etwas an die Erfahrung heran, einen Witz, den Sie auf Twitter selbst über Menschen gemacht haben, die guten Glaubens Blödsinn verbreiten, ein Jahr später auf Twitter als Tatsache vereinnahmt zu sehen.

In diesem Zusammenhang möchte ich daher die Gelegenheit ergreifen und mich – zum allerersten Mal – in aller Öffentlichkeit bei BBC-Moderator Nick Robinson entschuldigen und klarstellen, dass dieser nicht mit David Cameron in Eton zur Schule gegangen ist und niemals heimlich mitgeschnitten wurde, wie er sagte: »Ich hasse arme Leute.«[53] Ich kann nicht genug betonen, dass das *ein Witz war und nie dazu gedacht, dass die Leute ihn aus dem Zusammenhang reißen und auf Twitter verbreiten.*

Außer meinem schwelenden schlechten Gewissen angesichts der Verleumdung von Mr Robinson bedeutet dies alles auch, dass ich eine einigermaßen zwiespältige Sicht auf den Journalismus pflege. Ich werde ihn wie alle Journalisten standhaft und ein wenig wichtigtuerisch als edlen und mutigen Beruf verteidigen, als unabdingbare Säule jeder demokratischen Gesellschaft und unentbehrliches Instrument, der Wahrheit auf die Spur zu kommen und die Mächtigen zur Rechenschaft zu ziehen. Das ist kein leeres Geschwätz: Ich ziehe jeden Tag meinen Hut vor Journalistenkollegen auf der ganzen Welt, die oftmals Gefängnisstrafen, den finanziellen Ruin oder ihr Leben riskieren, dafür, dass sie Übeltaten aufdecken und als Licht in der Dunkelheit scheinen. Sie sind echte Helden.

Ich bin mir aber auch dessen bewusst, dass eine Menge von dem, was die Nachrichtenindustrie hervorbringt – in unterschiedlichem Maße – Schwachsinn ist.

Nun, das liegt zum Teil sicher daran, dass die Aufgabe, Tatsachen zu recherchieren und binnen kürzester Abgabefristen darüber zu schreiben, echt hartes Brot ist. Nicht notwendigerweise hart im Sinne von »unter Tage Kohle abbauen«, eher ein bisschen im Sinne von »eine Nadel in einem Heuhaufen finden, der gerade von einem Tornado verwirbelt wird, wobei niemand hundertprozentig sicher ist, ob die Nadel überhaupt wirklich in dem Heuhaufen steckt, der Farmer angefangen hat, sämtliche Fragen zu seinem Heuhaufen an seinen Anwalt weiterzuleiten, und die Typen von Reuters schon zwei Stunden früher vor Ort waren als Sie und bereits ein Exklusivinterview mit der Familie der Nadel vereinbart haben«.

Frei heraus gesagt: Das Tun und Treiben von Menschen ist unübersichtlich und chaotisch, und herauszufinden, was auch nur bei einer winzigen Begebenheit wirklich vorgefallen ist – und es dann noch in 800 deutliche und unmissverständliche Wörter zu fassen, das alles binnen weniger Stunden –, kann manchmal ehrlich gesagt ziemlich vertrackt sein.

An nichts wird das deutlicher als an jener Geschichte vom unerwarteten Aufkreuzen einer Schlange in einer New Yorker Wohnung im Jahre 1904.

Um eins von vorneherein klarzustellen: Dies ist keine bedeutungsschwere Geschichte im großen Weltgeschehen. Es wurde keine Regierung gestürzt, keine große soziale Bewegung angestoßen, ihr Nachhall war nach ein paar Jahren verklungen. Kein einziges Musical wurde darüber geschrieben. Das einzige Opfer in der Geschichte war längst tot, als die Story die Druckmaschinen erreichte – es war die fragliche Schlange.

Das bedauernswerte Reptil hatte seinen Auftritt in einer ärmlichen Wohnung in Haus Nummer 22, East 33. Straße, einer wenig verheißungsvollen und kriminellen Gegend von Manhattan (Jahrzehnte später, inzwischen zu einem Bürogebäude umgebaut, beherbergte diese Adresse kurzfristig die letzte Stätte von Andy Warhols »Factory«). Dort wurde ein kleiner Junge von seiner Familie dabei gesehen, wie er mit einem ungewöhnlich aussehenden neuen Spielzeug hantierte. Das neue Spielzeug, so zeigte sich bei näherer Betrachtung, war eine lebendige Schlange.

Die Familie drehte einigermaßen erwartungsgemäß durch und schlug die Schlange blitzartig tot – ruhe in Frieden, Schlange –, bevor sie den Kadaver ein paar Blocks weiter auf die heruntergekommene Polizeistation brachte. Dort, so müssen wir annehmen, gab einer von New Yorks Helden den

Herren von der Presse wohl einen Wink, dass eine skurrile Geschichte aus der Rubrik Menschliches in Aussicht stehe.

Sie werden bestimmt verstehen, warum so etwas für Zeitungsleute von Interesse ist – es ist die Art von Story, aus der Lokalnachrichten gemacht werden. Dass es für *uns* von Interesse ist, liegt an dem, was als Nächstes geschah: Nicht eine von den sechs Zeitungen, die darüber berichteten, stimmte auch nur in einem einzigen Detail des Geschehens mit einer anderen überein.

Wir sind Andie Tucher, einer ehemaligen Journalistin und Historikerin an der Columbia School of Journalism in New York City, zu großem Dank verpflichtet für ihre erschöpfende Untersuchung zu der schwindelerregenden Fülle an Unkorrektheiten, die die Presse dieser völlig unbedeutenden Geschichte abzuringen vermocht hat.[54] Zwischen der *New York Sun*, dem *Herald*, der *Times*, der *Tribune*, der *World* und dem *American and Evening Journal* wirbelten einander widersprechende Einzelheiten wie Konfetti durch die Medienlandschaft. Man war sich uneins über die Größe der Schlange (irgendwo zwischen einem und anderthalb Metern), ihre Farbe (gelb oder braun oder grün oder schwarz, manchmal auch mit Tupfen in unterschiedlichen Farbkombinationen), das Alter des Jungen (drei, vier, fünf oder nichts von alledem) sowie seinen Namen (Pierre, vielleicht auch Albert, Jeltrup, Gultrep oder Blanpain) und den des Nachbarn, aus dessen Menagerie die Schlange mutmaßlich entwichen war (was den Vornamen anging, so hatte man sich auf Gustave geeinigt, als Nachname wurde wahlweise Hurtiland oder Svenson genannt, was beides nicht stimmte). Außerdem war man sich nicht einig, wer die Schlange getötet hatte (Vater, Großvater, Onkel, Gemeindeschwester), mit welchem Gerät das geschehen war (Messer, Schaufel, Hammer, Schwert), und nicht einmal in wie vielen Stücken die Schlange nach ihrem Tod vorgelegen hatte (zwei oder sehr, sehr viele).

Im Prinzip herrschte Uneinigkeit über jedes einzelne Detail, das über »da war eine Schlange« hinausging. Das Ganze war so etwas wie eine durchgeknallte Version von Cluedo für Schlangenkundler.

Ich schreibe all das nicht, um auf den längst verstorbenen Reportern des 19. Polizeibezirks von New York herumzuhacken, sondern lediglich, um zu zeigen, wie angespannt einen Großteil unserer Geschichte hindurch die Beziehung war zwischen dem, was wirklich vorgefallen ist, und dem, was berichtet wird. Es handelte sich schließlich um eine Geschichte, die nur sehr wenige von den Problemen aufwies, mit denen ernsthafterer Journalismus zu kämpfen hat: Keiner der Beteiligten (möglicherweise mit Ausnahme des mutmaßlichen Schlangenhalters Gustave) hatte irgendein Interesse daran, die Wahrheit zu verdrehen. Niemand hat versucht, irgendetwas zu vertuschen, niemand machte Werbung für einen Film, und niemand versuchte, die Schlange als politische Rechtfertigung für eine militärische Intervention in einem fremden Land zu missbrauchen.

Einige der Reporter bei dieser mit Fehlern gespickten Schlangen-Story mögen vielleicht faul, inkompetent oder einfach Pechvögel gewesen sein. Andererseits sind sie möglicherweise auch nur ihrem Geschäft nach bestem Wissen nachgegangen.

Heutzutage findet sich der Begriff »Fake News« so ziemlich überall – und musste es über sich ergehen lassen, dass seine Bedeutung sich in deprimierender Weise sehr rasch wandelte von »komplett erfundene Story, die sich als Nachricht ausgibt, einzig und allein um Klicks zu provozieren« (das war die Bedeutung 2016) zu »Zeug, das über einen Politiker gedruckt wird und diesem nicht gefällt« (2017 bis heute). Aber dies ist nicht das erste Mal, dass das Wort »Fake« in der Nachrichtenindustrie eine Rolle spielte und sich dabei seine Bedeutung mit der Zeit verändert hat. Ende des 19., Anfang des 20. Jahrhunderts geschah etwas ganz Ähnliches, damals hatte das Wort seinen ersten Auftritt in der Welt der Nachrichten.

Vor dieser Zeit kam der Begriff »faken« (zu Deutsch in etwa »fingieren«) in normalen Unterhaltungen nicht vor: Als Fachbegriff galt er nur in zutiefst verrufenen Berufssparten wie denen der Diebe, Hochstapler und Schauspieler. Aber wie die investigative Schlangenjournalismus-Historikerin Tucher schreibt[55], hatte dieses Wort Ende der 1880er-Jahre den Weg gefunden in die sich soeben professionalisierende Welt des Journalismus. Nur, dass es nicht notwendigerweise als Ursünde der Reportage gehandelt wurde – als etwas, das jemanden hochkant aus diesem Berufszweig katapultieren würde. Manchen Fachleuten zufolge galt es vielmehr als unerlässliche Reporterfertigkeit.

In *The Writer*, einer neuen Zeitschrift für das boomende Gewerbe der professionellen Schreiberlinge, äußert sich der Herausgeber William Hills durchaus wohlwollend über Zeitungen, bei denen Journalisten »imstande sein müssen, genial zu ›faken‹, um ihre Arbeit gut zu machen«.[56] Ein paar Monate später erklärte er mit großer Bestimmtheit, dass »kaum eine Nachrichtenmeldung geschrieben wird, bei der nicht in größerem oder kleinerem Umfang ›gefakt‹ worden sei.[57] Er beschreibt diesen Eingriff als »das aus gesundem Menschenverstand und einer gesunden Fantasie heraus erfolgende Hinzufügen unwichtiger Details … die womöglich nicht durch Tatsachen belegt sind, aber mit dem in Einklang stehen, was der Berichterstatter für höchstwahrscheinlich wahr ansieht«. Der Zweck sei lediglich, die Geschichte »blumiger« zu machen. »Faken«, befand er, sei »kein Lügen im eigentlichen Sinne«.

Ein Beispiel dafür, wie derlei »unwichtige Einzelheiten« wohl aussehen könnten, liefert ein Ausbildungshandbuch für angehende Journalisten aus dem Jahr 1894, verfasst von einem gewissen Edwin Shuman – einem Chicagoer Journalisten, der auch unterrichtete, wie man Journalist wird –, lange bevor ein Abschluss in Journalismus eine Option gewesen wäre. Shuman warnt die angehenden Journalisten vor dem »dummen und geistlosen Fehler, übertrieben pingelig genau bei Kleinigkeiten sein zu wollen«[58] – Dingen wie Minuten und Sekunden oder der Beschreibung der Atmosphäre oder der exakten Wortwahl des Sprechers.

Wenn Sie Nachrichtenredakteur sind, stehen die Chancen gut, dass Sie bei diesen letzten fünf Wörtern laut aufgestöhnt haben. Zugegeben, Shuman schrieb zu einer Zeit, da man sich kein Aufnahmegerät in die Jackentasche schmuggeln konnte (seinerzeit beinhalteten die Geräte, Phonographenwalzen, die man zehn Jahre später als »Diktaphon« bezeichnen sollte, einen ziemlich klobigen, mit Wachs beschichteten Zylinder). Aber trotzdem. Die exakte Wortwahl des Sprechers ist keine Kleinigkeit!

Fingieren war also gang und gäbe. Es bot Reportern (getreu dem ihm anhängenden Stereotyp des frustrierten Romanschriftstellers) die Chance, ihre literarischen Muskeln spielen zu lassen und war eine hilfreiche Möglichkeit sicherzustellen, dass niemand einem die Butter vom Brot nahm, was eine sehr viel größere Kränkung der Götter des Journalismus bedeutet hätte. Herausgeber hatten ein Faible dafür, weil es einen steten Fluss an quietschbunter Auflage sicherte, die Leser mochten das Produkt und belohnten es, indem sie es kauften. Wenn Nachrichtenstorys eintrudelten, die ein bisschen zu schön aussahen, um wahr zu sein, machte niemand diesbezüglich den Finger krumm – vor allem nicht, wenn sie aus kleinen oder entlegenen Orten kamen, wo die Hürde, ihren Wahrheitsgehalt zu überprüfen, einfach zu hoch schien.

Solches beförderte auch die Karriere von Louis T. Stone, einem ehrgeizigen jungen Schriftsteller aus der kleinen Stadt Winsted in Connecticut, der dank des nahezu unersättlichen Appetits vieler Zeitungen für die Meldungen, die er aus seiner Heimatstadt schickte, alsbald zu einem der meistgelesenen Journalisten des Landes avancieren sollte. Der »Lügner von Winsted«, wie man ihn dermaleinst nennen sollte, konnte schließlich auf eine jahrzehntelange Laufbahn – von 1895 bis zu seinem Tod 1933 – zurückblicken, während der er einen steten Strom an Unsinn hervorbrachte, dem die Zeitungsmacher nicht widerstehen konnten.

Aus den bemerkenswerteren Berichten Stones, im Jahr 1940 aufgelistet von dem Journalismus-Professor Curtis D. MacDougall: ein rot-weiß-blau gestreiftes Hühnerei, gelegt am 4. Juli, ein Baum, auf dem Bratäpfel wuchsen, eine Katze, die »Yankee Doodle« pfeifen konnte, eine von einer Kuh verschluckte Taschenuhr, die jahrelang die Zeit fast korrekt anzeigte, weil sie durch die Atmung der Kuh immer wieder aufgezogen wurde, und ein kahlköpfiger Mann, der sich eine Spinne auf den Kopf gemalt hatte, um Fliegen abzuschrecken.[59]

Das ist, wie herum man es auch dreht, eine einigermaßen haarsträubende Sammlung von Geschichten, aber wenn sie alle aus der Feder ein und desselben Mannes aus ein und derselben Kleinstadt kommen, würde man doch annehmen, dass jemand was schnallt – entweder, dass Stone Unsinn schreibt, oder vielleicht auf die abseitige Möglichkeit verfällt, dass Winsted der Eingang zum Märchenland ist. Hat irgendwer das Zeug geglaubt? MacDougall behauptet beharrlich, dass es von »mehr oder weniger jedem« für bare Münze genommen wurde »außer vielleicht von ein paar klugen Herausgebern, die misstrauisch wurden gegenüber allem, was von Stone kam, die Storys aber trotzdem druckten, weil die Leser sich dafür interessierten«.[60]

Keine Skepsis der Welt vermochte Stones Karriere etwas anzuhaben: Er wurde, nachdem er mehrere lukrative Angebote aus größeren Städten abgelehnt hatte, Geschäftsführer seiner Lokalzeitung und zog es vor, in seiner kleinen Heimatstadt zu bleiben, wo die Nachrichten weiter schräg sein durften. Als er starb, waren die Bürger seiner Stadt über all seine Spinnereien keineswegs verstimmt, sondern vielmehr dankbar, weil er »Winsted« bekannt gemacht hatte, und benannten eine Brücke nach ihm – eine Brücke über den kleinen Fluss Sucker Brook (zu Deutsch so etwas wie Trottelbach).

Außer einer Brücke und einem immerwährenden Platz im Pantheon der journalistischen Faker haben Stones Flausen uns nicht viel Erbe hinterlassen. Für einen der berühmtesten literarischen Streiche des 19. Jahrhunderts hingegen lässt sich solches nicht sagen: die Briefe, die uns die Legende von Jack the Ripper beschert haben.

Den Morden von Whitechapel verdanken wir eine der langlebigsten Gestalten der populären Literatur unserer Zeit, und wenn es sich schräg anfühlt, einen Massenmörder zur Popikone zu erklären, dann … tja, mag sein. Die Toten haben Filme, Fernsehserien, Romane, Lieder, Comics, Ausstellungen und mindestens ein Musical inspiriert. An manchen Wochenenden ist es nahezu unmöglich, durch manche Bezirke im Osten Londons zu laufen, ohne dass einem immer wieder »Ripper-Führungen« im Weg stehen, bei denen zwei schlecht bezahlte Schauspieler einem Haufen sensationshungriger

Touristen gespenstische Geschichten über schwach beleuchtete Straßen und schemenhafte Gestalten im Nebel zuraunen und ihr Bestes tun, um die Tatsache auszublenden, dass die Kneipe, vor der sie gerade stehen, vor lauter Kreativen überquillt, die sich an Vape-Tricks versuchen.

Aber so gut wie alles, was wir über Jack the Ripper und seine Opfer »wissen« (bis hin zu der Überzeugung, dass es wirklich einen Serienkiller gegeben haben soll, der für die fünf »verbürgten« Morde verantwortlich war), basiert auf einer reichlich diffusen Mischung aus Wahrheit, Vermutung und einer zeitgenössischen Berichterstattung, die nie und nimmer zugelassen hätte, dass eine gute Mär von Fakten erschüttert würde. Das betrifft einen großen Teil des Kernmythos um Jack the Ripper selbst – vor allem auch seinen Spitznamen.

Jener Name entstammt drei Mitteilungen, die angeblich im September und Oktober 1888 bei der Central News Agency eingegangen sein sollen: der »Dear Boss«-Brief, die »Saucy-Jacky«-Postkarte und der »Moab & Midian«-Brief. Mit roter Tinte geschrieben und unterzeichnet mit »Jack the Ripper« (»Verpassen Sie mir ruhig einen Markennamen.«) liefert er das Strickmuster für alle künftigen Serienmörder-narrt-die-Polizei-Flughafenschmöker. Sie liefern ein Motiv (»Ich habe es auf Huren abgesehen«.), das Versprechen, weitere Gräueltaten folgen zu lassen (»Mein Messer ist so schön scharf, ich will ihm Arbeit geben, sobald sich eine Gelegenheit bietet.«), verspotteten die Polizei dafür, dass sie den Schuldigen nicht dingfest macht (»Ich höre ständig, dass die Polizei mich gefasst habe, aber noch kriegen sie mich nicht«), und sie weideten sich an der gruseligen Vorliebe für Andenken (»Ich habe mir ein bisschen von dem guten roten Zeug in eine Ingwerbierflasche gefüllt.«).

Man ist sich heute dahingehend einig, dass es sich bei den

Briefen mit an Sicherheit grenzender Wahrscheinlichkeit um das Werk eines einzelnen Journalisten gehandelt hat, dem es darum ging, die Story am Laufen zu halten. Sowohl die Handschrift als auch die sprachliche Analyse legen den Verdacht nahe, dass sie vom selben Autor geschrieben wurden, und der Finger weist hier entweder auf Fred Best (ein Freiberufler, der Jahrzehnte später angeblich zugegeben hat, dass er der Autor sei, wobei die Quelle, aus der diese Nachricht stammt, mehr als ein bisschen zweifelhaft ist) oder auf Thomas Pulling, der tatsächlich in der Central News Agency beschäftigt war und in dessen Verantwortung es fiel, Briefe an die Polizei weiterzuleiten – einigermaßen verdächtigerweise gab er lediglich eine Abschrift des letzten Briefs weiter, während das Original nirgends aufzufinden war, was das Ganze ziemlich gewiss in die Schublade »mutmaßlicher Schwindel« bugsiert.

Ab der Wende zum 20. Jahrhundert wurde die Gepflogenheit, hier und da zu faken, von der sich immer stärker professionalisierenden Journalismus-Branche zunehmend scheel angesehen – aber das heißt nicht, dass sie damit ein Ende hatte. Die moderne Geschichte des Journalismus ist voll von renommierten Reportern, die einen Großteil ihrer Arbeit oder gar alles erfunden hatten und damit in ihrer Branche jedes Mal ein wildes, gar dramatisches In-sich-Gehen lostraten, das immer mit dem Versprechen endete, dass sich solches nicht wiederholen werde. Viele der Namen sind uns vertraut: Jayson Blair, Stephen Glass, Janet Cooke, die 1981 für eine komplett erfundene Geschichte über einen achtjährigen Heroinsüchtigen namens Jimmy den Pulitzerpreis erhielt. Im Dezember trennte sich das deutsche Magazin *Der Spiegel* von seinem mehrfach ausgezeichneten Reporter Claas Relotius, der mit frei erfundenen Geschichten aus den krisengeschüttelten abgelegenen Bundesstaaten der USA Auflage machte und sich einmal mehr den Umstand zunutze machte, dass ein bisschen geografische Distanz das Überprüfen von Lügen erschwert. Aber ein paar dieser gefälschten Berichte haben sich unwiderruflich in unserem kollektiven Bewusstsein verankert. *Saturday Night Fever* ist und bleibt Kult, sowohl was den Film als auch was die Musik angeht, etwas, das sich so gut wie nicht geändert hat, seit Nik Cohn – jener nordirische Musikjournalist, der in einem Artikel für das Magazin *New York* über die »Stammesriten der neuen Samstagnächte« schrieb, auf denen er basiert – zugab, das Geschriebene, auf dem später der Film beruhte, von vorne bis hinten frei erfunden zu haben. So wie Cohn es erzählt, hatte er ein Taxi genommen, um nach Bay Ridge in Brooklyn zu fahren, von wo er über die boomende Diskoszene berichten wollte, die, wie er gehört hatte, in einem Club dort tobte. In dem Augenblick, als er die Taxitür öffnete, um auszusteigen, erbrach sich ein Mann, der offenbar in eine Prügelei auf der Straße verwickelt gewesen war, über Cohns Hosenbein – worauf dieser die Tür sofort wieder zuknallte, sich stante pede zurück nach Manhattan fahren ließ und beschloss, die Einzelheiten dieser sprühenden Diskokultur lieber zu erfinden. Die Rolle von John Travolta als ungeschminktes Abbild des Arbeitsalltags von Italoamerikanern basiert auf einem Typen namens Chris, den Cohn zehn Jahre früher in London kennengelernt hatte.

Cohn erzählte dem *Guardian* 2016, dass er überrascht, aber nicht erschrocken gewesen sei, als der Artikel gedruckt wurde: »Für mich liest es sich wie eine ganz offensichtlich erfundene Geschichte … Heutzutage hätte sie keine Chance, durch die Kontrolle zu kommen. In den 1960er- und 1970er-Jahren war die Trennlinie zwischen Fakt und Fiktion ein bisschen verschwommener. Viele Zeitschriftenautoren bedienten sich erzählerischer Techniken, um angebliche Tatsachen an den Mann zu bringen. Der Freiheiten war kein Ende. Wenige Herausgeber stellten unangenehme Fragen. Großenteils war es ein Fall von ›was ich nicht weiß ...‹«[61]

Aber nicht immer läuft es so, dass Journalisten Zeug erfinden. Manchmal werden die Zeitungen auch auf andere Weise verladen – beispielsweise durch den augenscheinlich unersättlichen Appetit auf Nazi-Geschichten, die der Wahrheit entbehren. Die berühmteste Geschichte ist natürlich die von den Hitler-Tagebüchern aus dem Jahr 1983, Fälschungen aus der Feder eines kleinkriminellen Händlers von Nazi-Memorabilien, der es immerhin fertigbrachte, so illustre Häuser wie den *Stern* und *The Times of London* zu narren, dazu den gefeierten Historiker Hugh Trevor-Roper. Aber es wäre auch nicht fair, den *Daily Express* und seine sensationelle Veröffentlichung aus dem Jahr 1972 zu übergehen, der zufolge man »unwiderlegbare Belege« dafür habe, dass Hitlers rechte Hand Martin Bormann irgendwo in Lateinamerika heimisch geworden sei. Der unwiderlegbare Beleg erwies sich als Foto von einem Mann, der in Wirklichkeit kein Undercover-Nazi, sondern ein argentinischer Lehrer war. Die Quelle des *Express* für diese Geschichte – ein windiger ungarnstämmiger amerikanischer Historiker und Nazijäger mit dem unschlagbaren Namen Ladislas Farago – ließ sich von einer derartigen Kleinigkeit nicht daran hindern, zwei Jahre später ein Buch über seine Suche nach Bormann herauszubringen.

Die Liste der hinters Licht geführten Zeitungen ist lang: Ein besonders hübsches Beispiel lieferte (einmal mehr) die *Times* vom Oktober 1856, damals berichtete Londons Vorzeigezeitung über eine erschütternde Reihe von Gewaltakten im amerikanischen Bundesstaat Georgia. Den Anfang machte eine lange Bahnreise, in deren Verlauf nach einer Reihe von

Auseinandersetzungen mindestens fünf tödliche Duelle aus-
gefochten wurden. Als sich der Rauch verzogen hatte, waren
am Ende sechs Tote zu beklagen. »Sie kämpften mit Monte-
Christo-Pistolen [sic]..«, berichtete die *Times* mit feierlichem
Ernst und beklagte den Albtraum an Barbarei, in den die
Südstaaten der einstigen Kolonie versunken waren. »Unter
den sechs Getöteten waren zwei Väter mit ihren Söhnen, der
eine Vater wurde getötet, als er seinen Sohn rächen wollte,
ein Kind ermordet, weil es um seinen Vater weinte«, schrieb
sie – ein kleiner Junge, dem man offenbar die Kehle durch-
geschnitten hatte, weil er nicht aufhören wollte zu weinen.[62]

Derlei Gräueltaten, schrieb die *Times* ein paar Tage später, sollten Anlass geben »zu ein paar ernsthaften Überle-
gungen zur Zukunft der Vereinigten Staaten, da das, was wir
hier beschrieben haben, dort der ›Normalzustand‹ zu sein
scheint«.[63]

Als dieser Bericht etwas mehr als eine Woche später Amerika erreichte, war die US-Presse, das kann man fairerweise
sagen, nicht eben erbaut. Die Geschichte von den Monte-
Christo-Pistolen setzte einen längeren, transatlantischen Austausch von gegenseitigen Beleidigungen in Gang, der nicht
von Pappe war. Der *Constitutionalist* und die *Chronicle &*
Sentinel in Augusta sowie der *Republican* in Savannah waren
nicht die einzigen Zeitungen, die auf die *Times* wegen ihrer
»unüberbietbaren Leichtgläubigkeit« eindroschen, eine so
»absolut lächerliche« Geschichte zu drucken.[64] Als »gewaltigen Schwindel« bezeichnete die *New York Times* die Arbeit
ihrer Londoner Namensschwester, und ihr Herausgeber
schrieb, die Story sei »so voll von groteskem Unsinn und
unglaublichen Absurditäten, dass wir glauben, der Herausgeber der *Times* täte besser daran, nicht für die Aufrichtigkeit
und geistige Gesundheit des Berichterstatters zu bürgen, son-

dern lieber ein paar Belege für seine eigene geistige Gesundheit zur Verfügung zu stellen angesichts der Veröffentlichung einer solchen Ansammlung von hanebüchenem Unfug in seinen Spalten«.

Der Streit schwelte noch Monate weiter, ging munter übers Meer hin und her und entwickelte sich zu einem handfesten politischen Problem. Einen Großteil dieser Zeit blieb die *Times* standfest bei ihrer Geschichte und beharrte darauf, dass sie wahr sei, bis sie endlich – nachdem ein britischer Konsul einen verärgerten Brief des Präsidenten der Central Georgia Railroad an sie weitergeleitet hatte – Mitte Dezember so weit war zuzugeben, dass ihre Quelle möglicherweise »halluziniert« habe.

Die Pointe der ganzen Geschichte ließ aber noch bis Sommer 1857 auf sich warten, damals gelang es dem hauseigenen Amerikakorrespondenten der *Times,* einem Typen namens Louis Filmore[65], der Story und ein paar ihrer Einzelheiten näher auf den Grund zu gehen. Als er zufällig in der Gegend unterwegs war, befragte er einige Zugreisende, die ausnahmslos beteuerten, dass sich nie etwas Derartiges zugetragen habe. Die Geschichte sei ein »monströses Stück Fiktion«, schrieb Filmore. Aber seine Gesprächspartner im Gepäckwagen des Zuges (der in seiner zweiten Funktion ein bevorzugter Ort zum Rauchen, Essen und Trinken war) verrieten ihm ein wichtiges Detail: dass nämlich in der örtlichen Umgangssprache Champagner-Flaschen als »Monte-Christo-Pistolen« bezeichnet würden, und »tote Männer« nichts anderes als leere Flaschen bedeuteten. Er fügte trocken an, dass »wenn ich es recht verstanden habe, Begegnungen mit der Monte-Christo-Waffe in den Gepäckwaggons auf dieser Linie nicht ungewöhnlich sind«.[66]

Natürlich können die Dinge auch aus dem Ruder laufen,

ohne dass der Vorsatz besteht zu betrügen. Bei den meisten Beispielen, die wir bis hierher gesehen haben, handelt es sich um glatte Schwindeleien oder zumindest um wissentliche Ausschmückungen einer Story. Aber manchmal hat man es gar nicht mit vorsätzlicher Täuschung zu tun – und trotzdem wird ein im Prinzip wahrer Artikel über alles Maß aufgeblasen, da Zeitung um Zeitung dem Ganzen bei jedem Nachdruck eine kleine Extraprise Sensation verpasst.

Solches geschah 1910, als die Zeitungen von New York zum ersten Mal seit jenen aufregenden Tagen von 1835 wieder gemeinsam ihren Blick himmelwärts richteten, weil der Halley'sche Komet einmal mehr über ihren Köpfen erscheinen sollte – und ein völlig korrekter Bericht in der *New York Times* zu einer Massenpanik von apokalyptischen Ausmaßen Anlass gab.

Der Bericht umfasste drei dürre Absätze irgendwo auf halber Höhe von Seite eins und trug die schlichte Überschrift: »Der giftige Schweif des Kometen.«[67] Er berichtete, dass Astronomen mithilfe neuer spektroskopischer Techniken herausgefunden hatten, dass der Schweif des Kometen eine beträchtliche Menge an Dicyan enthalte. Dicyan, so wurden die Leser aufgeklärt, sei ein »sehr tödliches Gift«, auch wurde berichtet, die Entdeckung habe unter den Astronomen für »große Diskussionen« gesorgt ob der Auswirkungen auf die Erde, »sollte diese den Schweif passieren«. Am Ende des zweiten Absatzes lässt die *NYT* lässig die Meinung eines französischen Astronomen namens Camille Flammarion einfließen, die da besagte, dass dieser »die Atmosphäre durchdringen und möglicherweise allem Leben auf dem Planeten den Garaus machen« würde.

In Journalistenkreisen nennt man so etwas die Pointe verstecken.

Tatsache ist, dass dies eine komplett korrekte Darstellung der Meinung von Flammarion war. Die *Times* fügte im unmittelbar folgenden Absatz sogar noch hinzu, dass »die meisten Astronomen nicht einer Meinung mit Flammarion« seien, aber das genügte nicht. Die Vorstellung war von der Leine, und wenn es eins gibt, was wir Menschen wirklich richtig gut können, dann ist es, ohne guten Grund in Panik zu geraten.

Als der Komet sich näherte, wuchs auch die Angst vor dem bevorstehenden Untergang. Berichte aus der Zeit erzählen uns, dass Menschen ihre Fenster und Türen verrammelten, um die giftigen Dämpfe fernzuhalten. Gasmasken verkauften sich wie geschnitten Brot, manche Betrüger verlegten sich gar auf den Verkauf von Anti-Komet-Pillen, die, so behaupteten sie, die Allgemeinheit vor dem giftigen Schweif des Kometen schützen würden. Ein anderer Bericht aus der *Times* vom 19. Mai über die Reaktionen in Chicago trug die Überschrift »Manche suchen ihr Heil im Selbstmord«, mit der Unterüberschrift: »Andere verlieren beim Grübeln über den Kometen vorübergehend den Verstand.«[68]

Am Ende passierte der Komet die Erde ohne jedwede tödlichen Auswirkungen – einzig eine Sechzehnjährige fiel im Verlauf einer Party zur Beobachtung des Planeten in Brooklyn vom Dach.

Es ist diese Fähigkeit, Dinge über alles Maß hinaus zu übertreiben, kombiniert mit der beharrlichen Weigerung, einen einmal gewonnenen Eindruck fahren zu lassen, sobald er sich festgesetzt hat, die die Presse dahin bringen können, Dinge falsch darzustellen. Selbst ohne jede Absicht einer Falschdarstellung kreist der kollektive Schwarmgeist der Presse – genährt durch das Feedback ihrer Leser und deren besonderer Vorlieben – oft um eine gewisse Idee, von der er sich nicht ohne Weiteres abschütteln lässt. Dieses Vereinnahmen des

Geschehens, das Narrativ, das da zur »Story« mutiert, besitzt, wenn es einmal in Schwung kommt, eine unglaubliche Dynamik – und alles, was »Die Story« nicht bedient, hat mächtig zu kämpfen, um wahrgenommen zu werden.

Britische Leser erinnern sich vielleicht an die schrecklichen Berichte aus jüngster Zeit über den Katzenkiller von Croydon, einen Irren, der angeblich für das Töten und Verstümmeln von mehreren Hundert Katzen im südlichen Londoner Stadtbezirk Croydon verantwortlich war. Die ersten Berichte über den Katzenmörder datieren aus dem Jahr 2015, damals wandten sich ein paar besorgte Bürger der Gegend an die *Daily Mail*. Die übrige Presse sprang auf den Zug auf: Wann würde der Killer erneut zuschlagen? Warum unternahm die Polizei nicht genug, um ihn festzunehmen? Wir wurden gewarnt, es sei lediglich eine Frage der Zeit, bis der sadistische Mörder seine Aufmerksamkeit von Katzen auf Menschen verlagern werde.

Fälle von toten Katzen von überallher, weit entfernt von Croydon, galten nicht als Beleg dafür, dass es in Großbritannien eine Menge Katzen gibt und manchmal auch welche sterben, sondern dafür, dass »der Katzenmörder – von dem man annimmt, dass er im vergangenen Jahr mehr als hundert Miezen umgebracht hat, nun in ›sehr viel größerem Maßstab‹ operiere«.[69] Er wurde umgetauft in M25 Cat Killer (nach der Ringautobahn um London – Anm. d. Ü.), und als er schließlich seinen Blutrausch bis Manchester ausgeweitet hatte, hieß er nur noch der Katzenmörder. Die Geschichte hielt die britische Presse mehr als ein Jahr in Atem.

Im September 2018 schließlich verkündete die Metropolitan Police, sie habe den Schuldigen gefunden – oder besser die Schuldigen. Der Katzenkiller von Croydon war … eine Kooperation von Autos und Füchsen. Das war's. Katzen waren von Autos überfahren und manchmal nach ihrem Tod von Füchsen angefressen worden. Es hat allerdings mehr als 2 000 Stunden Polizeiarbeit und mindestens 6 000 Pfund an Katzen-Obduktionskosten gekostet, das zu beweisen.

Diese Fähigkeit, aus dem Nichts etwas entstehen und das entsprechende Ergebnis dann zu einer Lawine anschwellen zu lassen, die nicht mehr zu stoppen ist, ist mitnichten etwas Neues. Die Legende vom Katzenkiller von Croydon ähnelt auf bemerkenswerte Weise der siebzig Jahre älteren vom »Mad Gasser of Mattoon« (zu Deutsch in etwa »der irre Gasmann von Mattoon«), bei dem ein winziges Fitzelchen Melodramatik in der Wortwahl eines einzelnen Nachrichtenartikels das ruhige Städtchen Mattoon, Illinois, in eine wochenlange Massenpanik stürzte.

Die Geschichte ist im Grunde ziemlich einfach gestrickt. Am 1. September 1944 – der Zweite Weltkrieg war noch in vollem Gange und die Furcht vor Angriffen der Nationalsozialisten allgegenwärtig – glaubte eine Frau namens Alice Kearney einen ungewöhnlichen Geruch wahrzunehmen und erlebte kurz darauf eine Art von Schwächeanfall –, sie fühlte sich der Ohnmacht nahe und klagte über Lähmungserscheinungen in den Beinen. Die Polizei wurde gerufen und konnte nichts Verdächtiges finden, innerhalb einer halben Stunde hatte die Dame sich erholt. Als aber eine Stunde später ihr Ehemann nach Hause kam, meinte er, in der Nähe des Hauses eine Gestalt herumlungern gesehen zu haben, aber auch jetzt konnte die Polizei nichts Verdächtiges, auch keinen Eindringling finden.

Am darauffolgenden Tag brachte die *Mattoon Daily Gazette* den Vorfall als Aufmacher auf der Titelseite, darüber in fetten Buchstaben: »Narkotisierender Strolch auf freiem Fuß«, darunter: »Mrs Kearney und Tochter die ersten Opfer.«

Ihnen ist klar, was die Zeitungsleute da gemacht haben, oder? Sie verkehrten nicht nur einen vagen Verdacht in einen gezielten Plan – ein Eindringling, der klammheimlich Narkosegas in ein Haus leitet, damit er einbrechen konnte, sobald die Bewohner bewusstlos waren –, sondern dadurch, dass sie dem Ganzen die Wendung »erste Opfer« hinzufügten, brachten sie außerdem jede Person, die das las, dazu, mit weiteren Angriffen zu rechnen.

Natürlich entwickelte sich das Ganze zu einer sich selbst erfüllenden Prophezeiung. Jeder, dem in den vorangegangenen Wochen mal ein bisschen schwach zumute gewesen war, hegte plötzlich den Verdacht, dass womöglich auch er ein frühes Opfer des Gasmanns geworden sei. Die Geschichten der Betroffenen, von der *Daily Gazette* bereitwillig aufgegriffen, bestärkten nur die Gewissheit, dass hier ein gefährliches Individuum sein Unwesen trieb. In den kommenden Tagen gab es immer mehr Berichte. Binnen einer Woche hatten andere Zeitungen in der Region die Geschichte übernommen, alle sahen es als gegeben, dass mit der ursprünglichen Geschichte alles seine Richtigkeit hatte.

Es hagelte Schlagzeilen: »›Irrer Narkotiseur‹ schlägt wieder zu! Zwei Häuser in einer Nacht!«, »›Irrer Gasmann‹: Sechs neue Opfer! Fünf Frauen und ein Junge überwältigt«. Die Berichte waren jeder Zoll so sensationsheischend wie die Überschriften. Am 10. September beschrieb der *Chicago Herald-American* das Szenario in Mattoon wie folgt: »Benommen wie Londoner nach einem langanhaltenden Luftangriff schleppten sich die Bewohner dieser verunsicherten Stadt heute dahin, gebeutelt von den wiederholten Attacken eines wahnsinnigen Angreifers, der dreizehn Häuser mit tödlichem Nervengas heimsuchte und, soweit man bisher weiß, siebenundzwanzig Opfer bewusstlos machte.«[70]

Selbst an Tagen, an denen keine Meldungen hereinkamen, galt dieser Umstand immer noch als weiterer Beleg dafür, dass die Story dahinter wahr sein musste: »Irrer Gasmann macht eine Nacht Pause«, lautete an dem Tag die Schlagzeile der *Daily Journal-Gazette.*

An diesem Punkt war die Panik in der ganzen Stadt mit Händen zu greifen. Die Leute rannten zuhauf auf die Straßen, wenn jemand behauptete, er habe den Gasmann gesehen, natürlich nahm dann sofort jemand einen ungewöhnlichen Geruch wahr, und etliche in der Menge gelangten zu der Überzeugung, sie seien vergiftet worden. Manche Menschen kamen ins Krankenhaus. Die kleine Polizeitruppe vor Ort war völlig überfordert.

Erst an diesem Punkt, anderthalb Wochen nach dem ersten Angriff, begannen die Behörden – die bis dahin von der Richtigkeit des Berichts ausgegangen waren – dagegenzuhalten und nannten die Ängste in aller Öffentlichkeit »Massenhysterie«. Und jetzt, da »Die Story« sich veränderte, veränderte sich auch das Verhalten der Presse. Sie begann, sich öffentlich über die Panik lustig zu machen, und interviewte Psychologen, die erklärten, warum Menschen auf den »Gasmann-Mythos« hereingefallen seien. In einem beeindruckenden Fall von Hütchenspiel in der Schuldfrage fiel die Verantwortung für die Massenhysterie mit einem Mal den freigesetzten Chemiegasen der nahegelegenen Fabriken zu.

Die Rolle der Presse beim Zustandekommen der Panik wurde geflissentlich übersehen.

Letztlich wäre all dies von geringer Tragweite, wären Zeitungen wirklich nur das Einwickelpapier von morgen, wie es das alte Klischee behauptet. Aber das sind sie nicht. Was in der Presse steht, tendiert dazu, sich festzusetzen. Ein anderes altes Klischee besagt, Journalismus sei die erste Fassung der

Geschichte. Das einzige Problem damit ist, dass sich bedau-
ernswert häufig *ewig* niemand um die zweite Fassung schert –
wenn überhaupt.

Wir sehen das beunruhigend gut an einem weiteren Journalistenscherz, der ein bisschen aus dem Ruder lief.

Der große Mondschwindel mag die berühmteste Fälschung
der historisch informierten amerikanischen Journalismus-
Geschichte sein (aus unerfindlichen Gründen muss es sich
nach den Regeln des amerikanischen Journalismus bei einer
Story immer um eine Geschichte mit historischen Bezügen
handeln, die ganz normale verflixte Geschichte reicht nicht).
Aber die Arbeit eines anderen, der in der extrem historisch
informierten Reihe der amerikanischen Zeitungsleute als einer
der bedeutenderen Gestalten herausragt, ist geneigt, ihr diese
Ehre abspenstig zu machen: Die Rede ist von H. L. Mencken.

Mencken war einer der meistgepriesenen Autoren und Zeitungsherausgeber der ersten Hälfte des 20. Jahrhunderts – ein
sarkastischer und oftmals schonungsloser Kommentator von
Politik und Gesellschaft im Allgemeinen, ein Mann, den die
New York Times als »den einflussreichsten Journalisten, den
Amerika je hervorgebracht hat«[71], bezeichnete. Ein Zitat von
ihm ziert noch heute die Bürowand seines einstigen Arbeit-
gebers, der *Baltimore Sun*. (Sie können das Wandzitat übrigens bewundern in der erstaunlich holzschnittartigen letzten
Staffel von *The Wire*, in der es um Journalisten geht, die Zeug
erfinden; 2018, kurz nachdem die Zeitung in andere Büro-
räume gezogen war, gab die *Sun* auf Twitter bekannt, dass
das Zitat die ganze Zeit, in der es dort hing, mit dem falschen
Datum versehen war.[72])

Lassen Sie uns an dieser Stelle fürs Protokoll auch vermer-
ken, dass Mencken ein kompletter Armleuchter war: ein pis-
siger Querschädel, ein elitärer Snob und zu allem anderen ein

Rassist durch und durch. Er hasste Arme, er hasste Schwarze, er hasste Juden. Das ist nicht von sonderlichem Einfluss auf das Folgende, aber der Erwähnung wert, insbesondere deshalb, weil die beiden anderen journalistischen Scherzbolde, die in diesem Kapitel eine tragende Rolle spielen, gemessen an den Standards ihrer Zeit, echt ziemlich anständige Typen waren. Mencken nicht. Schrecklicher Typ. Anders kann man es nicht ausdrücken.

Wie dem auch sei. Im Dezember 1917, der Erste Weltkrieg wütete noch immer, veröffentlichte Mencken einen liebenswürdigen und amüsanten Beitrag über die Geschichte der Badewanne in den Vereinigten Staaten, um ins Bewusstsein zu rücken, was er als das zu Unrecht »vernachlässigte Jubiläum« der Ankunft der ersten Badewannen in Amerika bezeichnete – die Vorreiterwanne sei im Dezember 1842 von einem unternehmungslustigen Kaufmann namens Adam Thompson in dessen Haus in Cincinnati installiert worden.

Der Beitrag war (wie Mencken acht Jahre später kleinlaut eingestand) »blanker Humbug« und »ein Gespinst aus Absurditäten«.[73] Es gab keinen Adam Thompson, der sich durch Lord John Russells Einführung der Badewanne in England im Jahr 1828 (an der ebenfalls kein wahres Wort war) hatte inspirieren lassen, und die Amerikaner waren nicht mit großer Verspätung erst dann auf die entsprechende Idee verfallen, als Präsident Millard Fillmore gegen manche Widerstände eine Badewanne im Weißen Haus hatte einbauen lassen (was auch Blödsinn war).

Mencken schrieb das Ding einfach aus Jux, »um die belastenden Kriegstage ein bisschen aufzuhellen«. Als glühender Freund der Deutschen und Gegner des Eintritts der Vereinigten Staaten in den Ersten Weltkrieg vertrat er eine unpopuläre Ansicht, über die zu schreiben ihm verwehrt wurde, und zeigte sich zunehmend missgelaunt angesichts der Zeitungsberichte über den Krieg, die seiner Ansicht nach voller Fehler waren. Wie er später über die Kriegsjahre schrieb: »Wie viel von dem, was die Zeitungsleser auf der Welt zu Gesicht bekamen, war denn wirklich wahr? Bestimmt nicht mehr als 1 Prozent.«[74] (Was vielleicht ein bisschen grob gegenüber den Journalisten war, die über den Krieg berichteten – aber auch nicht ganz aus der Luft gegriffen, wie wir in einem späteren Kapitel sehen werden.)

Der Badewannenjux war einfach Menckens Art, ein bisschen Dampf abzulassen. Leider machte er seine Arbeit viel zu gut. Der Artikel quoll über von zig Details, die ihm eine oberflächliche, aber ergötzliche Plausibilität verliehen, er verfügte über jenen sprunghaften, leicht angesäuselten Zickzack-Gang, der wahrer Geschichte eben eigen ist. Dem Leser wurde berichtet, dass Thompsons Badewanne angeblich aus »Nicaragua-Mahagoni« bestanden habe, mit Blei ausgekleidet gewesen sei und »mehr als 1750 Pfund« gewogen habe.[75] Die Badewanne habe auf der Stelle eine Kontroverse losgetreten, schrieb er, fürchtete man doch, sie möge »phthisischen, rheumatischen Fiebern, Lungenentzündungen und der gesamten Bandbreite an Gärungskrankheiten« den Weg bereiten. In Philadelphia und Boston wäre das Baden um ein Haar verboten worden, Virginia habe eine Badewannensteuer eingeführt. Präsident Fillmore sei wegen seiner Entscheidung, eine Badewanne im Weißen Haus installieren zu lassen, von politischen Gegnern angegangen worden, die befanden, sein badzentriertes Tun wirke befremdlich französisch.

Anfangs war Mencken recht zufrieden mit dem Artikel, aber (wie er 1926 in seinem Geständnis unter der Überschrift »Melancholische Reflexionen« schrieb) seine »Zufriedenheit habe sich [sehr bald] in Fassungslosigkeit verkehrt«.

Die Leute hatten nicht gemerkt, dass es sich um einen Scherz handelte. Andere Zeitungen druckten den Artikel ebenfalls oder modelten ihn um. Leser, die den Artikel ernst nahmen, begannen ihm zu schreiben und boten ihm zusätzliche Belege für seine komplett erfundene Geschichte an – ein weiteres Beispiel für William Griggs' »Spontanflunkerei«.

»Recht bald begann ich meinen absonderlichen ›Fakten‹ in den Texten anderer Leute zu begegnen«, fährt Mencken fort. »Sie fanden den Weg in Zeitschriften. Man verwies auf sie auf dem Boden des Kongresses. Sie überquerten den Ozean und wurden in England und auf dem Kontinent feierlich diskutiert. Schließlich fingen sie an, mir in den Standardnachschlagewerken über den Weg zu laufen.«

Menckens Geständnis, dass die gesamte Story gefälscht sei, wurde am 23. Mai 1926 in etwa dreißig Zeitungen veröffentlicht. Auf dem Gebiet der Bullshit-Forschung bleibt der Artikel ein Klassiker wegen seiner pointierten Beobachtungen zur Fehlbarkeit der Nachrichtenindustrie. Er schreibt: »Als seit vielen Jahren in der Praxis tätiger Journalist hatte ich sehr häufig sehr nahe mit Geschichte im Werden zu tun. Ich kann mich an keinen Ort und keine Zeit erinnern, da das, was wirklich passiert war, anschließend allgemein bekannt und geglaubt wurde. Manchmal kam ein Teil der Wahrheit ans Licht, aber nie die ganze. Und das, was wirklich herauskam, wurde selten wirklich verstanden.«

Was alles in allem eine recht treffende Zusammenfassung vom Stand der Dinge war. Was Mencken jedoch zu dem Zeitpunkt, da er diese Worte schrieb, nicht hat wissen können, war, was für ein einflussreiches Beispiel für dieses Geschäft die ganze Story werden würde. Denn das Bemerkenswerteste an Menckens Badewannen-Jux ist nicht, dass der ursprüngliche Schwindel geglaubt wurde oder dass die Leute anfingen, ihn zu wiederholen. Wie wir gesehen haben, ist das mehr oder weniger gang und gäbe.

Nein, was die Sache zu einem Schlüsselmoment in der Geschichte des Bullshits macht, ist der Umstand, dass das auf den Seiten vieler Zeitungen zu lesende Geständnis des Autors, lauter Lügen aufgetischt zu haben, *absolut nichts dazu beitrug, die Verbreitung aufzuhalten.*

Kaum zu glauben, aber trotz Menckens verspätetem Versuch, diesen speziellen Geist zurück in die Flasche zu bekommen, war die Geschichte von Adam Thompsons Pionierbadewanne einfach nicht totzukriegen. Die Leute hören nicht auf, Halbwahrheiten daraus zu verbreiten, ahnungslos oder gleichgültig, was die Tatsache angeht, dass das Ganze Schwachsinn war.

Ein Jahrzehnt nach Menckens Geständnis auf den Titelseiten führte der bereits erwähnte, mäßig erfolgreiche Arktisforscher Vilhjalmur Stefansson in seinem Buch *Adventures in Error* eine unvollständige Liste von mehr als dreißig Gelegenheiten auf, bei denen die Badewannenstory noch nach Menckens Geständnis wiederholt worden war.[76] Darunter in amerikanischen Zeitungen wie der *New York Times*, der *Baltimore Evening Sun*, der *Cleveland Press* und dem *New York Herald* (sogar mehrfach), in ausländischen Organen von weit her wie der *Australia Age* in Melbourne und dem *New Statesman* in London, von Wissenschaftlern wie einem Medizinprofessor der Harvard University und dem ehemaligen Gesundheitsbeauftragten für die Stadt New York, sowie – beeindruckender vielleicht als alles andere – zwei US-Behörden, darunter der Federal Housing Administration (der amerikanischen Bundesbehörde für Wohnungsfragen – Anm. d. Ü.), die sie in einem Informationsblatt zitierte, das an Zeitungen im ganzen Land ging.

Einen Ehrenplatz in der Hitliste derer, die den bereits eingestandenen Schabernack veröffentlichten, hat vermutlich
der *Boston Herald* verdient, der die Badewannengeschichte
am 13. Juni 1926 als stocknüchterne Tatsache brachte – ganze
drei Wochen nachdem er Menckens »Melancholische Reflexionen« veröffentlicht hatte, in denen dieser zugab, dass das
Ganze ein Schwindel war.

Es ging immer weiter, nichts schien imstande, diesen kleinen Splitter Unsinn zu ziehen, der sich in die kollektive Seele
gebohrt hatte.

Ein paar Jahrzehnte nach ihrer Veröffentlichung hatte er
den Weg zum Führer der freien Welt gefunden. Im Jahr 1951
wiederholte der Präsident Harry S. Truman in einem aus-
führlichen Interview mit John Hersey vom *New Yorker* (das
sich getreu der seit jeher bestehenden Maxime des Journals,
dass Wortzahlbeschränkungen etwas für andere, minderwer-
tigere Blätter seien, über fünf Hefte erstreckte) die Sache mit
Fillmore und dem Einbau der ersten Badewanne im Weißen
Haus.[77]

Der Wortwechsel (wie Hersey ihn wiedergibt), der sich ent-
spann, als ein Berater des Präsidenten sich einschaltete, um
diesen zu berichtigen, ist es wert, in Gänze wiedergegeben
zu werden, denn es handelt sich um eine unglaubliche, tolle
Schwachsinns-Lasagne, eine Lage Bullshit schön säuberlich
auf die nächste geschichtet.

»Das stimmt nicht«, erklärte der Berater, »das stammt von
Mencken.«

Diese Richtigstellung wird nicht ohne Zögern akzeptiert.
»Dem Präsidenten«, schreibt Hersey in löblicher Untertreibung, »schien es zu widerstreben, von seiner Überzeugung
abzulassen.«

Truman beharrte darauf, dass es wahr sein *müsse*, er habe

schließlich »einen Artikel gesehen, den die American Medical Association herausgegeben hatte und in dem es hieß, dass die Dämpfe aus der Badewanne Gefahr bergen könnten für die Gesundheit des Präsidenten«.

Wir haben da den Präsidenten der Vereinigten Staaten von Amerika, der nicht davon abzubringen ist, ein historisches Dokument gesehen zu haben, das nie existiert hat, weil das, worum es darin geht, nie passiert ist.

»Nein«, entgegnet der Berater, »ich fürchte, Mencken hat das auch erfunden.«

Was … nicht stimmt, denn diese spezielle Lüge taucht in Menckens Artikel nirgendwo auf. Es handelt sich um eine echt nagelneue Unwahrheit, frisch geschlüpft im Gehirn des mächtigsten Mannes der Welt.

Der Präsident scheint ein wenig verdutzt angesichts dieser Offenbarung. »Ich hätte schwören können, diese A. M. A.-Typen haben das mit der Badewanne nicht für einen Schwindel gehalten«, erklärt der einzige Mensch, der einen Nuklearschlag befehlen kann, bei dem Versuch, diese neue Information mit der Tonlage zu versöhnen, derer sich ein paar seiner Fantasie entsprungene Ärzte in einem Manuskript bedient haben, das sein Gehirn erfunden hat, weil ihn ein Zeitungsartikel von vor vierunddreißig Jahren eine Lüge über Badewannen mit solcher Intensität hat glauben machen, dass sein Gehirn die Realität überschreiben muss, um damit klarzukommen.

»Auch ich fühle mich einer Gewissheit beraubt, Sir«, schließt der Berater, Smithersly.

Nun haben wir natürlich nur Herseys Darstellung dieser Unterhaltung, und diese könnte natürlich jeder Zoll eine so unzutreffende Wiedergabe von Tatsachen sein wie jedes andere Stück Journalismus, das in diesem Kapitel erwähnt wurde. (Wenn wir ganz ehrlich sind, klingt ein Teil des Dialogs schon ein bisschen arg bühnenwirksam.) Aber nichtsdestotrotz, ich habe beschlossen, sie zu akzeptieren – denn, hey, es ist schließlich der *New Yorker*, und an irgendeinem Punkt müssen Sie ja anfangen, jemandem zu vertrauen. Diese Wichser haben mehr Fakten-Checker als ich besorgte Texte über Abgabetermine von meinem Verleger.

Wie auch immer: Ein Jahr nachdem das Interview im *New Yorker* erschienen war, hielt Truman in Philadelphia eine Rede, in der er die Badewannenstory erneut heranzog.[78] Der ganze Firlefanz – man hatte ihm erzählt, dass die Story nicht wahr ist, und dann die Veröffentlichung der Unterhaltung in einem der renommiertesten Blätter des Landes, sodass jedermann wusste: Er hatte eine unwahre Geschichte geglaubt –, all das hat allem Anschein nach nicht gereicht, um sein Faible für die Story zu erschüttern.

Und so hat sich der Badewannenschwindel fröhlich durch die Generationen erhalten. Er hat es sogar quietschlebendig und bei bester Gesundheit ins 21. Jahrhundert geschafft: Sowohl 2001 als auch 2004 druckte die *Washington Post* Artikel, in denen er als wahre Geschichte durchging, bevor man sich gezwungen sah, ein unbeholfenes Korrigendum zu bringen.[79]

Manche »Fakten« sind allem Anschein nach so gut, dass wir nicht zulassen können, dass sie nicht wahr sind.

Was bedeutet all das für die Nachrichtenindustrie und ihr edles Streben nach Wahrheit? Mencken hat es, angeregt dadurch, dass der *Boston Herald* sich dermaßen zum Narren gemacht hatte, in einem Artikel vom Juli 1926 möglicherweise so treffend ausgedrückt, wie man es nur ausdrücken kann. Seine Worte sind eine bittere Betrachtung über das Geschäft des Journalismus im Allgemeinen, treffen aber auch ins Schwarze, was den zentralen Punkt angeht, dass die

Unwahrheit einen immanenten Vorsprung vor der Wahrheit hat – schlicht und einfach, weil sie nicht eingeschränkt wird durch den unbarmherzigen Würgegriff der Realität.

»Was der Wahrheit das Leben schwer macht, ist, dass sie meistenteils unbequem ist und oft langweilig«, schrieb Mencken. »Der menschliche Geist sucht etwas Amüsanteres, Süffigeres. Wie die wahre Geschichte der Badewanne aussehen mag, weiß ich nicht: Sie ergründen zu wollen wäre ein haarsträubendes Geschäft, und das Ergebnis nach all diesen Mühen wäre vermutlich eine Kette von Banalitäten.

Die Mär, die ich 1917 zusammengesponnen habe, war immerhin besser als das.«[80]

4

Lügen über Land und Leute

E s kann nicht viele faszinierendere Anblicke geben als die Berge von Kong. Dieses große Gebirgsmassiv zieht sich quer durch Westafrika, die ersten hohen schneebedeckten Gipfel erheben sich über den Ebenen im Westen des Senegal, dann durchzieht die Kette Mali und den nördlichsten Teil von Guinea. Vor der umgebenden Landschaft wirken ihre Höhen in der Ferne auffallend blau; ein atemberaubend schöner Anblick, auch wenn er von Dürre und Kargheit kündet. Hier haben die Flüsse der Region ihren Ursprung – vor allem der mächtige gewundene Niger –, von den schwindelerregenden Granitgipfeln ergießt sich kühles sprudelndes Schmelzwasser in Sturzbächen über die zerklüfteten Quarz-Ausläufer. Diese Bäche bringen nicht nur lebenspendendes Wasser in die Ebenen zu Füßen der Berge, sie sind auch beladen mit Goldstaub, den die Erosion von den Berghöhen heruntergewaschen hat, eine Fracht, die den Menschen, die im Schatten des Kong-Massivs lebten, Jahrhunderte hindurch sagenhaften Wohlstand, aber auch viel Zwist eingebracht hat.

Die Kette des Kong-Gebirges zieht sich noch weitere anderthalbtausend Kilometer durchs Land, durchläuft Burkina Faso, streift Ghana, Togo und Benin und führt nach Nigeria, dessen Tiefebenen und sanfte Hügel jäh zerschnitten werden durch die, wie ein Experte des 19. Jahrhunderts es formuliert, »sich auftürmenden Granitmassive … steile Formationen, die an Kathedralen und die Zinnen von Ruinen erinnern, Felsen von ungeheuren Dimensionen, dreitausend Meter hohe Pyramiden und einzelne Kegel, die wie riesenhafte Zapfen in die Höhe ragen«.[81] Von dort geht es immer noch weiter, das Gebirge zieht von der südlichen Küste tief ins Landesinnere. Schließlich und endlich treffen die Kong-Berge auf den anderen großen Gebirgszug Afrikas, das Mond-Gebirge im Osten (wo sich die Quellen finden, aus denen der Nil hervorgeht), mit dem zusammen sie einen einzigen unüberwindlichen Felsgürtel bilden, der den gesamten Kontinent zweiteilt und den Norden vom Süden abschneidet.

Hmmm. Gut. Halten wir einen Moment inne.

Es ist möglich, dass Sie an dieser Stelle ein paar Fragen haben. Insbesondere, wenn Sie – sagen wir mal – in einem der eben erwähnten Länder leben oder einfach nur über ein rudimentäres Grundwissen in Erdkunde verfügen. Zu diesen Fragen gehören vielleicht neben manchen anderen: »Hä?«, »Was sagst du?« und: »Da sind doch gar keine Berge, was faselst du denn?«

Worauf ich schlicht und einfach entgegnen würde: Wenn da keine Berge sind, warum sind dann die Kong-Berge auf so ziemlich jeder Landkarte von Afrika eingezeichnet, die im 19. Jahrhundert entstanden ist, ja sogar bis ins 20. Jahrhundert hinein? Warum existieren etliche Beschreibungen ihrer himmelhoch aufragenden Granitgebilde und unwirtlichen Bedingungen von europäischen Forschern, die behaupten, dort gewesen zu sein? Wem glauben Sie mehr: einer Handvoll weißer Typen oder etwa der Gesamtbevölkerung der Region?

Ich nehme an, wir alle kennen die Antwort auf diese Frage.

Aber die Frage, die dahintersteht, ist berechtigt und faszinierend: Wieso hat eigentlich so gut wie jeder in Europa und Amerika, der etwas zu sagen hatte, mehr als ein ganzes Jahrhundert felsenfest an dem Glauben an einen gigantischen Gebirgszug festgehalten, den es (um das klar und deutlich zu sagen) absolut nicht gibt? Ich meine, es handelt sich um *Berge*. Im Zusammenhang mit Bergen gibt es nicht viel Raum für Unklarheit. Sie sind entweder da oder nicht.

Die Antwort auf die Frage liegt noch immer ein bisschen im Nebel – aber das Ganze vermag ein wenig zu erhellen, warum wir so oft Dinge missverstehen.

Denn wie dieses Kapitel zeigen wird, haben wir unsere Geschichte nicht nur damit zugebracht, wilde Unwahrheiten über Ereignisse zu erfinden, die sich *in* der Welt zugetragen haben – wir haben auch ganz gute Arbeit geleistet, wenn es darum ging, Unsinn über die Welt selbst zu erfinden. Von imaginären Bergen bis hin zu komplett erfundenen Ländern und irre unwahrscheinlichen Berichten aus fernen Ländern, haben die Bullshitter der Menschheitsgeschichte fröhlich den Umstand ausgenutzt, dass es herkömmlicherweise ziemlich schwierig ist, loszuziehen und die Dinge nachzuprüfen, wenn einem jemand etwas darüber erzählt, wie es auf der anderen Seite der Welt aussieht.

Unser Register an geografischem Bockmist illustriert unter anderem sehr anschaulich die Probleme Aufwandsschwelle und Informationsvakuum, die sich hier beide in ganz großem Maßstab manifestieren. Die längste Zeit hindurch, die die Menschheit diesen Planeten bewohnt, war das Reisen über große Entfernungen eine zähe und gefährliche Angelegenheit, zu der man sich selten aufraffte. Viele Menschen haben sich ihr Leben lang nie sehr weit vom Ort ihrer Geburt entfernt, und es gab nicht die Möglichkeit, in einen Flieger zu steigen oder einen Satelliten ins All zu schicken, der aus der Luft Bilder aufnimmt.

Vor diesem Hintergrund ist es nur zu verständlich, dass unsere Vorstellung von dem Planeten, auf dem wir leben, lange Zeit vielleicht ein bisschen vage war. Den Kartografen stand nicht allzu viel Handfestes zur Verfügung, und sie mussten oftmals improvisieren, um leere Bereiche auszufüllen, auch wenn die Behauptung, dass sie unkartierte Stellen mit »Hic sunt dracones« (zu Deutsch: Hier sind Drachen) zu illustrieren pflegten, leider wohl auch ein Mythos ist.[82]

Aber obwohl der Mangel an Informationen eine berechtigte Entschuldigung sein mag, so sagt das, was wir uns einfallen ließen, um diese Wissenslücke mit wilden und aberwitzigen Fiktionen zu füllen, eine ganze Menge darüber, wie Bullshit sich verbreitet.

Was wir über die Berge von Kong wissen, ist Folgendes: Die ganze alberne Angelegenheit begann 1798 mit James Rennells »Eine Karte, die den Fortschritt der Entdeckung und Erschließung der Geographie Nordafrikas zeigt«.[83] Rennell ist der Erste, der Westafrika mit einem riesigen Gebirgszug beglückt, und er nennt ihn »Kong-Gebirge«. Und sehr bald danach haben alle anderen diese völlig erfundene Darstellung aufgepickt und beschlossen, dass sie *natürlich* wahr sein müsse. Fast ein ganzes Jahrhundert danach verzeichnen die meisten der wichtigeren Karten von Afrika, die in Europa und Amerika hergestellt wurden (der maßgeblichen wissenschaftlichen Studie zu Aussehen und nachfolgendem Verschwinden des Gebirgszugs zufolge mehr als 80 Prozent[84]), das Kong-Gebirge, und viele Forschungsreisende in der Region berichteten, dass sie das Gebirge gesehen, gar bestiegen hätten, obwohl es nicht existiert.

Ausschnitt aus James Rennells Karte von 1798, in der das Kong-Gebirge
exakt dort verläuft, wo es nicht ist

Das Kuriose daran ist, dass Rennell nicht einfach irgendein
alter Schmierfink unter den Kartografen war, der wahllos mit
Flüssen und Bergen um sich schmiss und »passt schon« brum-
melte, bevor er in den Pub trottete, um dort zu versump-
fen. Ja, genau genommen galt er als so ungefähr der Beste
im Kartografie-Geschäft jener Zeit. Eine seiner wichtigsten
Fähigkeiten bestand darin, sein Wissen um die Prinzipien der
Geografie und Geologie einzubringen, um die bruchstückhaf-
ten – und oftmals widersprüchlichen – Berichte, die von den
Forschungsreisenden kamen, sinnvoll zu deuten. Das könnte
in der Tat genau das gewesen sein, was ihm zum Verhängnis
wurde.

Es war eine Zeit, in der nicht viele Europäer auf dem afri-
kanischen Kontinent sonderlich weit vorgestoßen waren – es
sollten noch viele Jahrzehnte vergehen, bis der irre »Wettlauf
um Afrika« des imperialen Zeitalters richtig Fahrt aufnahm –,

und nicht wenige von denen, die es doch schafften, hatten, seien wir ehrlich, sehr wenig Ahnung von dem, was sie da taten.

Die Folge war, dass viele Karten aus jener Zeit einfach mehr oder weniger ... nun ja, wurschtig waren, sobald es darum ging, mehr von dem Kontinent zu zeigen als den Norden und ein paar Regionen entlang der Küste. Einige lassen Zentralafrika großenteils leer, andere verteilen mehr oder weniger nach dem Zufallsprinzip malerisch irgendwelche geografischen Gegebenheiten, wieder andere füllen den Platz mit hübschen Bildern von Elefanten.

Zur Erfindung des Kong-Gebirges kam es, weil Rennell einer beiläufig hingeworfenen Aussage eines der wenigen Forschungsreisenden, der die Region besucht hatte, zu viel Aufmerksamkeit zollte und den Rest nach Gutdünken ergänzte – mit unglücklichem Ergebnis. Der fragliche Forschungsreisende war Mungo Park – jener schneidige Schotte, dessen Tagebücher Richard Adams Locke Jahrzehnte später erfolglos zu fälschen versuchen sollte. Zu jener Zeit ging jedermann davon aus, dass Park bei einer Expedition ums Leben gekommen war, auf der er hatte versuchen wollen, die Quelle des Niger zu finden – worauf er 1797 nach etlichen Jahren in der Versenkung plötzlich und unerwartet wieder aufkreuzte nach dem Motto: »Ätsch, zu früh gefreut, ratet mal, wer wieder da ist.« Die Quelle des Niger hatte er nicht gefunden, war aber dessen einigermaßen exzentrischem Verlauf mehrere Hundert Meilen gefolgt.

Parks Geschichten von seiner Reise erregten eine Menge Aufsehen, und Rennell wurde hinzugezogen, um Illustrationen dazu zu liefern. Und damit sind wir an dem Punkt, an dem die Saat ausgebracht wurde, Park berichtet an einer Stelle: »Richtung Südosten waren in weiter Ferne ein paar

Berge zu sehen, die ich zuvor bereits von einer Anhöhe bei Maraboo aus erblickt hatte, wo die Menschen mir erzählten, diese Berge lägen in einem großen und mächtigen Königreich namens Kong …«[85]

Park hat höchstwahrscheinlich die Wahrheit gesagt. Er war damals irgendwo in der Nähe von Bamako in Mali, und in nicht allzu großer Entfernung gab es in der Tat ein mächtiges Königreich namens Kong (das Kong-Reich, dessen einstige Hauptstadt heute in der Elfenbeinküste liegt und, genau, Kong heißt). Und es gibt dort in der Tat ein paar Hochlandregionen, aus denen sich gelegentlich ein paar felsige Hügel erheben – Inselberge, wenn Sie es geologisch haben möchten –, die man viiiiiiiiiiiiiiiielleicht, je nachdem wie flexibel Sie Ihre Definition von »Berg« handhaben, als Berge bezeichnen könnte.

Was es dort definitiv nicht gibt, ist ein riesiger, unüberwindlicher Gebirgszug, der sich Hunderte von Kilometern quer durchs Land erstreckt. Was, wie Ihnen aufgefallen sein wird, auch nicht das ist, was Park gesagt hat. Er sprach lediglich von »ein paar Bergen in weiter Ferne«. Damit hat man nicht viel in der Hand, und auch sonst trägt er nicht viel zur Klärung der Dinge bei – was man ihm, in aller Fairness, auch nicht verübeln kann, weil er am Tag, nachdem er die Berge gesichtet hatte, von Banditen ausgeraubt wurde, die ihm sein Pferd stahlen, ihn nackt auszogen und in der gleißenden Mittagssonne irgendwo im Nirgendwo sich selbst überließen. Das ist echt nicht die Sorte von Vorfall, die einen in die Stimmung versetzt, sich mit irgendwelchen Bergen auseinanderzusetzen.

Aber Rennell sprang auf Parks Erwähnung der Berge von Kong an und ging sofort damit konform – aus dem einfachen Grund, weil sie sich wunderbar mit einer seiner geografischen Lieblingstheorien vereinbaren ließ: Es ging darin um die Begründung dafür, dass der Niger in dieser Region einen derart verwirrend krummen Verlauf hat. Der Niger, müssen Sie wissen, hat beschlossen, gegen das herkömmliche Flussverhalten aufzubegehren, das da lautet »ab ins nächste Meer«, und sich stattdessen auf eine gut viertausend Kilometer lange verdrehte Reise ins Inland zu begeben, die ihn fast bis an die Sahara bringt, bevor er eine dramatische Kehrtwende hinlegt und Kurs auf den Golf von Guinea nimmt. Das hat eine Menge Leute ziemlich lange verwirrt. Zu der Zeit, als Rennell seine Karte anfertigte, war so ziemlich das Einzige, was man sicher wusste, dass der Niger ein sehr großer Fluss war, der vermutlich irgendwo entsprungen und dann irgendwie … woanders hingeflossen ist.

Rennells Begründung (die wirklich nicht so dumm ist) lautete, er müsse seinen Ursprung in großer Höhe in einem langgezogenen Gebirgsmassiv haben, das eine physikalische Barriere darstellte und seinen Lauf daher ostwärts vom Meer weggelenkt hatte. Er war nicht der Erste, der das geglaubt hat – man hatte schon verschiedentlich das Vorhandensein von hohen Bergen in der Region gemutmaßt und diese im Verlauf des 17. Jahrhunderts in Karten eingezeichnet, allerdings waren sie Ende des 18. Jahrhunderts großenteils aus der Kartenmachermode gekommen.

Und so griff er Parks Worte auf, vermengte sie mit seiner Theorie und argumentierte alsdann: »Sie beweisen mit dem Verlauf der großen Flüsse und anderen Beobachtungen, dass eine Bergkette, die sich von West nach Ost erstreckt, zwischen dem zehnten und elften Grad nördlicher Breite in Parallele zu diesen verläuft.«[86] Man beachte, dass er sich nicht mit »vermute« oder »deuten darauf hin« oder »lassen mich annehmen« aufhält, sondern geradewegs auf »beweisen« setzt.

Mit anderen Worten: Rennell zählte zwei und zwei zusammen und schuf ein verflixt massives Gebirge.

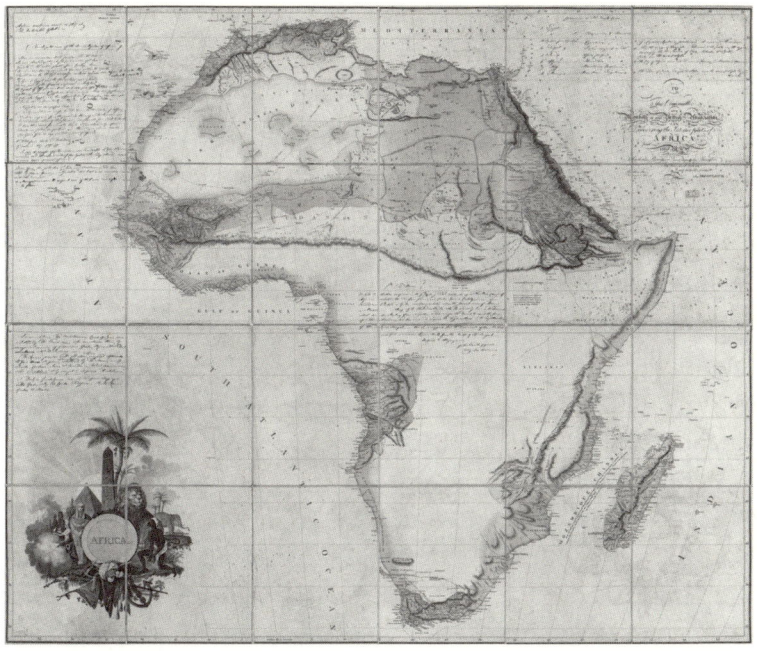

Aaron Arrowsmiths Karte mit dem Kong-Gebirge und dem Mond-Gebirge

Und damit hätte es sich gehabt, wenig mehr als eine absonderliche Fußnote in der Geschichte kartografischer Irrtümer, wäre nicht als Nächstes Folgendes passiert: Jeder andere fing auf der Stelle an, von Rennell abzuschreiben, denn er war ein sehr guter Kartograf, und niemand wollte dastehen wie das riesengroße Rindvieh, das nicht einmal das Kong-Gebirge auf seiner Karte hat.

Die Vervielfältigung des Irrtums begann fast augenblicklich mit Aaron Arrowsmith, der 1802 seine neue Karte vorlegte. Er kopierte nicht nur das Kong-Gebirge, nein, er ging noch einen großen Schritt weiter – er verlängerte das Gebirge quer durch halb Afrika, wo er es mit dem Mond-Gebirge zusammenlaufen ließ und so jene kontinentweite, unüberbrückbare

Felsbarriere kreierte, die wir zu Beginn des Kapitels erwähnt haben (es sollte an dieser Stelle vermutlich angemerkt werden, dass jeder Satz der einigermaßen blumigen Eingangsbeschreibung unmittelbar aus zeitgenössischen Darstellungen der imaginären Berge aus dem 19. Jahrhundert entnommen ist).

Arrowsmiths Arbeit hätte ein schönes Beispiel für die »Oh verflixt, lass einfach die Mitte leer«-Schule der Afrika-Kartografie sein können. Ihm wäre vermutlich sogar späte Anerkennung zuteilgeworden, wenn er zu den Grenzen seines Wissens gestanden hätte, aber er hat nun mal mit einer gewaltigen Wellenlinie aus imaginären Felsen den ganzen Kontinent durchkreuzt.

Der Nächste in der Reihe war John Cary, der vielleicht einzige Kartograf Großbritanniens, der einen noch besseren Ruf hatte als Rennell, er nahm das Kong-Gebirge ebenfalls auf und verankerte es damit fest in der Kategorie »was man als gebildeter Mensch weiß«. Mit Cary und Rennell im Team Kong war mehr oder weniger garantiert, dass jeder andere nachziehen würde. Wie Arrowsmith vor ihm vereinte auch Cary das Kong-Gebirge mit dem Mond-Gebirge zu einem undurchdringlichen Felsengürtel quer über den Kontinent.

Es sollte an dieser Stelle vielleicht angemerkt werden, dass es das Mond-Gebirge auch nicht gab.

Diese nicht vorhandenen Berge blicken auf eine sogar noch längere Geschichte zurück als das Kong-Gebirge, finden sie doch als mutmaßliche Quelle des Nils bereits im Jahr 150 Erwähnung in der *Geographia* des Ptolemäus und wurden in die Arbeiten arabischer Gelehrter wie Muhammad al-Idrisi übernommen. Im Unterschied zum Kong-Gebirge gehören sie auf frühen Karten von Afrika ab 1510 fast immer zum festen Inventar. Erst in der zweiten Hälfte des 19. Jahrhunderts, als zwei zankende Briten namens John Hanning Speke und Richard Francis Burton es fertiggebracht hatten, den Victoriasee als wahre Quelle des Weißen Nil auszumachen, kam es den Europäern schließlich in den Sinn, dass es das Mond-Gebirge womöglich gar nicht gibt.[87]

Das übrige 19. Jahrhundert hindurch enthielten die meisten Karten von Afrika brav das Kong-Gebirge und (sehr häufig) das Mond-Gebirge. Erst gegen Ende des Jahrhunderts fingen einige Kartografen an, ein wenig bergmüde zu werden und sich zu fragen, ob dieses kolossale Gebilde aus Fels womöglich nicht ganz so massiv und flächendeckend sein könnte, wie es das Allgemeinwissen seinerzeit glauben machte. Aber selbst dann mussten die Zweifler noch gegen eine ziemlich einflussreiche Flut an Zeugnissen ankämpfen – von denjenigen, die dort gewesen waren.

Jahrzehnte hindurch trudelten Berichte von Forschungsreisenden ein, die das Kong-Gebirge gesehen oder gar überquert haben wollten. Das ist, ganz ehrlich, ein bisschen rätselhaft, denn darunter waren ein paar Leute mit wirklich guten Namen, die sich absolut nicht als komplette Spinner abtun lassen – Hugh Clapperton zum Beispiel, ein Mann von solcher Tapferkeit, dass er einst eine mörderische einhundertdreißigtägige Reise mit einem Gefährten unternahm, der ihm so zuwider war, dass die beiden in der ganzen Zeit kein Wort miteinander wechselten.

Die beste Erklärung ist vermutlich die einfachste: Diese Reisenden waren auf ein paar der Hügel und Inselberge gestoßen, von denen das Hochland dort gesprenkelt ist, und hatten einfach angenommen, sie hätten die furchteinflößenden Berge von Kong überwunden, *weil es das war, was ihre Karte sagte.*

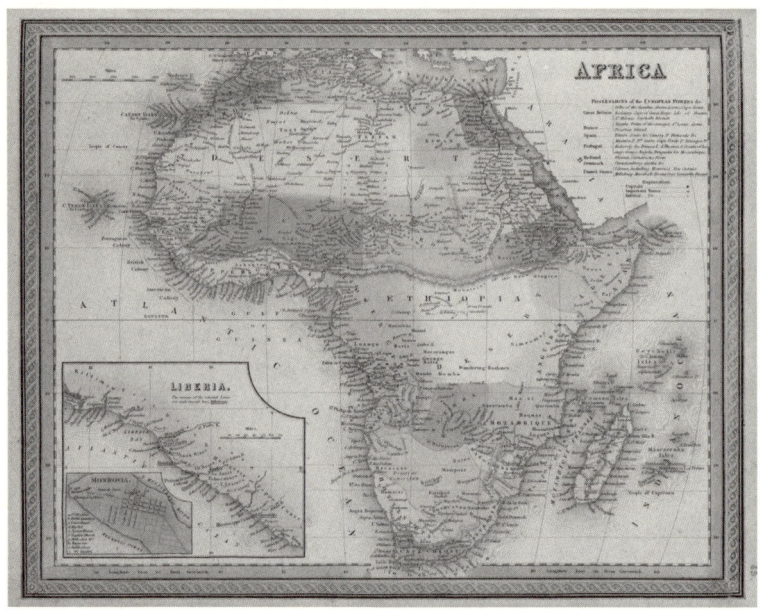

Eine Afrika-Karte von 1849 mit Kong-Gebirge und Mond-Gebirge

Es war eine perfekte Bullshit-Rückkoppelungsschleife, bei der jeder davon ausging, dass alle anderen recht hatten, seine Beobachtungen so hinbog, dass sie in die Theorie passten, und jeder andere dieses Passen dann als weiteren Beweis dafür auslegte, dass die Theorie absolut richtig war. Die Forschungsreisenden wähnten sich auf Bergen, weil diese auf der Karte verzeichnet waren, die Kartografen griffen die Worte der Reisenden auf und speisten sie in die nächste Kartengeneration ein. Und so konnten die fiktiven Berge überdauern.

Nirgends zeigt sich das besser als in dem Vortrag, den Captain R. F. Burton am Abend des 26. Juni 1882 bei einer Zusammenkunft der Royal Geographical Society hielt.[88] Burton war ein berühmter Forschungsreisender und Orientalist, den die Natur mit einem üppigen Bart, einer Begabung für Sprachen

und einer ausgeprägten Vorliebe für östliche Erotika gesegnet hatte. In seiner Rede vor der Gesellschaft stand er auf,
um ein flammendes Plädoyer für das Kong-Gebirge zu halten, das, wie er bedauernd am Beginn seiner Rede bemerkte,
»von den Landkarten nahezu verschwunden ist« (nicht ganz
richtig – es gehörte noch bei vielen Karten, die zu dieser Zeit
aufgelegt wurden, zum Inventar, auch wenn die Länge des
Massivs im Vergleich zu den wilden Auswüchsen auf älteren
Karten vorsichtshalber ein bisschen beschnitten worden war).
Es ist Burton, dem wir für die zuvor erwähnten dramatischen
Beschreibungen der »sich hoch auftürmenden Granitmassive«
zu danken haben.

Burton macht dieselben Schlüsselfehler, wie Rennell sie
gemacht hatte, lediglich mit weiteren acht Jahrzehnten voller
Zeugnisse und Belege, die sich missinterpretieren lassen. Er
legt viel zu viel Gewicht auf Theorien über Flüsse, wenn er
felsenfest verkündet: »… dass eine solche Bergkette existiert,
wird bezeugt durch den Verlauf der Goldküsten-Flüsse.« Er
stützt sich extrem auf die Berichte von Forschern wie Clapperton und John Duncan (von dem gesagt wurde, er habe
»die gesamte Breite des Kong-Gebirges überquert«), selbst
wenn deren eigene Worte beträchtlich mehr Spielraum ließen,
als er in seinen Ausführungen vermuten lässt – Clapperton
verwendet zwar eine Kapitelüberschrift, die großspurig von
seiner Reise »über das Kong-Gebirge« kündet, in der eigentlichen Beschreibung aber geht er nie über die Bezeichnung
»Hügel« hinaus, die spärlichen Erwähnungen von »Bergen«
nennen Höhen von »180 bis 200 Metern«.[89] Was … nicht
direkt als Berg zählt.

Und vor allem anderen unterschlägt Burton lässig die Aussage eines »einheimischen Führers«, der »das Dorf kennt,
nicht aber das Kong-Gebirge« – ungeachtet der Tatsache,

dass das Dorf Kong angeblich unmittelbar am Fuß der Berge liegen sollte. Weil, sicher, natürlich, warum sollten Sie jemandem Gehör schenken, der tatsächlich in der Gegend lebt und sagt:»Oh ja, ich kenne das Dorf, aber nö, keine Ahnung von einem riesigen Gebirgsmassiv, das direkt nebendran liegt.«

Burton stand damit nicht allein. Wie Thomas Bassett und Philip Porter – die beiden Wissenschaftler, denen wir für ihre Untersuchungen zur Geschichte von Kong zu danken haben – trocken anmerken:»Es gibt Belege dafür, dass Europäer von Afrikanern Berichte aus erster Hand erhielten, denen zufolge in gewissen Gegenden keine Berge vorhanden waren, aber diese Information wurde in der Regel ignoriert.«[90]

Am Ende blieb es einem Offizier des französischen Militärs mit Namen Louis-Gustave Binger überlassen, die Existenz der Berge zu widerlegen. Im Jahr 1888 reiste er in die Region und war überrascht,»am Horizont nicht auch nur einen Hügelrücken zu erblicken! Die Gebirgskette der Kong-Berge, die sich quer über die ganzen Karten zieht, hat es nie gegeben, außer in der Phantasie einiger nicht gut unterrichteter Forschungsreisender.«[91]

Aber selbst nachdem Binger seine Nix-Berge-Bombe hatte hochgehen lassen, war den Bergen des Kong-Gebirges noch ein langes Weiterleben beschieden – im Verlauf der 1890er tauchten sie auf ein paar Karten auf, einmal noch 1905, ja sogar noch 1928 im *Oxford Advanced Atlas*, der eindeutig nicht *advanced* genug war, in den vorausgegangenen vierzig Jahren seine Westafrika-Abteilung auf Vordermann zu bringen. Der Gebirgszug mag das Zeitliche gesegnet haben, aber sein Geist lebte fort.

Mögen die nichtexistierenden Gebirgszüge Afrikas auch vielleicht zu den dramatischeren Beispielen für den Unsinn gehören, den wir über die Welt um uns herum zu glauben imstande sind, so sind sie doch alles andere als ein Einzelfall. Die Geschichte wimmelt von nicht vorhandenen Ländern und fiktiven Orten.

Eines der langlebigsten mythischen Länder ist das Reich des Priesterkönigs Johannes – ein angeblich riesiges und ungeheuer reiches Land irgendwo (vages Handwedeln) »im Osten«. Es wurde, so die Kunde, regiert von einem christlichen Herrscher namens, ja genau: Johannes. Die Gestalt des Priesterkönigs war lange auf den Volksglauben beschränkt geblieben, bis im 12. Jahrhundert plötzlich ein fingierter Brief, angeblich aus der Feder von Johannes selbst, anfing, die Runde zu machen.

Beide, der Autor und die Absicht dieses Scherzes, sind leider im Nebel der Zeit verloren, aber der Brief trat einen hartnäckigen und langlebigen Glauben an die Existenz dieses schillernden Einhorns unter den großen Reichen los. Über fünf Jahrhunderte machten sich Forschungsreisende auf, um dieses große verschollene Land zu entdecken, zeichneten Kartografen es in ihre Karten, erklärte man lebende Personen zu Nachfahren des Priesterkönigs.

Das alles ungeachtet dessen, dass niemand je wirklich genau wusste, wo es zu finden sein sollte: Im Verlauf von ein paar Hundert Jahren (da sich die Moden änderten und Teile der Karten mit Ländern füllten, die *definitiv nicht* das Reich des Priesterkönigs waren) widerfuhr der mutmaßlichen Lage des Imperiums eine abenteuerliche Weltenbummelei: Sie begann in Asien, durchreiste sodann verschiedene Regionen Afrikas und endete letztlich irgendwo in Äthiopien, angenehmerweise ganz nahe am nichtexistenten Mond-Gebirge. Es dauerte bis ins 17. Jahrhundert, bis die Leute widerwillig zu akzeptieren begannen, dass es nie existiert hatte.

Es waren die Erzählungen der frühen europäischen Forschungsreisenden, die dazu beitrugen, die weißen Stellen auf den Landkarten zu füllen, aber ihr Zeugnis war oftmals nicht übermäßig zuverlässig. So sollte (laut einer Darstellung der Reisen Magellans in den 1520er-Jahren) das Land Patagonien von Riesen bevölkert sein. Die patagonischen Riesen wurden über Jahre zu einem Lieblingsmotiv in den Berichten europäischer Forschungsreisender, wenngleich sich ihre Größe mit der Zeit veränderte: Waren sie gegen Ende des 16. Jahrhunderts irgendwann einmal knapp vier Meter groß gewesen, so schrumpften sie im 18. Jahrhundert auf knapp drei Meter.

In Wirklichkeit waren die »Riesen« aller Wahrscheinlichkeit nach die dort ansässigen Aónikenk, die genau genommen keine Riesen sind – man könnte sie allenfalls als ziemlich groß beschreiben, sie werden nicht selten über einen Meter neunzig groß. Dass diese Menschen als »Riesen« gesehen wurden, ist wohl großenteils auf die Tatsache zurückzuführen, dass die meisten Europäer zu jener Zeit halbe Portionen waren.

Aber es gibt nicht nur falsche Angaben über das, was die Reisenden auf ihren Reisen gesehen haben, manchmal waren auch die Reisen selbst reine Fiktion. Die Geschichte wimmelt von Leuten, die vorgaben, Reisen oder Expeditionen unternommen zu haben, die sie nie angetreten hatten. Um nur ein Beispiel zu nennen – einzig und allein, weil es so gut in dieses Buch passt: Viele Jahre hindurch haben sich die Biografen Benjamin Franklins von einem französischen Autor mit Namen St. Jean de Crèvecoeur narren lassen, der behauptete, er sei 1787 mit Franklin zusammen nach Lancaster, Pennsylvania, gereist, um an den Gründungsfeierlichkeiten von Franklin College teilzunehmen. In Wirklichkeit war keiner der beiden dort gewesen: De Crèvecoeur hatte die Reise einfach erfunden, um seine Landsleute mit seiner angeblichen Freundschaft zu ihrem Lieblingsamerikaner zu beeindrucken.[92]

Das wohl einträglichste Spezialgebiet in den Annalen der unzuverlässigen Forschungsreisenden bot das Entdecken von Inseln, schließlich war es extrem einfach zu behaupten, man habe irgendwo mitten im Meer eine gesichtet, und es wäre für jedermann sehr schwer gewesen, das nachzuprüfen. Außerdem konnten Sie die Insel nach sich selbst oder (in vielen Fällen) einem reichen Wohltäter benennen, was supergut fürs Geschäft war.

Der vielleicht leidenschaftlichste Freund des Entdeckens von nicht vorhandenen Inseln war ein Gentleman namens Benjamin Morrell, ein Abenteurer und ausgesprochen furioser und hingebungsvoller Bullshitter des 19. Jahrhunderts, 1795 in den noch jungen Vereinigten Staaten geboren. Wie Edward Brooke-Hitching in seinem exzellenten Buch »Atlas der erfundenen Orte« (ein Kompendium der »spekulativen Geografie«, das ich Ihnen aus tiefstem Herzen empfehlen kann, falls Sie ein Fan der Themen in diesem Kapitel sind) berichtet, wurde Morrell dank der über alle Maßen unwahren Berichte über seine Entdeckungen, die er in seinem Buch »A Narrative of Four Voyages« der Öffentlichkeit auftischte, bekannt als »größter Lügner des Pazifiks«.[93] Zu seinen »Entdeckungen« gehörten unter anderem New South Greenland (das es nicht gibt), Byer's Island (gibt es nicht, benannt nach einem wohlhabenden Typen, bei dem er Eindruck schinden wollte) und Morell' Island (benannt nach sich selbst, ebenfalls nicht vorhanden). Obwohl sie alle nicht existierten, blieben etliche darunter über ein Jahrhundert lang in den Seekarten verzeichnet, was für Leute, die versucht haben, ihren Kurs zu finden, nicht übermäßig hilfreich gewesen sein dürfte.

Nun mag es naheliegen anzunehmen, derlei fiktive Geografie sei eine Sache der Vergangenheit – verständlich vor dem Hintergrund des Mangels an Informationen, die den damals

Lebenden zur Verfügung standen, aber für uns heute im Zeitalter der Satellitenbilder und Google Maps kein Thema mehr. Naheliegen mag es, aber nicht unbedingt zu Recht – weil viele der falschen Vorstellungen der Vergangenheit bis heute nachhallen. Ja, eine davon hat sogar Einzug gehalten in Google Maps: ein entlegenes Fleckchen Erde namens Sandy Island, ein paar Tausend Meilen von Australien entfernt, das über ein Jahrhundert lang in den Landkarten verzeichnet war, bis 2012 ein australisches Schiff die Stelle passierte, wo es sich angeblich befinden sollte, und meldete, dass es dort nicht nur keine Insel gäbe, sondern der Meeresboden auch an keiner Stelle weniger als tausend Meter von der Wasseroberfläche entfernt sei. Google und ein paar andere Institutionen, unter anderem die National Geographic Society, beeilten sich, es von ihren Karten zu tilgen.

Vielleicht ist das Fortbestehen von fiktiven Ländern auch nicht verwunderlich, wenn man bedenkt, dass Land etwas ist, auf das Menschen wirklich, *wirklich* wild sind. Land gibt Ihnen eine Heimat, aber vielleicht wichtiger noch als das: Land kann Sie reich machen. Sehr schön sehen können Sie das an der Geschichte der nicht existenten Insel Bermeja, einer imaginären Landmasse, angeblich gelegen im Golf von Mexiko vor der Nordküste von Yucatán. Die erstmals im 16. Jahrhundert auf Karten verzeichnete Insel war zu Beginn des 20. Jahrhunderts mehr oder weniger aus den Atlanten verschwunden, worauf ihr eine bemerkenswerte Schicksalswende beschieden war, als der mexikanischen Regierung aufging, dass sie, so die Insel real existierte, einen ordentlichen Teil der lukrativen Ölvorkommen im Golf für sich beanspruchen könnte.[94] Jahrelang machten mexikanische Schiffe erfolglos Jagd auf das fiktive Eiland – und obwohl man schließlich eingestehen musste, dass es dort definitiv keine Insel gibt, behaupten bis zum heutigen Tag viele hartnäckig, es müsse doch aber irgendwann eine Insel gegeben haben. Manche mexikanischen Gesetzgeber beschuldigten gar die CIA, sie habe die Insel verschwinden lassen.

Allzu häufig entspringen unsere irrigen Annahmen über das Land, auf dem wir leben, unserem alten Freund, dem motivierten Denken: Wir wollen, dass sie wahr sind, weil Land Macht und Wohlstand verheißt und – für manche – auch Ruhm. Nirgends kann man das besser verfolgen als an dem Wettstreit, der erste Forscher sein zu wollen, der den Nordpol erreicht. Oder eher, um es etwas genauer auszudrücken, derjenige, dem der *Ruhm* zuerkannt wird, als Erster dort gewesen zu sein.

Eröffnet wurde dieser Wettstreit auf den Seiten der amerikanischen Presse im Jahr 1909. Am 7. September verkündete die *New York Times* auf ihrer Titelseite triumphierend: »Peary entdeckt den Nordpol nach acht Versuchen in 23 Jahren« und erkannte damit Robert E. Peary den Sieg zu. Dieses Triumphgefühl wurde in keiner Weise gemindert durch den Umstand, dass nur fünf Tage zuvor die Titelseite des *New York Herald* erklärt hatte: »Nordpol entdeckt von Frederick A. Cook.«

Die *Herald*-Story muss ein ziemlicher Tiefschlag für Peary gewesen sein, der soeben von seiner Expedition zurückgekehrt war und sehnlichst darauf wartete, der Welt von seiner bemerkenswerten Leistung zu berichten – und plötzlich taucht da sein vermisst (und allgemein tot) geglaubter ehemaliger Freund und Kamerad Cook wieder auf der Bildfläche auf und behauptet, er habe es bereits 1908 zum Nordpol geschafft. In dem *Times*-Artikel bezichtigt Peary Cook wütend des Betrugs.

Der Kampf um den Ruhm wurde anfangs vor dem Gericht der öffentlichen Meinung ausgetragen, und zu Beginn schien

Cook Vorteil daraus zu schlagen, dass er seine Story als Erster herausgebracht hatte. Als er in *New York* einlief, wurde er von begeisterten Menschenmassen begrüßt. Zeitungen im ganzen Land befragten ihre Leser, wem von beiden sie eher glaubten, und Cook ging daraus mehrfach mit überwältigender Mehrheit als Sieger hervor.

Aber Peary war ein gewitzter PR-Jongleur und mobilisierte für seine Kampagne rasch Gefolgsleute, die Cooks Anspruch diskreditierten (er soll dabei, so behauptete der *Herald,* bei dem Versuch, seine Knüller-Story zu retten, mindestens einen Zeugen bestochen haben). Cook, der seine Heimreise mit leichtem Gepäck antrat, hatte viele seiner Expeditionsberichte bei einem Freund in Griechenland zurückgelassen, welcher ihm versprach, sie bei nächster Gelegenheit nach New York mitzubringen. Zu Cooks Pech war das Schiff, das sein Freund für die Reise nach New York bestieg, ausgerechnet das von Peary – der sich in äußerst engherziger Weise weigerte, irgendwelche Habseligkeiten von Cook an Bord zu nehmen.

Als ihn die Nachricht erreichte, dass die Beweise zu seiner Rechtfertigung nicht auftauchen würden, versank Cook in Depressionen und verließ wenige Monate später die Vereinigten Staaten, um nach Europa zu gehen, wo er ein ganzes Jahr im Exil blieb, um ein Buch zu schreiben. Die *Times* trumpfte angesichts seines »Verschwindens« schwer auf und brandmarkte seine Geschichte als »größten Humbug der Geschichte« und »den frappierendsten Schwindel, seit die menschliche Rasse auf Erden wandelt«.[95]

(Es besteht die Möglichkeit, dass die Entscheidung der *Times*, Pearys Version so ohne jedes Zögern zu akzeptieren, *ein bisschen* auch damit zu tun haben könnte, dass sie bereits 4 000 Pfund für die Rechte an der Berichterstattung über seine Expedition bezahlt hatte.)

Mit einer mächtigen Zeitung im Rücken, dazu der National Geographic Society (die seine Reise mit ihren Mitteln gefördert hatte) und großen Teilen der öffentlichen Meinung, zog Pearys Version bald an der von Cook vorbei und wurde schließlich zur allgemein akzeptierten. Seine Reise zum Nordpol wurde vom Kongress offiziell anerkannt, als ziviler Ingenieur im Dienst der US-Navy wurde er im Ruhestand zum Konteradmiral befördert und erhielt eine Pension von mehreren Tausend Dollar im Jahr.

In den hundert Jahren seither haben die Anhänger von Cook und Peary sich eine erbitterte Debatte darüber geliefert, wessen Anspruch legitim ist. War Cook wirklich ein Betrüger, der versucht hat, Peary den ihm rechtmäßig zustehenden Triumph abspenstig zu machen, oder war Peary ein armseliger Verlierer, der emsig Strippen zog, um dem Mann, der ihn übertrumpft hatte, den Ruhm abspenstig zu machen?

Die Wahrheit, so werden Sie erfreut zur Kenntnis nehmen, lautet »nichts von alledem«. Tatsächlich hat sich gezeigt, dass beide nicht die Wahrheit sagten.

Heutzutage ist sich die Fachwelt einig, dass es höchstwahrscheinlich keiner von beiden näher als ein paar Hundert Kilometer an den Pol herangeschafft hat – und beide Beweise erfunden haben, um ihr Scheitern zu verbergen.

Cooks Behauptung ist am leichtesten zu widerlegen. Es geht schon damit los, dass er bereits einmal in einen Skandal betreffs seiner Ehrlichkeit verwickelt gewesen war – den Peary in zynischer Weise in seine PR-Kampagne einband. Seine Behauptung, der Erste gewesen zu sein, der den Denali (Nordamerikas höchsten Berg, seinerzeit bekannt unter dem Namen Mount McKinley) bestiegen hat, war weithin infrage gestellt worden. Dazu gekommen war es, als sich herausgestellt hatte, dass Cook ein Foto, das seinen Mitstreiter zeigt, wie dieser triumphierend auf dem »Gipfel« steht, so manipuliert hatte, dass der sehr offensichtlich weit höhere Gipfel im Hintergrund fehlte. So ähnlich wie wenn Sie auf Instagram für Ihr Bild von Ihrer idyllischen Yoga-Klause die McDonald's-Filiale an der Ecke wegretuschieren.

Jeder noch bestehende Zweifel verlor sich ein Jahr später, 1910, als eine andere Expedition versuchte, Cooks Route nachzugehen, und den Gipfel auf dem Foto mit eigenen Augen sah – er war dreißig Kilometer vom Mount McKinley entfernt und ungefähr 4 500 Meter niedriger als dieser. (Netterweise läuft diese Erhebung inzwischen offiziell unter dem Namen »Fake Peak«.)

Der olle Bildertauschtrick scheint eine Lieblingsstrategie von Cook gewesen zu sein, denn nachfolgend stellte sich heraus, dass die Bilder, die er vom »Nordpol« gezeigt hatte, in Wirklichkeit alte Fotos waren, die er in Alaska aufgenommen hatte. Das Tagebuch, das er zum Beleg für seine Reisen vorlegte, war eindeutig im Nachhinein geschrieben worden, seine Inuit-Führer erklärten später, sie wären nie bis zum Pol gekommen, und eine Insel, die er behauptete, *unterwegs* entdeckt zu haben, gab es, wie sich später zeigen sollte, nicht. Den letzten Nagel zum Sarg von Cooks Leumund lieferte das Jahr 1923, in dem er – inzwischen aus der Forschungsreisen-Branche ins Ölgeschäft gewechselt – wegen Betrugs verurteilt und ins Gefängnis gesperrt wurde. Wodurch mehr oder weniger garantiert war, dass er als einer von der windigen Sorte in die Geschichte eingehen würde.

Das machte den Weg frei, Peary als wahren Entdecker des Nordpols zu krönen. Cooks Ruf war derart umfassend ramponiert und die Fehde zwischen den beiden so öffentlich ausgetragen worden, dass Peary daraufhin offenbar ziemlich leichtes Spiel hatte – vermutlich dank der irrigen Annahme, dass, wenn einer von beiden lügt, der andere die Wahrheit sagen *muss*. Und so wurde seine Story den größten Teil des 20. Jahrhunderts hindurch weithin akzeptiert.

Was ein bisschen merkwürdig ist, denn sogar zu seiner Zeit hatte es ernsthafte Zweifel an seiner Aufrichtigkeit gegeben, und rückblickend hätte ziemlich viel von seinem Verhalten die Alarmglocken läuten lassen müssen. Da war zum einen sein Logbuch, das er dem Kongress als Beweis vorlegte – ein Tagebuch, das, wie ein Kongressabgeordneter sich nicht enthalten konnte zu bemerken, extrem unbefleckt war dafür, dass angeblich täglich jemand hineingeschrieben hatte, dessen Hände ausgesprochen dreckig gewesen sein müssen in einer feindlichen Umgebung, in der es nahezu unmöglich gewesen ist, sich zu waschen. Hinzu kam die Tatsache, dass Peary sich hernach weigerte, irgendwem Einblick in seine Aufzeichnungen zu gewähren. Und da war die Tatsache, dass auch er behauptete, *unterwegs* eine Insel entdeckt zu haben, die sich im Nachhinein als nicht existent herausstellte.

Am lautesten aber hätten die Alarmglocken angesichts der Unglaubwürdigkeit seiner Reisebeschreibung schrillen müssen. Die Sache mit dem Nordpol ist nämlich die, dass er nicht an Land liegt – er besteht aus dicken Eisschichten, und das Problem an Eisschichten ist, dass sie ganz schön rumkommen. Auch gibt es in der Gegend nicht allzu viele Landmarken, anhand derer sich in der riesigen weiten Einöde ein Weg finden ließe. Um zum Pol zu marschieren, müssen Sie daher ständig Ortungspeilungen ausführen, einerseits, um zu überprüfen, ob Sie nicht vom Kurs abgekommen sind, und andererseits, um zu sehen, ob der Boden zu Ihren Füßen sich nicht von der Stelle fortbewegt hat, an der Sie ihn vermuten. Das ist etwas, das Peary zweifelsohne hätte tun *können* – im Unterschied zu Cook war er ein erfahrener Navigator, wie ein paar andere Mitglieder seiner Crew auch –, aber das Schräge ist, dass er auf dem ganzen Treck zu seinem Ziel keine einzige Peilung vorgenommen hat.

Und doch hatte er es seiner eigenen Beschreibung zufolge geschafft, in schnurgerader Linie fast 800 Kilometer über driftendes, gähnend leeres Eis direkt zum Pol zu marschieren. Nicht nur das, sondern eine Woche bevor er es angeblich bis an den Nordpol schaffte, hatte er einen Großteil seiner Crew zurückgeschickt, darunter all die anderen ausgebildeten Navigatoren. Was ein bisschen verdächtig wirkt, aber nicht so verdächtig wie der Umstand, dass sich, nachdem sie umgekehrt waren, die angebliche Geschwindigkeit ihres Fortkommens auf geheimnisvolle Weise auf sagenhafte 115 Kilometer am Tag verdoppelt hatte, eine bemerkenswerte Leistung für jemanden, der auf einer früheren Expedition die meisten seiner Zehen durch Erfrierungen eingebüßt hatte. (Der Arzt, der ihm die übrigen Zehen gerettet hatte, war niemand anderer als … sein späterer Erzfeind Frederick Cook.)

Am Schluss unternahm Peary eine einzige Peilung, von der er – seinem Reisegefährten Matthew Henson zufolge – in ziemlich elender Verfassung zurückkehrte und deren Ergebnis er niemandem mitteilen wollte. Am nächsten Tag verkündete er jedoch, man sei am Pol angelangt, packte ein Stückchen der amerikanischen Flagge in eine Blechbüchse und vergrub sie im Eis. Dann reisten sie nach Hause.

Auch wenn der Streit um die Frage, wer von den beiden Rivalen wahrhaft für sich beanspruchen könne, der Polarpionier zu sein, noch Jahrzehnte weitertobte, herrscht heute übereinstimmend die Meinung, dass es keiner von beiden geschafft hat: Cook kam nie auch nur in die Nähe, und Peary verfehlte sein Ziel um vermutlich ungefähr hundert bis hundertfünfzig Kilometer. In Wirklichkeit datiert die erste Expedition, auf der der Nordpol zu Land erreicht wurde, aus dem Jahr 1968, und damals verwendete man Schneemobile.

(Es sollte an dieser Stelle vielleicht gesagt sein, dass Cook und Peary bei Weitem nicht die einzigen Arktisforscher sind, über die die Geschichte noch nicht abschließend gerichtet hat: Nehmen wir zum Beispiel unseren alten Freund Vilhjamur Stefansson, den künftigen Chronisten der Badewannenscherze. Er führte 1913 eine kanadische Expedition an, die zwischen Alaska und dem Nordpol neue Ländereien auftun sollte, blieb dabei im Packeis stecken und lief Gefahr, dass sein Schiff zerdrückt würde. Stefansson verkündete prompt, er werde an Land gehen und Essbares jagen. Während er unterwegs war, wurde das Schiff vom Eis davongetragen und sank schließlich. Sieben seiner Crewmitglieder starben, bevor Rettung zur Stelle war, während Stefansson fröhlich weitere vier Jahre die Arktis per Schlitten erkundete und offenbar nicht sonderlich viele Gedanken an das Schicksal seines Schiffs und seiner Crewmitglieder verschwendete. Zumindest erklärte einer der Überlebenden, dass sie den Verdacht gehegt hätten, Stefansson habe sie vorsätzlich verlassen.)

Während Cook und Peary sich aufs Schwindeln verlegten, um ihre gescheiterten Versuche, ihr Ziel zu erreichen, zu verbergen, haben andere geografische Bullshitter der Historie es andersherum gehalten: Sie haben ihr Scheitern vorprogrammiert, indem sie unglaubliche Geschichten zusammengesponnen haben, die der Realität niemals würden standhalten können.

Das ist es, was einem Mann namens Lewis Lasseter widerfuhr, der 1930 einen Suchtrupp in die zentralaustralische Wüste anführte, um nach Reichtümern jenseits aller Vorstellungskraft Ausschau zu halten. Man suchte mitten im Outback nach einer gewaltigen »Goldader«, die aus reinstem Gold bestehen und sie alle reicher machen sollte als Gott.

Der unübersehbare Haken daran ist, dass es mitten in Australiens Wüste kein dreißig Kilometer langes Goldvorkommen gibt. Lasseter behauptete, er habe es mit eigenen Augen gesehen, er habe sich verirrt und sei 1897, 1900 oder 1911 (das Jahr variiert von Erzählung zu Erzählung) durch Zufall darauf gestoßen. Er sei nicht in der Lage gewesen, seinen Weg zu rekonstruieren, so die Geschichte, habe aber mehrere Jahrzehnte mit dem Versuch zugebracht, Mittel für eine Expedition einzuwerben, auf der er sie wiederfinden wollte.

Es herrscht noch heute keine Einigkeit darüber, ob Lasseter sich einfach geirrt hat, einem Wahn erlegen oder ein ausgemachter Betrüger war. Möglicherweise von allem ein bisschen, wie so oft. Als jedoch weltweit die große Weltwirtschaftskrise um sich griff, veranlasste sein Bericht einen einflussreichen Gewerkschaftsboss, ihm Gelder für den unwahrscheinlichen Fall zuzusichern, dass er richtiggelegen hatte. Also machte sich ein Trupp aus acht Abenteurern auf – wohlausgestattet mit einem Flugzeug und mehreren LKWs –, um nach dem Gold zu suchen.

Seinen Begleitern wurde rasch klar, dass Lasseter absolut keinen Plan hatte, wohin es gehen sollte, und er obendrein eindeutig nie zuvor im Outback gewesen war. Die Gruppe suchte ziellos herum, ihre Laster blieben im Sand stecken, das Flugzeug stürzte ab, und der Pilot musste ins Krankenhaus.

Schließlich gelangte einer nach dem anderen zu der Überzeugung, dass Lasseter nichts als Unsinn erzählt hatte, und verließ die Expedition – am Ende blieb Lasseter zusammen mit einem Dingo-Jäger namens Paul und ein paar Kamelen als Begleitung zurück. Lasseter erzählte Paul, er habe das Vorkommen gefunden, weigerte sich aber zu sagen, wo. Nach einem kurzen Handgemenge verließ ihn auch Paul, und am

Ende rannten ihm (laut seinem Tagebuch) auch noch die Kamele davon, als er sich gerade erleichterte.

Lasseters sterbliche Überreste wurden ein Jahr später zusammen mit seinem Tagebuch in der Wüste gefunden.

Ungeachtet der Tatsache, dass sich mitten im Herzen von Australien definitiv kein Goldvorkommen finden lässt, machten sich in den Folgejahrzehnten zahlreiche weitere Gruppen auf, um danach zu suchen, und bis heute behauptet alle paar Jahre irgendwer, er sei auf Lasseters Goldader gestoßen, die es, um es zu wiederholen, nicht gibt.

Lasseter hat vielleicht wirklich an seine Goldader geglaubt, andernfalls ist schwer zu erklären, warum er, wenn es sich schlicht um einen Schwindel gehandelt hätte, noch an seiner Suche festhielt, nachdem jeder andere aufgegeben hatte. Wie bei vielen von denen, die falsche Geschichten über nicht existente Länder gesponnen haben, könnte es sein, dass er sich einfach geirrt und dann auf seinen Irrglauben versteift hatte, aus Leidenschaft vielleicht oder aus Scham oder schlicht aufgrund des guten alten Bestätigungsfehlers.

Damit steht er alles andere als allein da. Ja, eine der unglaublichsten geografischen Nonsens-Geschichten in der Geschichte der Menschheit stammt von einem Mann, der absolut keine Ausrede für die Unwahrheit seiner Behauptungen hatte und dennoch hartnäckig so tat, als handele es sich um Gewissheiten. Aber um diese Story zu erzählen, müssen wir hinabtauchen in die zwielichtige Welt der Rosstäuscher, Schwindler und Trickbetrüger, wo wir dem womöglich größten Gauner aller Zeiten begegnen werden, der ein Land über den Tisch zog, indem er ein anderes Land erfand.

5

Handbuch für Hochstapler

Als im Februar 1823 die ersten Siedler an den Ufern des Landes Poyais eintrafen, hatten sie bereits sehr genaue Vorstellungen von dem, was sie von ihrer neuen Heimat zu erwarten hatten. Als die *Honduras Packet* vor der Black-River-Lagune vor Anker ging, müssen die Kolonialisten an Bord sich sehnsüchtig den Wohlstand ausgemalt haben, der in ihrem neuen Leben auf sie wartete. Das Land Poyais war schön und fruchtbar, das wussten sie. Sein mildes mittelamerikanisches Klima war so ganz anders als das winterliche London, das sie zwei Monate zuvor verlassen hatten, und man sagte ihm nach, es wirke Wunder für die Gesundheit. Auf seinen fruchtbaren Böden konnten drei Ernten pro Jahr gedeihen, das verhieß jedem Farmer ein hübsches Vermögen bei minimalem Aufwand. Die langen mäandernden Flüsse des Landes waren voller Gold und schenkten jedem, der ihren Sand durchsiebte, bereitwillig kleine Nuggets. In der Lagune lag die Mündung des Black River, Heimat des größten Handelshafens des Landes, und wenige Meilen entfernt befand sich die Hauptstadt St. Joseph – eine kleine, aber stetig wachsende Metropole mit einer Einwohnerschaft von fünfzehnhundert Seelen und eleganter Architektur nach europäischem Vorbild.

Noch war kein Boot aus der Lagune erschienen, um die neuen Mitbürger zu begrüßen, Captain Hedgcock feuerte daher eine der Kanonen ab, um die Poyers, wie die Bürger von Poyais genannt wurden, von ihrer Ankunft in Kenntnis zu setzen. Sie warteten gespannt darauf, dass die Hafen-Vertreter zu ihnen gerudert kämen, um sie zu begrüßen. Und warteten. Und warteten noch ein bisschen. Hmmm. Immer noch kein Boot.

Das Boot sollte nie kommen, denn wie die Siedler feststellten, als sie schließlich beschlossen, auf eigene Faust an Land zu gehen, gab es in der Lagune keinen geschäftigen Handelshafen. Als sie sich aufmachten, nach der Hauptstadt St. Joseph ein paar Meilen den Fluss hinauf zu suchen und sich den Weg durch das dichte Buschwerk freihieben, war da keine weltoffene Stadt mit breiten Boulevards, Bank und Opernhaus. Stattdessen fanden sie Trümmer und ein paar zerstörte Hütten, die im vorangegangenen Jahrhundert aufgegeben worden waren. Im Glauben, sie seien an der falschen Stelle angelandet, zogen sie eine detaillierte Karte des Landes zu Rate, eine Karte, die ihnen vom Kaziken von Poyais persönlich ausgehändigt worden war: dem großen Kriegshelden von adeliger Abstammung und charismatischen Herrscher dieses jungen Landes, General Sir Gregor MacGregor.

Nö. Sie waren definitiv am richtigen Ort.

Was die Siedler in diesem Stadium noch nicht ganz gerafft hatten – manche aber bereits in einem Anflug von Erkenntnis ahnten, unten, ganz hinten in jenem Winkel ihres Magens, der als Erstes spürt, dass man einen furchtbar schlimmen Fehler gemacht hat –, war, dass die Tatsache, dass es weder Boot noch Hafen noch Hauptstadt gab, nicht darin begründet lag, dass es an der Anfahrtsbeschreibung haperte. Sondern natürlich darin, dass es gar kein Land Poyais gab. Diese ganz junge Nation existierte nahezu ausschließlich in der Fantasie von Gregor MacGregor, einem Mann, der es irgendwie fertiggebracht hatte, mithilfe eines fiktiven Herrschaftsgebiets Londoner Investoren ein Vermögen aus der Tasche zu leiern und Hunderte seiner schottischen Mitbürger dazu zu bringen, ihre weltlichen Besitztümer zu verkaufen, Haus und Hof zu verlassen und übers Meer zu segeln (wobei sie alle ihm ein hübsches Sümmchen zahlten für dieses Privileg, ein neues Leben beginnen zu dürfen).

Innerhalb eines Jahres waren die meisten von ihnen tot.

Manche Hochstapler drehen ihr Ding, indem sie imaginäre Geschäftsmodelle ersinnen, kranke Verwandte oder geheimnisvolle Vermögen, die sich nur mithilfe einer Mail an einen zufällig ausgewählten Fremden gewinnen lassen. Diese Leute sind kleine Lichter im Vergleich zu MacGregor, der ein ganzes Land erfand.

Wir haben eine Art obsessives Faible für Gauner, Schwindler, Trickbetrüger, Rosstäuscher und Ganoven aller Art. Ob wir sie als gemeine Betrüger der Schutzlosen und Leichtgläubigen sehen oder ihnen eine verdrehte Art von Heldenstatus zuerkennen – von Leuten, die unfaire Systeme gegen sich selbst kehren, können wir nicht genug bekommen. Das könnte an der Schadenfreude liegen, andere genarrt zu sehen, der paranoiden Angst, selbst hereingelegt zu werden, oder an der Art, wie sie zu bestätigen scheinen, was manche von uns insgeheim über die sozialen Schranken denken, die die Habenichtse von den Begüterten trennen – namentlich, dass es sich dabei um faule, hohle Fassaden handelt, die jeder von uns einreißen könnte, hätten wir nur den Mut, uns als etwas auszugeben, was wir nicht sind.

MacGregor ist in die Geschichte eingegangen als derjenige, der »die größte Bauernfängerei aller Zeiten« eingefädelt hat, wie es *The Economist* einmal nannte.[96] Aber was an ihm so fasziniert, ist, dass bis zum heutigen Tag nicht ganz klar ist, wie viel genau real war, wie viel ein kalkulierter Schwindel und wie viel einfach nur Selbsttäuschung in denkbar größtem Maßstab.

Ehrgeizig, charismatisch und zumindest vordergründig charmant gehörte MacGregor zu den Männern, die zutiefst davon überzeugt waren, das Zeug zu etwas Großem zu haben. Hinzu kommt, dass er es unablässig fertigbrachte, sich aufreizend nahe an diese Größe heranzumanövrieren ... nur um seine Karriere jedes Mal über den Jordan gehen zu sehen. Frei heraus gesagt hätte MacGregor nur mit demselben Bemühen versucht, Dinge *wirklich* zu erreichen, mit dem er *vorgetäuscht* hat, sie erreicht zu haben, wären er (und nicht zu vergessen mehrere Hundert verarmte oder tote Siedler) sehr viel besser dran gewesen.

Es ist möglicherweise zu verstehen, warum die Siedler und Geldgeber auf MacGregors Betrug hereinfielen. Er konnte mit einem wahrlich beeindruckenden Stammbaum aufwarten: Als schottischer Adeliger, Veteran der britischen Armee, hatte er im legendären 57. Regiment zu Fuß – den »Die Hards«, wie man sie nannte – in der Schlacht von Albuera gedient. Er hatte auch in der portugiesischen Armee gekämpft und war dort für seine Verdienste zum Ritter des portugiesischen Christusordens geschlagen worden. Danach war er, wie viele Männer des britischen Militärs in jener Zeit, nach Lateinamerika gegangen, um sich dort an den Unabhängigkeitskriegen gegen das spanische Königreich zu beteiligen, stieg zum General der venezolanischen Armee auf und wurde zum Volkshelden. Vielleicht war all das nicht verwunderlich, schließlich war er Oberhaupt des Clans der MacGregors, ein direkter Nachfahre des legendären Rob Roy.

Ende 1821 bewarben dann die ersten Anzeigen in der Presse die Chance, Land in Poyais für den Schleuderpreis von einem

Schilling pro Acre zu erwerben, wenn man sich rasch entschloss. Allerdings, so warnten die Anzeigen, würde dieser in den kommenden Monaten steigen.[97] Das Ganze muss für so manchen nach einer Gelegenheit geklungen haben, die zu gut war, um sie verstreichen zu lassen. Als das jahrhundertealte spanische Imperium in der Neuen Welt schließlich zu bröckeln begann, richteten sich britische Augen begehrlich auf die neue Gelegenheit, und Investitionen in Lateinamerika waren der Renner. Als der Sommer 1822 kam, warben die Anzeigen nicht mehr nur um Investitionen in den Landkauf, sondern richteten sich an Siedler, hießen sie aufbrechen, um in Poyais ein neues Leben zu beginnen – an Bord der »sehr geräumigen und komfortablen« *Honduras Packet* (wie eine Anzeige in der *Times* es formulierte[98]).

Um dem Ganzen Glaubwürdigkeit zu verleihen, startete MacGregor eine ausgebuffte PR-Kampagne. Er gab der Presse Interviews, schüttelte die Hände der feinen Gesellschaft und richtete in London und Edinburgh Büros für sein imaginäres Land ein. Nicht nur das, er stürzte sich auch in Unkosten und ließ ein ledergebundenes Buch veröffentlichen, das den Titel trug: »A Sketch of the Mosquito Shore«, geschrieben angeblich von einem Thomas Strangeways, K. C. G, der bezeichnet wurde als »Captain des 1. Poyais'schen Heimatregiments und Hilfsoffizier Seiner Hoheit Gregor, Kazike von Poyais«.

»A Sketch of the Mosquito Shore« enthielt auf der ersten Seite ein sehr schönes Porträt von einem königlich dreinblickenden Gregor, dazu eine idyllische Zeichnung der von Schiffen wimmelnden Lagune des Black River. Dieses Buch war es, das versprach, dass jene Flüsse den Siedlern »Kügelchen von reinem Gold« bescheren würden, Böden, die drei Ernten im Jahr hervorbrachten, dazu freundliche heimische Arbeitskräfte, die eine tiefe und unerschütterliche Liebe zu den Briten hegten und gegen ein geringes Entgelt oder auch nur gegen Bekleidung frohen Sinnes das ganze Jahr hindurch für sie arbeiten würden.[99]

Gregor MacGregor in Pose aus: *A Sketch of the Mosquito Shore*

Der Verfasser des Buches beeilte sich gleich zu Beginn sorgfältig auszuführen, dass Mosquito Shore nicht etwa so heiße, weil es dort von Mücken wimmele – ha, allein die Vorstellung! –, sondern vielmehr wegen der zahllosen winzigen Inseln, die die Küstenlinie sprenkelten. Keine der beiden Erklärungen stimmt wirklich: Tatsächlich ist die Mosquito-Küste benannt, oder falsch benannt, nach dem dort heimischen Volk der Miskito.[100] Allerdings gibt es dort wirklich eine ganze Menge Mosquitos, wie die Siedler bald herausfinden sollten.

In Wirklichkeit bestand ein Großteil des Buches einfach aus Abschriften etlicher anderer Bücher über die Region, die Jahrzehnte überholt waren. Und das, was nicht abgeschrieben war, war reine Fantasie, und, wie Zeugenaussagen in einem späteren Verleumdungsprozess ergaben, von MacGregor selbst geschrieben worden.

Doch MacGregor ging sogar noch weiter als in seinem Buch und versuchte, Poyais nicht nur als Gelegenheit zur Neugründung einer Kolonie zu verkaufen, sondern als bereits etabliertes Land mit funktionierender Regierung, umfassender ziviler Infrastruktur und einem pulsierenden kulturellen Leben. Er zeigte Leuten eine Kopie der »Proklamation an die Einwohner des Territoriums von Poyais«, die offiziell die Geburtsstunde seiner Nation beurkundete – ein Dokument, das er angeblich in seinem Land hatte verteilen lassen, bevor er nach London aufbrach, und in dem es hieß, der König von Mosquito Shore habe ihm die Rechte an dem Territorium von Poyais auf immer abgetreten. Er erfand eine Flagge für das Land und ein ritterliches Ehrentitelsystem, das potenziellen Gefolgsleuten den »Orden vom grünen Kreuz« verhieß. Er ließ »Poyais-Dollar« drucken und stattete die Siedler mit einer Truhe voll Geld aus, damit sie dieses in ihrer neuen Heimat einführten. Er diskutierte mit ihnen über das dreigliedrige Regierungssystem in Poyais. Er überredete einen leicht beeinflussbaren jungen Angestellten aus Glasgow namens Andrew Picken, der von einem Leben für die Literatur träumte, ein Gedicht und eine Ballade als Loblied auf Poyais zu schreiben, die den Eindruck vermittelten, als stammten beide aus Poyais' eigener Kultur.

Picken wurde in der Folge zu einer der führenden Stimmen im Chor derer, die anderen Siedlern gute Nachrichten über das Leben verkündeten, das sie in St. Joseph zu erwarten hatten – nach einem weinseligen Gespräch, in dem MacGregor energisch dafür eintrat, dass er vielleicht Chef des National-theaters von Poyais würde. Vielen Siedlern wurden ähnlich lukrative Posten versprochen – einer sollte stellvertretender Gouverneur von St. Joseph werden, ein anderer Vorstand der Bank von Poyais. Ein Schuster aus Edinburgh namens John Hellie (oder Helly, die Aufzeichnungen weichen hier voneinander ab) verkaufte seinen Besitz und ließ seine Familie zurück, nachdem ihm zugesichert worden war, er würde der Hofschuhmacher der Prinzessin von Poyais.

Eine Poyais-Dollarnote, gedruckt von Gregor MacGregor in Schottland, denn es gab gar keine Bank von Poyais.

Natürlich war das, was die Siedler vorfanden, als sie dort anlangten … ein bisschen weniger beeindruckend. Die Stelle, an der sie anlandeten, befindet sich an der nördlichen Küste von Honduras, am westlichen Ende einer Region mit dem sinnigen Namen Gracias a Dios (Dank sei Gott). Der Black River heißt heute Río Sico, die Lagune Laguna de Ibans oder Laguna Ebano.[101] Es ist noch immer ziemlich abgelegen dort, und nicht viele Menschen haben sich in der Region niedergelassen, auch wenn es einen Flughafen gibt – nun ja, eine Landebahn aus Gras – und, laut Lonely Planet, eine recht nette »Öko-Lodge«, die die Touristen verpflegt.[102] Alles in allem vermutlich um einiges gastlicher als das, was die Passagiere der *Honduras Packet* seinerzeit vorfanden.

Das war nämlich nicht sehr berauschend, viel Dschungel, ein Haufen Schutt und ein amerikanischer Eremit in einer Hütte. Es gab keine Stadt, kein Städtchen, keinen Hafen und keinen Handel. Die Flüsse waren bekannt dafür, dass sich in ihnen kein Fitzelchen Gold fand. Die erste Fuhre Siedler von der *Honduras Packet* verbrachte vergeblich Wochen damit herauszufinden, was sie verkehrt gemacht hatte, und darauf zu warten, dass die Behörden von Poyais Kontakt mit ihnen aufnehmen würden, man lebte in Zelten und provisorischen Unterständen.

Ein paar Wochen später, im März, traf ein zweites Siedlerschiff – die *Kennersley Castle* – ein, worauf die Dinge noch um einiges schlechter zu laufen begannen. Zuerst einmal erhöhte sich damit die Zahl der Siedler von um die siebzig auf über zweihundert, das bedeutete eine Menge mehr Mäuler zu stopfen und eine Menge mehr Menschen, die krank werden konnten. Schlimmer noch: Zwischen den beiden Gruppen gab es fast vom ersten Augenblick an Spannungen. Die Neuankömmlinge, die den ganzen Weg über Pickens Erzählungen über das wundervolle St. Joseph gelauscht hatten, waren in hohem Maße unglücklich mit dem, was sie bei ihrer Ankunft vorfanden. Vor allem konnten sie nicht verstehen, warum der Mann, der die Verantwortung trug, Colonel Hector Hall (derjenige, der den Posten des stellvertretenden Gouverneurs hätte einnehmen sollen), sich nicht längst darangemacht hatte, dauerhafte Unterkünfte zu bauen, und natürlich auch, warum er nicht einmal gekommen war, sie zu begrüßen.

Nun, zum einen lag das daran, dass die Leute, die als Siedler ausgewählt worden waren, nicht unbedingt das an Fähigkeiten mitbrachten, was man gerne hätte, wenn man aus dem Nichts eine Stadt zu bauen versucht. Da waren ein Bankier, ein

paar Beamte, ein Juwelier, ein Drucker, mehrere Gärtner, ein
»Herrendiener« und eine Reihe von Möbelschreinern: alles
exzellente Berufe, wenn eine wuselige Großstadt Ihrer harrt,
aber von eher eingeschränktem Nutzen, wenn Sie zuerst einmal etwas bauen müssen, das größer ist als ein Schrank.

Aber der Hauptgrund war, dass Colonel Hall bereits etwas
aufgegangen war, das den meisten Siedlern noch nicht klar
war – nämlich, dass sie übers Ohr gehauen worden waren,
und das in biblischem Ausmaß. Es würden niemals irgendwelche Landesvertreter den Kontakt zu ihnen aufnehmen,
die Küste zu verlassen und ins Landesinnere vorzudringen
bedeutete den sicheren Tod. Eine Siedlung zu bauen war
sinnlos, und da die *Honduras Packet* während eines Sturms
davongetrieben worden war und einen Großteil ihrer Vorräte
noch an Bord waren, hatte die Suche nach Hilfe Vorrang vor
allem anderen. Und damit war er soeben befasst: Er befand
sich auf einer Expedition, die verlorene *Honduras Packet* wie-
derzufinden und Kontakt zu König George Frederic Augustus I aufzunehmen (dem nominellen Miskito-Herrscher der
Region, der mehr oder weniger als Marionette von den Briten
eingesetzt worden und angeblich derjenige gewesen war, der
MacGregor die Rechte an Poyais abgetreten hatte).

Bei seiner Rückkehr nach der Erkenntnis, dass der König
absolut keine Ahnung hatte, wovon hier die Rede war, musste
Hall unglücklich zur Kenntnis nehmen, dass die Neuankömmlinge die *Kennersley Castle* ebenfalls hatten davontreiben lassen. Die Siedler hingegen nahmen unglücklich zur Kenntnis,
dass er nur ein kleines Fässchen Rum mitgebracht hatte.

Dann ging es rasch bergab. Die Moral sank unter den stän-
digen Reibereien, die Bestrebungen, bessere Unterkünfte zu
bauen, scheiterten, vor allem aber begannen die Siedler mit
dem Einsetzen der Regenzeit – und dem Aufkommen der sie

begleitenden Moskitos, die es nun in Hülle und Fülle gab – zu erkranken und zu sterben. Hall behielt die Erkenntnis, dass sie hereingelegt worden waren, weiterhin für sich – er fürchtete die Reaktion, wenn das Wort die Runde machte –, das aber bewirkte lediglich, dass das gegenseitige Misstrauen zwischen den beiden Gruppen zunahm, insbesondere auch, weil er immer wieder für längere Zeiträume auf geheimnisvollen Missionen unterwegs war. Der arme Schuhmacher John Hellie verzweifelte bei dem Gedanken, seine Familie womöglich nie wiederzusehen, und erschoss sich in seiner Hängematte.[103]

Im Mai schließlich, nach mehreren Dürremonaten, entdeckte ein Schiff aus Belize ihr elendes Lager. Es brachte gute und schlechte Nachrichten. Die schlechte Nachricht war, dass das Land, in das sie glaubten, ausgewandert zu sein, nicht existierte, die gute war, dass sie es verlassen konnten. Dass dies die beste Option war, zeigte sich ein paar Tage später, als Hall von seiner jüngsten Expedition mit einer Botschaft von König George Frederic Augustus zurückkehrte, die da besagte, dass jede Landüberschreibung, die MacGregor behauptet hatte, null und nichtig sei und die Siedler sich genau genommen illegal dort aufhielten.

Und so wurden die am Boden zerstörten Siedler mittels einer Reihe entsetzlich überbelegter Fahrten nach Belize verfrachtet. Manche waren zu krank, um die Reise überhaupt anzutreten, bei vielen Weiteren verschlimmerte sich der Zustand unterwegs, oder sie wurden erst auf der Reise krank. Über die Hälfte von ihnen starb, von den rund 270 Siedlern, die mit den beiden ersten Schiffen gekommen waren, schafften es nur etwa fünfzig wieder zurück ins Vereinigte Königreich.

An diesem Punkt sollte vielleicht gesagt sein, dass dieses ganze Geschäft – »Schiffsladungen an Kolonisten verlassen Schottland, um sich ihren Traum von einem Paradies in

Mittelamerika zu erfüllen, nur um diesen Traum letztlich in finanziellem Ruin, Krankheit und Tod platzen zu sehen« – vielleicht ein bisschen … nun ja, *vertraut* klingt.

Und zwar deshalb, weil es unglaublicherweise nicht das erste Mal war, dass solches passierte. Hundertzwanzig Jahre zuvor war ein beinahe identisches Schicksal mehrerer Tausend Schotten beschieden gewesen, die sich, eingewickelt von einem aalglatten Geschäftsmann, aufmachten, um am Isthmus von Panama die neue Kolonie Darien zu gründen. Damals handelte es sich nicht um Betrug im eigentlichen Sinne, lediglich um den heillos übertrieben ehrgeizigen Versuch, ein schottisches Empire zu gründen und ein paar Theorien über globalen Handel zu belegen, aber das Endergebnis war so ziemlich dasselbe. Ungefähr die Hälfte der Siedler war tot, und viele Geldgeber waren ruiniert. Die gesamte Angelegenheit kam für Schottland einer tiefgreifenden Demütigung gleich, die seine Wirtschaft in Scherben gehen ließ und das Land in die Vereinigung mit England trieb.

Das wirft schon die Frage auf: Wie zum Kuckuck bekommt man es fertig, nur wenig mehr als ein Jahrhundert später auf genau dieselbe Sache hereinzufallen?

Um das zu verstehen, müssen wir unseren Blick auf Mac-Gregor selbst richten und ergründen, wie er so vielen Menschen ein Land, das es nicht gibt, immerhin so real hat darstellen können, dass sie ihr Leben dafür in den Sand setzten. Das ist der Punkt, an dem die Dinge ein bisschen vertrackt werden: Denn zum Nachteil für MacGregors Ruf einerseits und unser Bemühen, ein ausgewogenes Porträt des Mannes zu zeichnen, andererseits, hat er es an der historischen Überlieferungs-Front nicht leicht. Kurz gesagt: Eine Haufen von dem, was über ihn seinerzeit geschrieben wurde, stammt von Leuten, die ihn eindeutig hassten.

MacGregor war überaus geübt darin, Leuten Honig ums Maul zu schmieren und sie auf seine Seite zu bringen. Zu seinem großen Pech war er grottenschlecht darin, sie dort zu halten.

Zum Ersten war, es wird vermutlich keine Riesenüberraschung für Sie darstellen, nicht nur MacGregors Land eine Fiktion, sondern auch große Teile seiner Biografie. Es stimmt, er war ein MacGregor vom Clan der MacGregors, aber er war mit Sicherheit nicht dessen Oberhaupt, und er war auch kein direkter Nachfahre von Rob Roy. Er stammte aus einem weniger angesehenen Zweig der Familie. Ja, er hatte in der britischen Armee gedient, aber er war keiner von »Die Hards« aus der Schlacht von Albuera, denn er war dort mehr als ein Jahr vor der Schlacht ohne viel Aufsehen rausgeschmissen worden, im Anschluss an ein, wie man es schönfärberisch nennen könnte, »Missverständnis mit einem vorgesetzten Offizier«[104]. Und es traf zu, dass er anschließend in die portugiesische Armee aufgenommen wurde … wo er nur wenige Monate verblieb, bevor genau dasselbe passierte.

Woher genau die portugiesische Ritterschaft hätte stammen können – in den paar Monaten, die er vor allem damit zugebracht hatte, seine Vorgesetzten zur Weißglut zu bringen –, sei dem Leser als Hausaufgabe ans Herz gelegt.

MacGregors Problem war, dass, obzwar er unbestreitbar mit allerhand Talenten gesegnet war, sein Gefallen an den Insignien eines Standes bei Weitem seine Ausdauer beim Erlangen dieses Standes übertraf. Wie der Historiker Matthew Brown (der im Großen und Ganzen gnädiger mit MacGregor umspringt als die meisten anderen Autoren) es ausdrückt, war MacGregor »ein überheblicher statusversessener Mann«.[105] Er hatte in eine wohlhabende und gut vernetzte Offiziersfamilie eingeheiratet, sich der altehrwürdigen Tradition verschrieben, sich die militärische Rangordnung hochzukaufen, und war mit jedem weiteren Streifen auf seiner Uniform unausstehlicher geworden. Nachdem er 1810 des Dienstes enthoben worden war, scheint er, statt sich eine Phase der Selbstprüfung aufzuerlegen, seine Anstrengungen munter verdoppelt zu haben, um an den Titel eines Colonel zu kommen, und war fortan mit seiner Frau in feinster Aufmachung durch Edinburgh spaziert. Wie eine besonders schonungslose Biografie aus dem Jahr 1820, geschrieben von einem seiner vielen Feinde, es ausdrückt, genoss er seine Freiheit »mit wenig Weitsicht und noch weniger Reflexion«[106].

All das fand 1811 ein plötzliches und tragisches Ende, als MacGregors Ehefrau Maria starb. Vom Reichtum ihrer Familie nunmehr abgeschnitten, konnte er sich seinen Schickeria-Lebenswandel nicht mehr leisten. Mittel- und nutzlos tat er, was viele britische Exmilitärs seinerzeit taten: Er ging nach Lateinamerika, um gegen die Spanier zu kämpfen, genauer, er suchte sein Heil in Venezuela.

Dort begab es sich, dass MacGregor dem Überbrücken der Kluft zwischen seinem Selbstbild und seinen wahren Leistungen am nächsten kam. Wie so mancher Work-and-Travel-Schüler machte er eine Reise ins Ausland und … fand sich selbst. Er wurde rasch zum engen Vertrauten des großen Revolutionärs und Generals Francisco de Miranda, den MacGregor mit unverhohlener Bewunderung betrachtete: Als eingefleischter Genussmensch und legendärer Schürzenjäger teilte Miranda MacGregors Faible für die Annehmlichkeiten der Macht, im Unterschied zu Letzterem war er allerdings ein militärisches Genie. MacGregor kam nicht nur mit Miranda gut aus, sondern heiratete ein zweites Mal eine Frau mit Verbindungen: Señora Doña Josefa Antonia Andrea Aristeguieta

y Lovera, eine Cousine des inzwischen legendären Freiheits-
kämpfers Simón Bolívar.

MacGregors militärische Bilanz in Venezuela war nicht
überragend, aber alles in allem doch einigermaßen ordentlich und umfasste mindestens eine Leistung, für die er zu
Recht hätte gefeiert werden können. Ja, sie hätte wahrscheinlich noch sehr viel besser ausfallen können, hätte er nicht das
Pech gehabt, an einem Tiefpunkt für die venezolanischen
Unabhängigkeitskämpfer dort einzutreffen. Er erlitt mehrere
Niederlagen, wurde jedoch gefeiert für seinen Oberbefehl
über ein entscheidendes monatelanges Rückzugsgefecht aus
Ocumare 1816, bei dem er eine Streitmacht befehligte, die
zu großen Teilen aus kürzlich befreiten Sklaven bestand, die
heldenhaft die feindlichen Verfolger bekämpften, ein brillan-
tes Manöver, das der Unabhängigkeitsarmee Zeit verschaffte,
sich neu zu ordnen. Endlich, endlich hatte MacGregor den
Zuspruch, nach dem es ihn verlangte – nicht aus erfundenen
Titeln oder generösen Geldgeschenken, sondern aus hart ver-
dientem Einsatz.

Wie dem auch sei, kurz darauf scheint er irgendeine Art
von katastrophalem Zerwürfnis mit den Venezolanern gehabt
und den Dienst quittiert zu haben. Oh, Gregor.

Ab diesem Punkt wird seine Karriere zunehmend unübersichtlich, denn er fing an, auf eigene Rechnung zu arbeiten.
Im Jahr 1817 versuchte er in Florida einzumarschieren und es
von den Spaniern zu befreien. Seine Truppen hingen schließlich sechs Monate auf einer kleinen Insel fest, die sie erobert
hatten, bevor Gregor sich aus dem Staub machte und sie dort
sich selbst überließ. Er führte einen desaströsen Angriff auf
den Isthmus von Darien an – ebenjenen Ort, an dem Schottland ein Jahrhundert zuvor so gedemütigt worden war –, eine
Tatsache, die MacGregor bei seinen Bestrebungen, Trup-

pen anzuwerben, nicht müde wurde zu betonen (wobei er behauptete, einer seiner Vorfahren sei bei jener Unglücksmission dabei gewesen) und das Ganze als Gelegenheit zu verkaufen, die Ehre des Landes wiederherzustellen. Dazu sollte es nicht kommen; in Portobelo wurde MacGregor von den spanischen Truppen buchstäblich im Schlaf erwischt, musste ohne Hose aus seinem Schlafzimmerfenster springen und um sein Leben schwimmen (er konnte nicht schwimmen).

Diese Phase war es, die Anlass zu vielen der wenig schmeichelhaften Porträts seiner Person gab. Michael Rafter, der unter ihm in Darien gedient hatte und dessen Bruder exekutiert worden war, als die Spanier Portobelo zurückeroberten, fasste den Entschluss, MacGregor öffentlich bloßzustellen – es war seine Biografie, aus der wir bereits zitiert haben, sie resümiert seinen Charakter mit den Worten »M'Gregor war vom Wohlstand verwöhnt, und seine unstete und überhebliche Veranlagung machten schon bald seine vielversprechenden Aussichten zunichte«, was ehrlich gesagt fair klingt.[107] Eine andere Darstellung dieses Missgeschicks beschreibt MacGregor, wie er mit einem Glas Wein in der Hand vom Achterdeck des Schiffs Kommandos gibt.[108] Die *Jamaica Gazette* formulierte das Ganze mit weniger schmeichelhaften Worten: »Er begab sich auf Freibeuter-Tour gegen seine Feinde, wie seine Kumpane sie nennen würden, und setzte seiner Laufbahn ein Ende … indem er seine Freunde plünderte … Die Mission dieses besagten großen Führers ist, so scheint es, komplett vergessen und der Held selbst jeder weiteren Aufmerksamkeit unwürdig.«[109]

Während dieser Zeit perfektionierte MacGregor drei Dinge, die sich rückblickend wie Vorbereitungen für das Poyais-Projekt ausnehmen: das Talent, seine Landsleute für seine Anliegen zu begeistern – er brachte eine Menge Soldaten dazu, Schottland zu verlassen, um ihn bei seinen Abenteuern auf der anderen Seite des Atlantiks zu unterstützen; sein selbst ausgedachtes Ehrentitelsystem – der Orden vom grünen Kreuz erlebte seinen ersten Probeauftritt in Florida. Und er ließ seiner Liebe zum Kreieren von Bullshit-Proklamationen freien Lauf und legte sich selbst die hochtrabendsten Titel zu – nach einem Feldzug, so schreibt Rafter, »besaß er, und das sei ein bleibendes Beispiel einer unvergleichlichen Verirrung menschlichen Intellekts, die beispiellose Unverfrorenheit, sich zum ›Inka von Neu Grenada‹ zu erheben!!«[110]

Die Sache ist allerdings die, dass sich nichts von diesem Verhalten im Einflussbereich der Karibik und Lateinamerikas zu jener Zeit als *besonders* seltsam ausnahm.[111]

Ich meine, nun ja, es war *ein bisschen* schräg, aber es war nicht komplett hanebüchen. Sich selbst abgefahrene Titel zu verleihen gehörte nahezu zum Standardrepertoire der *caudillos* – der Heerführer – der Region. Angesichts ständig fallender, aufsteigender und ganz allgemein verrücktspielender Reiche befand sich das Land fast permanent in einer Art Fließzustand und ging von einer Hand in die nächste, spekulative Investitionen in Lateinamerika waren an der Londoner Börse wie Sand am Meer zu haben und nährten eine Blase, die, nicht lange nachdem die wenigen Überlebenden von Poyais wieder zu Hause eingetroffen waren, platzen sollte.

Und MacGregor scheint tatsächlich ein bisschen Land von König George Frederic Augustus zugebilligt bekommen zu haben (der gerne mal Land abgab, um sich damit einen politischen Gefallen und Schutz zu erkaufen) – wenn auch vielleicht nicht ganz so großzügig, wie er behauptete, und sicher nicht so viel, dass er darüber wie über ein neues Land hätte herrschen können. Aber dennoch: Auf ein Stückchen Land zu deuten, auf höchst wackeliger gesetzlicher Grundlage zu verkünden: »Das gehört jetzt mir«, anschließend ein paar leicht zu beeindruckende Zeitgenossen zu beschwatzen, sich auf das Risiko hin, mit großer Sicherheit den Tod zu finden, dorthin zu begeben und niederzulassen, mag ohne Zweifel Betrug in großem Maßstab darstellen, aber es unterscheidet sich trotzdem nicht *dramatisch* von der Art und Weise, wie Kolonialismus funktioniert.

Wenn MacGregors schwachköpfiges Vorhaben eine überraschend große Anzahl Menschen hat überzeugen können, dann deshalb, weil es ebenso sehr ein Spiegel seiner Zeit war wie eine Verirrung.

Das beantwortet die Frage jedoch nicht ganz – denn es ist nicht so, dass MacGregors Behauptungen nicht jede Menge Skepsis entgegenschlug. Da war natürlich zum einen Rafters Rache-Biografie, geschrieben ein Jahr bevor das Poyais-Projekt abhob. Sie war eindeutig ein paar Leuten Warnung, dass MacGregor ein falscher Fuffziger war. Und das Poyais-Unterfangen selbst und insbesondere das Buch, das er herausbrachte, um diesem Rückhalt zu geben, sorgten in der Presse für reichlich Stirnrunzeln.

Die Londoner *Literary Gazette* vom 1. Februar 1823 brachte eine Rezension von »A Sketch of the Mosquito Shore« und hatte ein paar Fragen zu einigen »bemerkenswerten Besonderheiten« in den Beschreibungen des Landes. Beispielsweise zu »Flüssen, die aufwärtsfließen oder deren Lauf mehrere Hundert Meilen länger ist als die breiteste Stelle des Landes«.

»Die ganze Sache«, schnaubte die *Gazette*, »riecht mächtig nach dem Piraten- und Freibeutergeschäft von vor zwei Jahrhunderten.«[112]

Besonders unbarmherzig war der *Quarterly Review*, ein Organ, das dafür berühmt war, dass es Tory-Politik mit literarischen Kritiken von unvergleichlicher Bösartigkeit bedachte.

Seine Rezension von »A Sketch of the Mosquito Shore« in der Ausgabe von Oktober 1822 ist, lassen Sie uns sagen, nicht freundlich. Aber um das Ganze in Relation zu setzen: Nur ein Jahr zuvor hatte Percy Bysshe Shelley das Blatt beschuldigt, John Keats eine derart unbarmherzige Rezension verpasst zu haben, dass ihn diese *wortwörtlich umgebracht* habe.[113] Selbst wenn man die extreme Sensibilität der romantischen Dichter in Rechnung stellt, so ist das doch immer noch eine beachtliche Leistung auf dem Gebiet der fiesen Kritiken und vermittelt den Eindruck, dass MacGregor ganz gut weggekommen ist.

Was die Reaktion des *Quarterly Review* so bemerkenswert macht, ist nicht allein, dass man dort skeptisch war. Klar, sie prangerten die Verantwortlichen für das Projekt an als »Kreditspekulanten« und »Landspekulanten«, scherzten sarkastisch über ein Land, »wo alle Arten von Getreide wachsen, ohne gesät, die köstlichsten Früchte reifen, ohne gepflanzt zu werden, in dem sich Kühe und Pferde selbst versorgen und in dem ... gebratene Schweine mit Gabeln im Rücken herumrennen und quieken: ›Komm und iss mich!‹«, bevor man letztlich zu dem Schluss kommt, dass »die ganze Angelegenheit [vielleicht] nur das ist, was man gemeinhin als Schabernack bezeichnet«.[114]

Nein, das wirklich Interessante daran ist, dass der betreffende anonyme Rezensent genau weiß – und zwar in äußerst detaillierter Weise –, wovon er schreibt. Im modernen Jargon: Er verfügt über Insiderinformationen. Und über Kartenmaterial. »Wir müssen Ihnen mitteilen ..., dass Poyais eine schäbige ›Stadt‹ aus Hütten und Blockhäusern ist, die zu Spanien gehört«, heißt es da höchst zutreffend, bevor es weitergeht mit mehreren Spalten voller genauer Einzelheiten über die politische Situation vor Ort und die genaue Beschaffenheit der Verträge, die für die Region gelten und die sämtlich Mac-Gregors etwaige Ansprüche auf Land unwirksam machten. Er prophezeit, dass »die Siedler, so sich solche unerhörten Trottel finden ließen ... als Eindringlinge betrachtet und entsprechend behandelt würden«. Er stellt infrage, dass der Autor, Captain Strangeways, überhaupt existiere, und erklärt, dass, selbst wenn dem so wäre, nichts in dem Buch darauf schließen lasse, dass er am Mosquito Shore je einen Fuß an Land gesetzt habe. Schließlich und endlich fragt er noch, ob der Kazike MacGregor womöglich derselbe Mann sei, der ein paar Jahre zuvor »überrumpelt, nur mit seiner Geldbörse in der Hand, aus einem Fenster gesprungen ist und seine Hosen zurückließ«.

Bei allem, was recht ist, sollte man doch annehmen, dass das MacGregor gründlich die Suppe versalzen hätte, es handelt sich schließlich um die Art von kritischer Nachfrage, von der man sich nicht so ohne Weiteres erholt. Und doch schien an dem Poyais-Unterfangen jede Kritik abzuperlen.

Wir müssen zwei Möglichkeiten in Betracht ziehen: Erstens, dass vielleicht viele der Siedler keine begeisterten Abonnenten des *Quarterly Review* waren, und zweitens, dass sie alle im Grunde *wirklich, wirklich* wollten, dass MacGregors Lügengespinst wahr war. Was eine ziemlich machtvolle treibende Kraft sein kann, wie viele allgemein bekannte Gauner auch heute noch wissen.

Dieser verzweifelte Wunsch, an die Mär zu glauben, hielt sich überdies hartnäckig. Bemerkenswerterweise beharrte eine kleine Gruppe der betrogenen Siedler noch Jahre später darauf, dass MacGregor in der Angelegenheit schuldlos und alles allein Colonel Halls Fehler gewesen sei und dass Ersterer nie irgendetwas von den abstruseren Dingen gesagt habe, derer man ihn beschuldigte, den Siedlern versprochen

zu haben – all das sei nur der überbordenden Einbildungs-
kraft von Leuten wie Picken entsprungen. (Diese Verteidi-
gung greift nicht. Zwar werden sich die Siedler bestimmt ein
Stück weit selbst dahingehend verrannt haben, dass sie mehr
glaubten, als selbst ein MacGregor ihnen weisgemacht hatte,
aber es ist schwer, die explizit betrügerische Absicht der Einzelheiten zu übersehen, die MacGregor in Druck gegeben
hat – etwa dass die Geldgeber ihr Land einfordern könnten,
indem sie »ihre Eigentumsurkunden dem Grundbuchamt der
Stadt St. Joseph in Poyais vorlegen«.)

Doch es waren nicht allein die Opfer von MacGregors Vorhaben, die verzweifelt wünschten, das alles möge wahr sein.
Ungeachtet aller offenkundigen Anzeichen für einen Betrug
bleibt die zentrale Frage zu MacGregor unbeantwortet: In
welchem Maße war er ein Betrüger, und wie viel hat er selbst
wirklich geglaubt? Diese Frage drängt sich besonders auf,
wenn man bedenkt, was geschah, nachdem das Vorhaben
geplatzt war und er zum Gegenstand so ziemlich jeden Witzes wurde, der in der Stadt erzählt wurde: Er machte nämlich
einfach weiter, als sei nichts geschehen.

Der Tod so vieler Menschen, die ihm vertrauten, scheint
ihm keinerlei Gewissensbisse bereitet zu haben – seine einzige Reaktion auf das, was die Überlebenden bei ihrer Heim-
kehr berichteten, bestand darin, den *Morning Herald* wegen
Verleumdung zu verklagen, als dieser einen Artikel über die
Augenzeugenberichte der Überlebenden brachte. Er verlor,
ohne auch nur einmal bei Gericht zu erscheinen, denn er war
unterdessen nach Frankreich geflohen, wo er das Poyais-Projekt erneut zu vermarkten versuchte.

1825 brach die Londoner Börse ein, als die Lateiname-
rika-Blase platzte, was zu einem beträchtlichen Teil auf die
Poyais-Affäre zurückzuführen war. Über sechzig Banken gin-

gen pleite, die Bank of England musste von den Franzosen gerettet werden, und die Auswirkungen waren auf der ganzen Welt zu spüren. MacGregor weilte unterdessen in Frankreich, schrieb an der Verfassung von Poyais und rekrutierte eine neue Schar Siedler. Die französischen Behörden bekamen erst Wind von seinem Treiben, als sie eine ungewöhnlich große Zahl an Passanträgen von Leuten bekamen, die in ein Land reisen wollten, das auf keiner Landkarte zu finden war. MacGregor wurde festgenommen und des Betrugs angeklagt, aber das Verfahren scheiterte.

Zusammengenommen sollte MacGregor mehr als ein weiteres Lebensjahrzehnt mit dem Versuch zubringen, das Poyais-Projekt in die Gänge zu bekommen, noch lange nachdem auch die letzte Chance verflogen war, mit diesem Betrug durchzukommen.

Tamar Frankel, Professorin an der Jurafakultät der Boston University, hat in ihrem 2012 erschienenen Buch »The Ponzi Scheme Puzzle« das Persönlichkeitsprofil von Finanzbetrügern untersucht. Manche der Züge, die sie beschreibt, sind wenig überraschend: Betrügern mangelt es an Empathie, sie sind narzisstisch, gierig und selbstgerecht. Werden sie erwischt, leugnen sie und lenken ab, weisen so gut wie jedem anderen Schuld zu, statt selbst Verantwortung zu übernehmen. Oft rechtfertigen sie ihr Verhalten in der Überzeugung, dass sie lediglich dasselbe tun wie alle anderen: Jeder andere sei schließlich auch unehrlich, und die Opfer verdienen ihr Schicksal, weil sie gierig und korrupt seien. »Einen ehrlichen Menschen kann man nicht betrügen«, behauptet der Volksmund. (Was Unsinn ist. Natürlich können Sie das! Manche ehrlichen Menschen sind totale Trottel.)

Aber das ist noch nicht alles. Darüber hinaus verfügen Hochstapler noch über etwas, das Frankel als die »Neigung

zu unrealistischen Träumen und übertriebenen Ambitionen«
bezeichnet.[115] Sie vergleicht die Fähigkeiten eines Hochstaplers mit denen eines Schauspielers und mutmaßt: »Es ist gut
möglich, dass Betrüger eine Rolle spielen, von der sie lange ge-
träumt haben.«[116] MacGregors Traum von einem ganzen Land
mag ein bisschen unrealistischer und übertriebener gewesen
sein als viele andere … aber das Grundprinzip war dasselbe.

Dieser allem Anschein nach aufrichtig gehegte Glaube an
das eigene Vorhaben hilft nicht nur, das Handeln der Betrüger selbst zu erklären, er ist auch einer der Gründe dafür, dass
die Menschen ihnen vertrauen. »Überzeugung«, schreibt
Frankel, »kann überzeugend machen.«[117]

Dank vieler Jahrzehnte der Filme und Fernsehshows, die
sich an der Darstellung des perfekten Trickbetrügers delek-
tieren, geistert in unseren Köpfen die Vorstellung, dass alle
Rosstäuscher und Bauernfänger auf einem atemberaubend
komplexen Niveau agieren – immer gut für überraschende
Wendungen und unerwartetes Doppelspiel. Der englische
Begriff für Trickbetrüger lautet heute im allgemeinen Sprach-
gebrauch »con man« oder »confidence man«, es ist vielleicht
der Erwähnung wert, woher wir diesen Begriff eigentlich
haben, denn seine Herkunft ist sehr genau zu bestimmen:
Erstmals gebraucht wurde er im Zusammenhang mit einem
Typen namens William Thompson.

Thompson war ein Trickbetrüger, der in den 1840er-Jah-
ren New York unsicher machte, und seine Nummer war von
bestechender Einfachheit. Er näherte sich gut gekleidet und
charmant, ganz Gentleman, auf der Straße Fremden, verwi-
ckelte sie in eine geistreiche Unterhaltung und stellte ihnen
dann die Frage: »Besitzen Sie genügend Vertrauen (englisch:
confidence) in mich, um mir Ihre Uhr bis morgen anzuver-
trauen?«[118]

Von dem unerwarteten Ansinnen überrumpelt willigten viele Leute einfach ein. Worauf Thompson … sich mit ihrer Uhr aus dem Staub machte. Genial.

Thompson war vielleicht der Erste, der diesen speziellen Titel des »con man« erwarb, aber natürlich hat es Schwindler gegeben, seit es Trottel gibt, die ihnen vertrauen, mit anderen Worten, schon immer. Amerikas erster wahrhaft legendärer Trickbetrüger war womöglich Tom Bell, der in der ersten Hälfte des 18. Jahrhunderts sein Unwesen trieb. Wegen »unverschämten Betragens« von der Harvard. University geflogen bediente er sich seines Wissens über die gesellschaftlichen Gepflogenheiten der amerikanischen Wohlstandselite, um sich jahrzehntelang durch die Kolonie zu gaunern, wobei er skrupellos auf das Vorurteil setzte, dass jemand mit feinen Klamotten und der Ausstrahlung eines Bourgeois unmöglich ein Ganove sein könne. (Er war womöglich auch der Betrüger, der in Gestalt eines Schulmeisters namens William Lloyd Benjamin Franklin ein zerknittertes Hemd und ein Taschentuch stahl, nachdem er sich in dessen Haus geschwatzt hatte. Das ist kein besonders genialer Gaunertrick – ich fing nur gerade an, mich unwohl zu fühlen, weil wir Franklin so lange nicht erwähnt haben.)

Wenn Ihnen an einem Beispiel für ein echt komplexes Gaunerstück gelegen ist, das ein paar weitreichende Folgen zeitigte, dann geht kaum etwas über Jeanne de Valois-Saint-Rémy, »Comtesse de la Motte«, eine französische Hochstaplerin und gesellschaftliche Aufsteigerin, die unter schamloser Ausbeutung ihres selbst verliehenen Titels und ihrer frei erfundenen Freundschaft zu Marie-Antoinette Geld borgte und eine unbezahlbare Diamant-Halskette erstand – ein Schurkenstück, für das sie an einem Punkt eine Prostituierte anheuerte, die sie bei einem Treffen mit einem katholischen

Kardinal (mit dem Jeanne überdies eine Affäre hatte) die Königin verkörpern ließ.

COMTESSE DE LA MOTTE.

Née à fontette le 22 Juillet 1756.

Jeanne de Valois-Saint-Rémy oder, wie sie sich selbst gerne nannte, »Comtesse de la Motte«.

Der Schwindel hätte beinahe geklappt, flog aber auf, als die Königin davon Wind bekam. Jeanne wurde für ihre Vergehen vor Gericht gestellt, verurteilt und ins Gefängnis gebracht, aber für Marie-Antoinette ging es auch nicht gerade gut weiter. Der Prozess lenkte das Augenmerk der Öffentlichkeit auf den verschwenderischen Lebensstil der königlichen Familie und ließ aus einer nicht sonderlich gut gelittenen Königin eine zutiefst unbeliebte werden. All das leistete seinen Beitrag dazu, dass es ein paar Jahre später zur Französischen Revolution und Maries finaler Begegnung mit der Guillotine kam.

Aber während diese Schwindler in erster Linie durch die Aussicht auf Wohlstand motiviert wurden, trieb einen der faszinierendsten Hochstapler aller Zeiten etwas ganz anderes an.

Diese Geschichte beginnt im Herbst 1951 in Edmundston, Kanada, als Mary Cyr die Zeitung zur Hand nahm und voller Überraschung darin las, dass ihr Sohn Joseph ein Kriegsheld sei.

Die Zeitung berichtete, wie Dr. Joseph C. Cyr, der im Dienst der kanadischen Marine im Korea-Krieg focht, das Leben vieler schwer verletzter südkoreanischer Soldaten gerettet hatte. Die Männer waren, dem Tode nah, mit einem kleinen Boot aufgegriffen worden – aber Dr. Cyr hatte, obwohl das Schiff von einem heftigen Sturm geschüttelt wurde, in einem improvisierten Raum Notoperationen durchgeführt, unter anderem einem Mann eine dicht am Herzen eingedrungene Kugel entfernt, und es geschafft, sie alle sicher durchzubringen. Froh um ein paar gute Nachrichten aus dem Krieg feierte das Pressebüro des kanadischen Militärs seine Kunstfertigkeit und sein selbstloses Heldentum mit gebührendem Stolz.

Dass all das für Mary eine Überraschung darstellte, lag daran, dass sie ziemlich sicher wusste, dass ihr Sohn nicht bei der kanadischen Marine war, und fast ganz sicher, dass er nicht irgendwo vor der koreanischen Küste herumschipperte. Tatsächlich hätte er in seiner Hausarztpraxis sein sollen, ungefähr fünfundsechzig Kilometer von ihr entfernt. Dennoch hielt sie es für besser, dem nachzugehen.

Es ist nicht verwunderlich, dass Joseph Cyr – ein umgänglicher und freundlicher Mann, der als Sohn einer englischsprachigen Mutter und eines französischsprachigen Vaters[119] beide Sprachen fließend beherrschte – sich als Arzt in der kleinen, auch zweisprachig benannten Gemeinde Grand Falls/Grand-Sault in New Brunswick, einen Steinwurf entfernt von der

Grenze zwischen Kanada und Maine, niedergelassen hatte. Und genau dort war er soeben, ging in aller Ruhe seiner Arbeit nach, als er plötzlich Anrufe bekam, die ihn fragten, ob er auf einem Schiff in Korea sei.

Seine instinktive Reaktion, das Ganze als schlichten Fall von Verwechslung mit einer Person gleichen Namens abzutun, hatte sich rasch erledigt, als er feststellte, dass er der einzige Dr. Joseph Cyr in ganz Kanada war. Ihm fiel wieder ein, dass etliche seiner Abschlussurkunden aus der Medizin und andere Dokumente seit vergangenem Winter verschollen waren. Und wenn er so darüber nachdachte, wusste er auch, wer sie genommen hatte – Bruder John, ein Mönch am Ort, mit dem er gut Freund gewesen war, bis dieser auf mysteriöse Weise verschwunden war.

Bruder John war natürlich nicht Bruder John. Auch war er nicht der Biologe und Krebsforscher Dr. Cecil B. Hamann, die Identität, unter der Bruder John gelebt hatte, bevor er sich der Kirche verschrieb. Er war auch nicht Dr. Robert Linton French, der Stanford-Absolvent und Psychologe, der er gewesen war, bevor er zu den Doctores Hamann und Cyr mutierte.

Bruder John war in Wirklichkeit ein Amerikaner namens Ferdinand Waldo Demara, ein Mann, der bald unsterblich werden sollte als »der charmante Hochstapler«. Demara sticht aus den Reihen der legendären Hochstapler dadurch heraus, dass er allem Anschein nach nicht durch finanziellen Gewinn motiviert war. Ich meine, klar, er hat seinen gerechten Anteil an gefälschten Schecks ausgestellt und im Verlauf seiner Karriere das Sonderausgabenkonto mehr als einmal missbraucht, aber er hat seine zweifellos vorhandenen Fertigkeiten nie dazu missbraucht, Riesenreichtümer anzuhäufen oder ein Jetset-Leben zu führen. Er hatte ein Händchen für die soziale Fellpflege, dafür, Bürokraten zu beschwatzen, die persönlichen Papiere von anderen herauszurücken, und Leute aus allen Lebensbereichen dazu zu bringen, ihn in Vertrauenspositionen zu hieven – eine Begabung, die er für entsetzliche Zwecke hätte missbrauchen können, aber sich tatsächlich fast ausschließlich zunutze machte, um sich in eine Reihe höchst angesehener und aufrechter Jobs des öffentlichen Lebens zu manövrieren. Im Verlauf der Jahre war er Arzt, Hilfssheriff, Jurastudent, Gefängniswärter, jede Menge Lehrer und ein buntes Sammelsurium an Mönchen. Und er gründete eine philosophische Fakultät sowie eine ganze Universität.

Demara beschwindelte Leute nicht, um an Geld zu kommen. Er beschwindelte sie, um ihre Achtung zu erwerben – und vielleicht seine eigene auch.

Das Ding bei Demara ist, dass er nicht nur gut darin war, sich in Jobs hineinzuschwindeln, er war häufig auch überraschend gut darin, die zugehörige Arbeit zu tun. Er lernte blitzschnell und hatte ein verflixt gutes fotografisches Gedächtnis. Als Dr. French schaffte er es, dass ein katholisches College in Pennsylvania ihn zum Dekan seiner neu gegründeten philosophischen Fakultät kürte, und danach lehrte er an einem anderen katholischen College Psychologie (sein Geheimnis bestehe darin, immer kurz vor dem Unterricht den Stoff zu lesen, sagte er – »die beste Art, etwas zu lernen, ist, es zu lehren«[120]). Als Cecil B. Hamann/Brother John, eifrig lernender Novize bei den Schulbrüdern von Ploërmel, drängte er in Ermangelung einer Universität zum Lehren sowohl die Mönche als auch die örtlichen Behörden zur Gründung einer Privatuniversität – nur um in einem Anfall von Zorn das Weite zu suchen, weil sie ihr einen Namen gaben, der ihm nicht passte. (Die von ihm gegründete Universität existiert – mit geändertem Namen und Sitz – noch heute als Walsh University in

Ohio.) Und natürlich war da sein wundertätiges, lebensrettendes Wirken als Dr. Cyr an Bord der HMCS *Cayuga*, das er bewerkstelligte, indem er sich kurz vor den Eingriffen in seine Kabine schlich und ein chirurgisches Lehrbuch im Akkord las.

Derlei außerordentliche Begabungen hätten ihm unter seinem eigenen Namen Superdienste geleistet – ja ihn sogar berühmt machen können –, aber Demara scheint sich als er selbst nie so richtig wohlgefühlt zu haben. Er versuchte, seinen Platz in der Welt zu finden, und jemand anders zu sein – vor allem jemand mit Referenzen, die Demara selbst abgingen –, bot eine Abkürzung, um die Langeweile und den Frust eines Lebens auf der langsamen Spur zu umgehen.

Er fand es schwer, sich festzulegen, war sich nie wirklich sicher, welche seiner vielen Persönlichkeiten er wirklich sein wollte. Immer mal wieder verlegte er sich aufs Lehren, er versuchte es mehrfach unter verschiedenen Namen beim Militär (und beendete den Dienst aus eigenem Antrieb wieder). Seine zahlreichen Versuche, in den Dienst der Geistlichkeit zu treten – sowohl als er selbst als auch unter verschiedenen angenommenen Identitäten –, scheinen zumindest zum Teil auf dem echten Verlangen nach spiritueller Weiterentwicklung gegründet zu haben. Seine Suche nach einem Gefühl des Berufenseins ähnelt einer Zerrspiegel-Version des Treibens junger Menschen zwischen zwanzig und dreißig, die bei dem Versuch herauszufinden, wer sie sind, wild zwischen den verschiedensten Perspektiven hin und her hopsen. (Anmerkungen für junge Leser, das war etwas, das man vor der Bankenkrise 2008 machen konnte. Es war 'ne Supersache!)

Als er 1951 als falscher Dr. Cyr aufflog, wurde sein Fall quer durch Nordamerika zu einer Sensation. 1952 gewährte er dem Magazin *Life* ein ausführliches Interview, in dem er seine (vermutlich eher unzuverlässige) Version der Geschichte erzählte und am Ende seinen Wunsch kundtat, vielleicht endlich einfach nur er selbst sein zu wollen.

Demselben Wunsch verlieh er 1956 Ausdruck, als man ihn nach seiner Nummer als Benjamin J. Warden, Gefängniswärter in Texas, festnahm – ein Job, der sein Ende fand, als einer der Gefangenen ihn in einer alten Ausgabe des *Life*-Magazins erkannte.[121] Jener Plan, endlich als guter alter Ferdinand sesshaft zu werden, währte kaum ein paar Monate, dann war er plötzlich Martin Godgart, Lehrer an einer kümmerlichen Schule auf einer entlegenen Insel in Maine. Nachdem man ihn dort verhaftet hatte, erzählte er seine Geschichte erneut, dieses Mal dem Autor Robert Crichton, und versprach hoch und heilig, jetzt aber wirklich ehrlich zu werden. Einige Zeit später war er wieder Godgart, dieses Mal unterrichtete er Inuit-Kinder in Point Barrow, Alaska, am äußersten Zipfel der nördlichsten Region der Vereinigten Staaten – dem entlegensten Ort, den man sich denken kann –, gerade so, als wolle er auch physisch so weit wie irgend möglich vor seiner Vergangenheit davonlaufen. Das alles lief supergut, bis ihn ein durchreisender Trapper erkannte – wieder nach dem Bild im *Life*-Magazin. Danach versuchte er, sich in Mexiko als Ingenieur im Brückenbau und als Gefängnisdirektor auf Kuba, beides mit mäßigem Erfolg.

Crichton verarbeitete seine Geschichte zu dem Bestseller »The Great Impostor«, nach dem dann eine seichte Filmkomödie mit Tony Curtis in der Hauptrolle gedreht wurde. Demara war damit nicht glücklich. Er beklagte sich, dass der Film zu großzügig mit der Wahrheit umgehe.

Zu diesem Zeitpunkt hatte er einen solchen Bekanntheitsgrad erlangt, dass er sich nicht länger als irgendwer anders ausgeben konnte. Ab 1960 war er, in seiner Berühmtheit gefangen, gezwungen, im Gefängnis seines Selbst zu leben.

Letztlich verschrieb er sich einmal mehr der Geistlichkeit und wurde – dieses Mal unter seinem eigenen Namen – Pastor und verlebte als Ferdinand Waldo Demara zwei weitere gute Lebensjahrzehnte. Als er 1982 starb, teilte sein Arzt dem Nachrichtendienst Associated Press mit: »Er war der wohl beklagenswerteste und unglücklichste Mann, der mir je begegnet ist.«[122]

Demara konnte so leicht zwischen verschiedenen Identitäten hin und her wechseln und sich an verantwortlicher Stelle etablieren, weil er die strukturellen Eigenheiten der damaligen amerikanischen Gesellschaft auszunutzen verstand. Sein Fortkommen wurde begünstigt durch eine Flut an Empfehlungsbriefen von irgendwelchen Bischöfen und anderen Honoratioren (jeweils geschrieben für die Person, die er gerade verkörperte), die allesamt als echt durchgingen und als Bestätigung seiner Identität gesehen wurden. Sobald er einen Fuß in der Tür hatte, wusste er, welche Hebel er in Bewegung setzen musste, um seine Position zu festigen. Wie Crichton es in »The Great Impostor« ausdrückt, bestand Demaras Schlüsseleinsicht darin, dass »in jeder Organisation immer eine Menge … ungenutzter Energie brachliegt, die man sich zunutze machen kann, ohne irgendwen zu schädigen«.[123] Was sich, ganz ehrlich, genauso gut als Grundtenor eines Selbsthilfebuches für Unternehmer über das Vorankommen in einem Betrieb macht wie in der Biografie eines Hochstaplers.

Gute Hochstapler passen sich der Kultur an, in der sie agieren, ja genau genommen sind sie deren Produkt. So wie Demara die Hintertürchen und Schlupflöcher der Vereinigten Staaten der 1950er-Jahre auszunutzen verstand, fand Vladimir Gromow diese in der Sowjetunion der 1920er- und 1930er-Jahre.

Stalins Sowjetunion mag auf den ersten Blick nicht wie der

ideale Ort wirken, seinen Lebensunterhalt als Hochstapler zu bestreiten, und tatsächlich, wenn Sie Gromows Leben an kleinlichen Maßstäben messen wie dem Umstand, dass man ihn im Alter von sechsunddreißig Jahren zum Tode verurteilte, wäre es vielleicht klüger von ihm gewesen, einen anderen Beruf zu wählen. Auf der anderen Seite, wenn Sie es daran bemessen, dass es ihm gelang, seine Todesstrafe abzuwenden, und zwar, indem er ein Schauspiel schrieb über eine Liebesaffäre zwischen einem Bolschewiken und einer wunderschönen Kapitalistin, die halb so alt war wie dieser, und dieses Stück dem stellvertretenden Generalprokurator der UdSSR übersandte, dann sieht es ein bisschen rosiger für Gromow aus.

Gromow erkannte, dass das Klima der Angst, die knebelnde Bürokratie und die ideologische Starrheit der frühen Stalin-Jahre in der Tat reif waren, angezapft zu werden, und das tat er weidlich, er verkörperte eine Fülle an falschen Identitäten, vom fachkundigen Ingenieur bis zum gefeierten Architekten, und häufte dabei ein kleines Vermögen an.

Er realisierte, dass der unstillbare Hunger der Sowjetbürokratie nach Dokumentation dem System nur wenig Kapazitäten ließ, die Echtheit der Riesenstapel an Papier zu überprüfen, die sie anhäufte. Statt also zu versuchen, unbemerkt zu bleiben, entschied er sich dafür, das System zu überschwemmen – er stahl oder fälschte Dokumente mit ungeheurer Hemmungslosigkeit, sodass es ihm möglich wurde, zwischen seinen »Jobs« hin und her zu wechseln. Jede Frage, die ihm gestellt wurde, ließ sich mit dem passenden Verweis auf das bolschewistische Dogma parieren, und sobald er jemanden dazu gebracht hatte, seine Identität zu akzeptieren, machte er sich den ehrfurchtgebietenden Einfluss von Rang und Status unter Stalin zunutze, um sicherzustellen, dass niemand ihn weiter befragen würde – eine Bullshit-Rückkoppelungsschleife in Vollendung, befeuert durch ebendie autoritäre Kultur, die ja Gesetzesübertretungen eigentlich hätte verhindern wollen. Mit den Worten des Historikers Golfo Alexopoulos »umging er die Behörden nicht, sondern bombardierte sie mit falschen Arbeitspapieren, Geld- und Warenforderungen, die aller Grundlage entbehrten, und bösartigen Verleumdungen«.[124]

Seine Standardvorgehensweise bestand darin, mithilfe gefälschter Dokumente falsche Vollmachten zu erschleichen und diese dann zu nutzen, um sich eine gehobene Position im Staatsapparat zu sichern – idealerweise an einem entlegenen Ort im großen Sowjetimperium. Natürlich benötigte er seinen Lohn im Voraus und seine Reisekosten ebenfalls. Bis das Kohlebergwerk in Wladiwostok kapiert hatte, dass sein Chefingenieur nie aufgekreuzt war, tummelte sich Gromow an einem anderen Ort, hatte bereits einen neuen »Job« angefangen.

Die Krönung erfuhren Gromows Tricksereien, als er es fertigbrachte, sich in die herausgehobene Position des Bauingenieurs bei einer größeren Fischkonservenfabrik nahe der kasachisch-chinesischen Grenze zu hieven. Nun, das mag Ihnen nicht sofort wie die glanzvollste Position der Welt vorkommen, aber in der Sowjetunion der 1930er-Jahre war das eine echt große Sache. So groß, dass Gromow es hinbekam, den Versorgungskommissar Anastas Mikojan dazu zu überreden, ihm die ungeheure Summe von einer Million Rubel zukommen zu lassen – mithilfe der abgefeimten Taktik, zwei Millionen Rubel zu verlangen. (Um Ihnen eine Vorstellung davon zu vermitteln, wie viel das war: Das jährliche Durchschnittseinkommen zu jener Zeit betrug knapp über 1 500 Rubel.[125])

Die kasachische Konservenfabrik markiert den Höhepunkt seiner Karriere, aber zu Gromows Pech begann mit ihr auch sein Niedergang. Und zwar deshalb, weil er den Fehler beging, von seiner altbewährten Vorgehensweise abzuweichen – will sagen, sich aus dem Staub zu machen, bevor ihm wer auf die Schliche kam. Dieses Mal hatte Gromow das Gefühl, dass er an einer so guten Sache dran war, dass er beschloss, dabei zu bleiben und sich voll und ganz auf seine neue Identität als Bauingenieur zu konzentrieren. Möglicherweise wollte er wie Demara einfach nur irgendwo Wurzeln schlagen und endlich zu dem werden, der er zu sein vorgab. Vielleicht waren ihm Macht und Geld zu Kopf gestiegen. Alexopoulos mutmaßt, dass »Gromow 1934 vielleicht aufgehört hatte, ein Hochstapler zu sein – nicht weil er seine eigenen Lügen verinnerlicht oder angefangen hatte zu glauben, sondern weil er die anderen in jenem monumentalen Bauprojekt als grundsätzlich nicht viel anders einschätzte als sich selbst«.[126] Mit anderen Worten: Wenn jeder andere so tat, als ob, warum dann nicht er?

Aber sein Wunsch, sich in seiner frisch errungenen Position heimisch zu machen, hielt nicht allzu viel Kontakt mit der rauen Wirklichkeit aus, sprich, der Tatsache, dass er, frei heraus gesagt, über keine allzu großen Fähigkeiten auf den Gebieten Bauwesen, Architektur und Fischkonservierung verfügte. Gromows Taktik, jeden, der ihn etwas fragte, zum Feind des Stalinismus zu erklären, verfing auf kurze Sicht, solange er immer auf dem Sprung blieb ... aber wenn er zu lange an einem Ort verweilte, erwuchs daraus lediglich eine kritische Masse an Leuten, die einen Mordsgroll gegen ihn hegten.

Aber selbst nach seiner Verhaftung und seinem Todesurteil schaffte er es noch, seinen Kopf aus der Schlinge zu ziehen, ein letztes Mal, und lenkte seine kreativen Energien, die er zuvor in seine Flut von imaginären Arbeitsaufträgen, Rechnungen und Telegrammen gesteckt hatte, in eine konventionellere Form von Fiktion.

Sein im Gefängnis geschriebenes Stück mit dem Titel »Liebe und Mutterland« mag nicht übermäßig gut gewesen sein. Ja, als die Prokuratoren es dem Präsidenten der Dramatiker-Gewerkschaft übermittelten, mit der Bitte um eine professionelle Beurteilung der literarischen Qualitäten Gromows, erzielte es jene Art von kritischer Rezeption, die jeden anderen Autor in Angst und Schrecken versetzt hätte, erst recht einen, den nur dieses eine einzige Manuskript vor der Exekution bewahren konnte. Der Gewerkschaftsmann schrieb, dass Gromows »Dramatikerqualitäten extrem gering« seien und dass »die Arbeit von keinerlei ideologischem oder künstlerischem Wert und von jedwedem Standpunkt aus betrachtet eindeutig inakzeptabel« sei.[127] Ich nehme an, man kann mit Fug und Recht sagen, dass John Keats mit einer solchen Rezension nicht allzu gut zurechtgekommen wäre.

Und doch funktionierte es auf wundersame Weise. Gromows Todesstrafe wurde in zehn Jahre Arbeitslager umgewandelt. Bis zum heutigen Tag ist nicht klar, was um alles in der Welt einen Sowjetfunktionär dazu veranlasst hat, allein auf der Grundlage eines Schauspiels, in dem ein hochrangiger sowjetischer Beamter als gutaussehender und heldenhafter Charakter dargestellt wird, der eine dreiundzwanzigjährige heiße Pariserin flachlegt und durch die Macht seiner ideologischen und sexuellen Anziehungskraft zum Sozialismus bekehrt, Gromows Leben zu retten. Nun gut – ich nehme an, das wird einfach eines jener unergründlichen historischen Rätsel bleiben, die wir niemals lösen werden.

Wenn diese Fähigkeit, die Schwachstellen in einer Gesellschaft aufzuspüren und skrupellos auszunutzen, Kennzeichen eines großen Hochstaplers ist, dann muss der Star unserer letzten Story als einer der größten gelten.

Wenn Gregor MacGregor in der Geschichte heraussticht

als der Betrüger, der auf der größten Bühne agiert hat, so folgt nun eine Geschichte über eine Frau, deren Ehrgeiz und Unverfrorenheit der Gregors in absolut nichts nachsteht, die jedoch am anderen Ende der Detailskala unterwegs war. Hat MacGregors Betrug die Erfindung eines ganzen Landes nötig gemacht, so drehte sich der von Thérèse Humbert einzig und allein nur um einen einzigen ungeöffneten Safe – ein Requisit, das es diesem einst mittellosen Mädchen mit einer überentwickelten Fantasie durch ein genial einfaches Stückchen Rechtsverdreherei möglich machte, im Paris der Belle Époque volle zwei Jahrzehnte lang ein Leben in Luxus zu führen.

Jener Safe enthielt, so hieß es, einen Haufen Anleihen im Wert von schätzungsweise 100 Millionen Francs. Diese seien Thérèse von einem geheimnisvollen amerikanischen Gentleman namens Robert Henry Crawford vermacht worden, dem sie ein paar Jahre zuvor das Leben gerettet habe, als er im Zug einen Herzanfall erlitten hatte. Aus Dankbarkeit habe er ihr versprochen, sie großzügig zu belohnen – ein Versprechen, das er in seinem Testament festgeschrieben hatte. Er hatte es kurz vor seinem Tod geändert, sodass sie einen großen Teil seines ungeheuren Vermögens erben würde.

Auf der Grundlage dieses anstehenden Reichtums konnte Thérèse sich nach Belieben Geld borgen, denn die Geldgeber machten sich fröhlich Hoffnungen auf die riesigen Zinsen, die sie bald bekommen würden. Es war kein komplexer Schwindel, im Prinzip nichts weiter als der alte Trick mit dem »Scheck in der Post«. Und natürlich funktioniert dieser nur eine sehr begrenzte Zeit lang – denn irgendwann taucht der Postbote mit leeren Händen auf.

Thérèse Humbert wusste das nur zu gut, denn sie konnte eine lange Liste an erfundenen reichen Wohltätern verbuchen, als sie schließlich aufflog. Schon als Kind war bei ihr die

Grenze zwischen ihrem richtigen Leben und ihrer Fantasie eher verschwommen bis nicht vorhanden. Das kam nicht von ungefähr, ihr Vater Auguste Daurignac, ein Exzentriker und einigermaßen mitleiderregender Träumer, glaubte, er sei von adeliger Herkunft. Seine späteren Jahre verbrachte er damit, der Welt einzureden, er könne zaubern, und geriet immer weiter in die Schuldenspirale, während er unablässig unbeirrt seinen Gläubigern versicherte, er verfüge über Dokumente, die belegten, dass ihn ein riesiges Erbe erwarte, und die habe er in einer alten Truhe eingeschlossen.

Durch die kognitive Abwesenheit ihres Vaters dazu gezwungen, den Haushalt zu führen, übernahm Thérèse die Fantasien ihres Vaters und setzte sie in die Praxis um, in eine praktische, wenn auch nur zeitweilig sprudelnde Einnahmequelle. Charmant und unglaublich einfallsreich machte sie bei so gut wie jedem Händler im Großraum Toulouse Schulden, immer mit dem Versprechen, sie würde sie zurückzahlen, sobald ein nicht existentes Erbe frei würde oder nach einer fiktiven Vermählung mit dem Erben einer großen Reeder-Familie. Wie ihre Biografin Hilary Spurling schreibt, hat Thérèse ihr ganzes Leben lang Geld wie ein Illusionskünstler behandelt: »Einen Taschenspieler- oder Gauklertrick, den man beherrschen musste.«[128]

Nun, es kam, was kommen musste, und dieses spezielle Gauklerkunststück lief aus dem Ruder, die Daurignacs wurden in einem Schulden-Wirbelwind aus ihrem Haus vertrieben. Aber es dauerte nicht lange, bis sie zurückkamen, erneut befeuert durch Thérèses überbordende Fantasie. Dieses Mal war es eine ihrer am längsten gehegten Fantasien, die ihr zu Hilfe kam; das Château de Marcotte, ein großes Herrenhaus, weit weg an der Küste, das sie in ihren Tagträumen schon immer hatte bewohnen wollen.

Thérèse Humbert

Das Château de Marcotte gab es in Wirklichkeit nicht, aber das hatte Thérèse nie daran gehindert, darüber zu reden, als handle es sich um die realste Sache der Welt. »Sie log, wie ein Vogel singt«, erinnerte sich eine Bekannte später.[129] Und sie war so überzeugt – und überzeugend – bei ihren Beschreibungen dieses luxuriösen Anwesens mit seinen Marmorfußböden und üppigen Gärten, dass sie offenbar eine Menge anderer Leute davon hat überzeugen können, dass all das real sei. Dazu gehörte auch ihr künftiger Schwiegervater Gustave Humbert, ein Senator und aufstrebender Star der französischen Politik. Humbert billigte nicht nur, dass sein Sohn Frédéric Thérèse heiratete, sondern gab seinen Segen sogar zu einer Doppelhochzeit und ließ seine Tochter Alice zur selben

Zeit Thérèses Bruder Emile ehelichen. Warum genau ein ehrgeiziger (aber nicht wohlhabender) Politiker seine Familie so eng an einen Haufen schräger, verarmter Tunichtgute, wie es die Daurignacs waren, würde binden wollen, bleibt ein bisschen mysteriös, es sei denn, sie beziehen als Faktor die potenzielle Verheißung eines Lebens in einem sehr großen Haus auf dem Lande mit ein.

Oh, außerdem waren die Frischvermählten Cousins. Humberts Frau war Thérèses Tante. Kleines Detail am Rande.

Mit ihren neuen politischen Connections war Thérèse wieder im Spiel und machte sich mithilfe des Senators auf der Stelle daran, nicht nur auf ihr fiktives Château, sondern auch auf eine fiktive Korkplantage in Portugal Geld aufzunehmen. Aber bald schon wollte sie mehr, und so hatten 1883 Robert Henry Crawford und seine 100 Millionen Francs ihren Auftritt. Die Verheißung dieses Erbes und das Geld, das sie sich im Voraus darauf borgen konnte, hätten die Humberts vermutlich ein paar Jahre unterhalten. Aber an diesem Punkt holte Thérèse (möglicherweise mit Unterstützung ihres Ehemanns und ihres Schwiegervaters) zu ihrem Meisterstreich aus.

War die britische Schwäche, die MacGegor sich zunutze machte, das Faible für koloniale Fantasien und die amerikanische Schwäche, auf die Demara setzte, die Empfänglichkeit für Empfehlungen und die sorglose Zuerkennung von Macht an Einzelpersonen, war die sowjetische Schwäche, die Gromow ausnutzte, die knebelnde Ideologie und Bürokratie, so bestand die französische Schwäche, die Humbert sich zunutze machte, in dessen saubescheuertem Rechtssystem. Die französischen Gerichte waren berüchtigt für die langsame, zähe Art zu arbeiten und für ihre nur flüchtige Beherzigung von Fragen der Gerechtigkeit. Dieser Hintergrund ließ Thérèse einen Plan entwickeln, der so einfach und listig war, dass ich offen gestanden nicht anders kann, als ihn bewundern.

Sie klagte selbst.

Oder genauer: Sie erfand eine Reihe von imaginären amerikanischen Neffen ihres imaginären amerikanischen Wohltäters, damit *diese* sie verklagen und das Testament anfechten konnten. Das Ziel war dabei nicht, dass irgendwer gewinnen sollte – genau genommen war das Wichtigste, dass niemand je gewinnen würde, jedes Urteil zu einer weiteren Berufung führte, diese zu einer weiteren Berufung der Gegenseite und dann das Ganze von vorn, und all das in dem langsamsten Tempo, dessen die französische Justiz mächtig war. Die Crawford-Brüder mussten nicht einmal in Erscheinung treten, sondern gaben den besten Anwälten von Paris per Brief Anweisungen aus Übersee. Das Einzige, worauf es ankam, war, dass der Fall sich unendlich hinzog, sodass wieder ein Jahr verstreichen konnte, in dem Thérèse ihr Erbe, dessen Zuerkennung ihr permanent unmittelbar bevorstand, vorenthalten blieb, wodurch sie gezwungen war, sich von einer Schar williger Gläubiger Unsummen zusammenzuleihen.

Und die ganze Zeit über mussten die fraglichen Dokumente auf Anordnung des Gerichts sicher in Thérèses Safe verschlossen bleiben und wurden nie gesehen.

Die Humberts brachten es fertig, die Sache zwanzig fantastische Jahre am Laufen zu halten: Zwei Jahrzehnte, in denen sie in Paris das denkbar extravaganteste Leben führten, zu einer Zeit, da die Latte für ein luxuriöses Pariser Leben wirklich ziemlich hoch lag. Thérèse und ihr Ehemann bewohnten eines der luxuriösesten Appartements in der Avenue de la Grande-Armée, ihre Feste waren legendär und wurden von allen Reichen und Schönen jener Zeit besucht, angefangen von der Schauspielerin Sarah Bernhardt bis hin zum Präsidenten der Republik. Thérèse, ein Mädchen vom Lande aus einer verarmten Familie, war nun eine der einflussreichsten Frauen Frankreichs.

Und wenn gelegentlich einer von Thérèses Gläubigern unruhig wurde ob der Unsummen, die er ihr ohne jede Gegenleistung gegeben hatte, und anfing bedrohliche Laute von sich zu geben, nun ... die meisten einflussreichen Leute, an die sie sich hätten wenden können, um Hilfe zu bekommen, gingen nur zu gern auf Thérèses Partys.

Das Scheitern des Unterfangens kam, als es dann so weit war, plötzlich und verdankte sich einem einfachen und untypischen Ausrutscher: Thérèse machte den Fehler, auf die Frage nach der Anschrift der Gebrüder Crawford in New York einfach eine zu erfinden. Sie mag gedacht haben, es sei für jedermann zu viel der Mühe, das zu überprüfen und festzustellen, dass in dem Haus 1302 Broadway niemand mit Namen Crawford wohnte, aber es ging um Millionen Francs, und bei einer stetig wachsenden Armee an erbosten Gläubigern sank die Aufwandsschwelle rapide. Ein Gericht schöpfte schließlich Verdacht und ordnete an, dass das Testament geprüft werde.

Und so kam es, dass sich am 9. Mai 1902 auf der Avenue de la Grande-Armée eine riesige Menschenmenge von fast zehntausend Leuten versammelte, um Augenzeugen zu sein, wie der berühmte Safe aus der Wohnung der Humberts gehievt und geöffnet wurde. Mit einiger Anstrengung bekamen die beauftragten Schlosser ihn schließlich mit Gewalt auf. Die Menge lugte gespannt hinein, in der Hoffnung, einen Blick auf die darin enthaltenen unermesslichen Reichtümer zu erhaschen.

Man war einigermaßen überrascht, als sich der Inhalt des Safes erwies als »eine alte Zeitung, ein italienisches Kupferstück und ein Hosenknopf«.[130]

Der berühmte Safe, wie er aus Thérèses Haus herabgelassen wird

Thérèse Humbert hatte es fertiggebracht, Zeitung, Münze und Knopf in Jahrzehnte voller Luxus zu verwandeln, weil sie ein instinktives Talent dafür besaß, die Schwächen ihrer Mitmenschen und der gesellschaftlichen Systeme auszunutzen, die diese geschaffen hatten.

Wie es eine Freundin von ihr unter dem sehr coolen Namen »Madame X« ausdrückte:

Was vor allem anderen die Genialität Thérèses illustriert, ist ihre Grandezza, die schier unfassbaren Dimensionen, in denen sie operiert hat. Hätte sie ein Erbe von nur vier oder

*sechs Millionen beansprucht, hätte sie keine zwei Jahre über-
standen und unter großen Schwierigkeiten ein paar mick-
rige Tausend Francs erzielt. Aber hundert Millionen! Vor
einer solchen Summe nahmen die Leute ihre Kopfbedeckung
ab wie vor der Cheopspyramide, und ihre Bewunderung
verhinderte, dass sie klarsahen.*[131]

6

Lügen von Staats wegen

Wenn es eine Sache gibt, die jeder über Politiker weiß, dann, dass sie lügen. Sie lügen bei großen Dingen, bei kleinen Dingen und bei Dingen aller Größenordnungen dazwischen. Bei Umfragen, die wissen wollen, welche Berufe am meisten beziehungsweise am wenigsten Vertrauen genießen, landen Politiker mit schöner Regelmäßigkeit auf den untersten Rängen, noch hinter Immobilienmaklern und – der Himmel sei uns gnädig – Journalisten. Wie der abgedroschene Witz schon sagt: Dass ein Politiker lügt, sieht man daran, dass er die Lippen bewegt.

Aber nun kommt es: Die meisten Politiker lügen nicht annähernd so viel, wie Sie denken! Ich weiß, das klingt vielleicht ein bisschen unglaubwürdig, insbesondere in Anbetracht … (vage Handbewegung) … *jüngster Ereignisse*, aber vertrauen Sie mir – Fakten checken in Bezug auf das, was Politiker sagen, ist mein Job. Lügen machen tatsächlich einen viel, viel kleineren Teil des Alltagsgeschäfts von Politikern aus, als das Stereotyp Sie glauben macht. Damit soll nicht gesagt sein, dass Politiker und unsere Führer im Allgemeinen, ja der gesamte Staatsapparat ein Haufen edler, aufrechter, ganz und gar vertrauenswürdiger Persönlichkeiten ist, immer und unter allen Umständen selbstlos der Wahrheit verpflichtet.

Das ist, nun ja, offenkundig absurd, wenn auch nicht sehr viel weniger irreführend als die Vorstellung, dass Politik nichts anderes ist als eine wimmelnde Schlangengrube des ewigen Betrugs. Aber ich bleibe dabei: Wenn Sie glauben, dass Politik nichts weiter ist als das Geschäft, möglichst überzeugende Lügen aufzutischen, dann haben Sie ein verdrehtes Bild davon, wie wir regiert werden.

Natürlich lügen Führungspersönlichkeiten. Genau wie bei der menschlichen Bevölkerung insgesamt gibt es auch hier Leute, die gewohnheitsmäßig lügen – sozusagen aus dem ersten Reflex heraus, nicht als letzter verzweifelter Ausweg, und oft scheinen sie das Lügen zu genießen. Ihnen fallen bestimmt aus dem Stand mehr als ein paar Beispiele für Politiker dieser Kategorie ein (welche Sie dabei wählen, wird vermutlich von Ihren eigenen politischen Vorlieben abhängen).

Aber die meisten lügen nur gelegentlich, wenn überhaupt, und wenn sie es tun, dann oft aus denselben dummen Hauptgründen heraus, aus denen wir anderen auch lügen: um uns aus einer ätzenden Unterhaltung zu stehlen, um die Tatsache zu vertuschen, dass wir bei unserer Arbeit im Prinzip nur improvisieren, oder um zu verbergen, dass wir mit jemandem Sex hatten, bei dem wir – aus welchen Gründen auch immer – nicht wollen, dass öffentlich bekannt wird, dass wir mit dieser Person Sex hatten.

Es ist eine Menge dran an der alten Binsenweisheit »nicht die Tat ist das Problem, sondern die Vertuschung«, denn in ziemlich vielen Fällen ist das, was Politiker zu Fall bringt, die Lüge, die sie auftischen, um zu verhindern, dass Leute etwas über sie herausfinden, das vielleicht schlimmstenfalls ein bisschen peinlich gewesen wäre. (Die Redewendung soll übrigens ihren Ursprung im Watergate-Skandal haben – bei dem es, wie wir gleich kurz diskutieren wollen, zwar sicher den Versuch der Vertuschung gegeben hat, aber auch einen verdammt großen Haufen an Vergehen.)

Warum also sind Lügen und Politik in unseren Köpfen so unauflöslich miteinander verflochten?

Das Problem hat zwei Aspekte. Der erste ist, dass das politische Geschäft, mag es auch nicht notwendigerweise einen höheren Anteil an zwanghaften Lügnern anziehen als andere Berufe (ich weiß von keiner Forschung zu dem Thema – kann sich da bitte mal jemand drum kümmern?), so doch denen, die den Hang dazu haben, mehr als genug Gelegenheit bietet, ihre Kunst in äußerst öffentlichkeitswirksamer Weise auszuüben. In Dimensionen, die sie vermutlich nicht erreichen würden, wenn sie, sagen wir, in einer kleinen Firma für landwirtschaftliche Logistik im Norden von England arbeiteten.

Ein Politiker hat tagtäglich schon vor dem Frühstück die Gelegenheit, sechs Lügen zu erzählen – und, wichtiger noch, er findet womöglich nicht nur eine dankbare Plattform, sondern auch eine willige Zuhörerschar für diese Lügen. Da draußen ist immer jemand, der tröstlichen oder zornerregenden Schwindel hören will: Dass wir uns auf ein ruhmreiches neues Zeitalter zubewegen, oder dass jemand anderer schuld ist an unseren Problemen oder dass die Welt nicht kompliziert und graugescheckt ist, sondern einfach und einfarbig. (Und wenn Sie glauben, der vorhergehende Satz handelte von *anderen Leuten* und nicht von Ihnen, so handelt er vermutlich doch auch von Ihnen.)

Und zweitens, wenn Sie lügen, während Sie die Verantwortung für ein ganzes Land haben, dann spielt das *verdammt noch mal eine große Rolle.*

Zunächst einmal bedeutet es, dass Politiker bei all den kleinen marginalen Gelegenheiten, bei denen wir alle uns zwischen dem Weg der Wahrheit und dem der Unehrlichkeit zu entscheiden haben, sehr viel weniger ermutigt werden als wir, ehrlich zu sein. Wenn Sie bei Ihrer Arbeit für eine kleine Firma für landwirtschaftliche Logistik im Norden von England vergessen haben, eine E-Mail zu beantworten, dann werden womöglich ein paar Schafe in Ambleside aufgehalten. Das ist schlecht für den Schaffarmer und bringt Ihrer Firma womöglich geschäftliche Nachteile. Sie können gar nicht anders, als eine E-Mail im Stil von »tut mir leid, ich habe das Team hängenlassen« an die gesamte Belegschaft zu schreiben. Aber im Prinzip tendieren Sie vermutlich von sich aus dazu, die Sache einzugestehen und sich Ihren Anschiss abzuholen. Wenn Sie hingegen als für Pässe und Grenzkontrollen verantwortlicher Innenminister vergessen haben, auf eine Mail zu antworten, dann hängen womöglich 140 000 extrem aufgebrachte Wähler am Flughafen Gatwick fest, rüstet sich die *Daily Mail* für einen schonungslos zornigen Rundumschlag, und eine E-Mail, in der Sie schreiben: »Hey, sorry, Irren ist menschlich. Ich hoffe, wir können das hinter uns lassen«, wird es vermutlich nicht unbedingt bringen. Wir alle sagen, wir hätten gern, dass Politiker ehrlicher sind, aber ganz allgemein lassen wir nicht sehr deutlich erkennen, dass wir bereit sind, Ehrlichkeit zu honorieren, wenn zu dieser Ehrlichkeit gehört, dass sie sagen: »Heiliger Strohsack – ja, da habe ich es echt versaut. Ich habe draus gelernt und werde es nächstes Mal besser machen.«

Hinzu kommt, dass, wenn unsere politischen Führer lügen, manchmal wirklich sehr, sehr, *sehr* viele Leute sterben. Es kann Kriege geben und solche Sachen. Und ja, so was ist schon geeignet, im Hinterkopf zu bleiben.

Die politische Lüge gibt es, seit es, nun ja, seit wir die Politik erfunden haben (wann genau das war, ist nicht klar, aber es lässt sich mit Sicherheit sagen, dass es sehr lange her ist). Um nur ein Beispiel zu nennen: Einer der bemerkenswertesten Lügner der Weltgeschichte war ein Typ namens Titus

Oates, der es 1678 fertigbrachte, England und Schottland auf der Grundlage einiger extrem durchsichtiger Lügen in einen drei Jahre währenden Zustand antikatholischer Hysterie zu stürzen.

Nun, es ist wichtig, sich keine falsche Vorstellung davon zu machen, wie ungewöhnlich oder gewöhnlich das war. Die Briten in eine antikatholische Hysterie zu stürzen war einen Großteil unserer Geschichte hindurch ungefähr so schwierig, wie einen Hund dazu zu bekommen, wegen des eigenen Schwanzes durchzudrehen. Aber trotzdem ist es bemerkenswert, dass über mehrere Jahre hinweg die einflussreichsten Persönlichkeiten des Landes einem Mann hörig waren, der sich zum Vikar ordinieren ließ, indem er fälschlicherweise behauptete, einen Abschluss aus Cambridge in der Tasche zu haben, und dann das nächste Jahrzehnt großenteils damit zugebracht hatte, vor verschiedenen Anklagen wegen Sodomie und Meineid zu fliehen.

Der einst als »der ungebildetste Einfaltspinsel, jeder Weiterentwicklung unfähig«[132] beschriebene Oates war ein begriffsstutziges, unglückliches Kind, das im Schatten eines gewalttätigen Vaters lebte und einmal der Schule verwiesen wurde, weil es sein Schulgeld unterschlagen hatte. Er versuchte es an zwei verschiedenen Colleges in Cambridge, schaffte aber nie einen Abschluss – wenngleich er in seiner Zeit dort, dem »Oxford Dictionary of National Biography« zufolge, seinen »Ruf als Dummkopf, Homosexueller und scheinheiliger Fanatiker« festigte.[133] (Ich meine, nicht dass irgendetwas von diesen Dingen in Cambridge nicht auch schon zu verzeichnen gewesen wäre.)

Im Jahr 1677 beschloss Oates nach einem kurzen Intermezzo als Kaplan bei der Royal Navy, welches ein plötzliches Ende fand, als man ihn schwuler Handlungen beschuldigte, und mindestens zwei Fluchten aus dem Gefängnis, in dem er wegen Sodomie einsaß, dass dies ein guter Zeitpunkt wäre, zum Katholizismus zu konvertieren. Hilfreicherweise traf er zur selben Zeit auf einen höchstwahrscheinlich irren antikatholischen Verschwörungstheoretiker namens Israel Tonge. Diese schräge Kombination von Einflüssen lieferte Oates die perfekte Vorlage für seinen infamsten Beitrag zur Geschichte: der vagen Andeutung, es gäbe einen päpstlichen Plan, König Karl II. zu ermorden.

DR. TITUS OATES.

Titus Oates: unfähig, sich zu entwickeln

Teil des Ganzen war ein eng beschriebenes sechsundachtzig Seiten starkes Pamphlet mit wilden Attentatsfantasien und den Namen von über hundert Verschwörern, von Oates und

Tonge im Haus von Sir Richard Baker – einem antikatholischen Zeloten – deponiert, wo Tonge es prompt und »zufällig« am anderen Tag »entdeckte«. Nein, es ergibt keinen Sinn. Warum sollte es dort sein? Warum sollten Katholiken ihren Plan zu Papier bringen und dann versehentlich im Haus von jemandem vergessen, der sie zum Teufel wünscht? Aber sehen Sie, Verschwörungstheorien haben noch nie logisch schlüssig sein müssen, stimmt's?

Tonge ließ alsbald einen Freund beim König vorsprechen, um diesen vor dem Plan zu warnen. Man sollte dazusagen, dass Karl II. – erklärter Feind von Falschmeldungen und Kaffeehäusern – absolut nichts von alledem hielt. Er betrachtete das Ganze als blanken Unsinn. Von seinen Ministern kann man solches allerdings nicht behaupten, oder vom Parlament insgesamt, das den Köder mit Haut und Haaren schluckte. Oates wurde als Zeuge vor den Kronrat geladen, wo die Politikaster – ungeachtet dessen, dass Karl ihn höchstpersönlich sehr skeptisch ins Kreuzverhör genommen hatte – beschlossen, dass er die Wahrheit sagte. Wann immer Oates sich bei seiner Fantasterei verhedderte, spann er einfach neue Plots und beschuldigte noch mehr Menschen. Er erzählte den versammelten Würdenträgern exakt, was sie zu hören wünschten, wobei die Tatsache, dass seine Behauptungen nicht einmal in sich schlüssig waren, niemandem viel auszumachen schien. An irgendeinem Punkt ertappte der König ihn bei einer besonders dreisten Lüge und ließ ihn verhaften. Das Parlament warf die Entscheidung über Bord und setzte Oates nicht nur auf freien Fuß, sondern bedachte ihn mit Haus und Salär. Zu den Leuten, die Oates am Ende beschuldigte, einen Plan zur Ermordung des Königs geschmiedet zu haben, gehörten die Königin (eine portugiesische Katholikin, die in England nicht übermäßig beliebt war), der Tagebuchschreiber Samuel Pepys

und der Schulleiter, der ihn Jahre zuvor der Schule verwiesen
hatte.

Das Resultat war eine totale Hysterie. Scharen prominenter
Politiker wurden verhaftet und vor Gericht gestellt – zweiund-
zwanzig von ihnen exekutiert. Katholiken wurden der Stadt
verwiesen. Medien und Öffentlichkeit schürten die Ängste
und steuerten eigene Erfindungen bei, die panische Angst
vor katholischen Attentatsplänen und verdächtigen Personen
griff wie ein Flächenbrand um sich. Es dauerte etliche Jahre,
bevor die Hysterie abebbte, Oates endlich gebührende Skepsis erfuhr und letztlich gebeten wurde, aus seinem von der
Regierung gestellten Haus auszuziehen, da jedermann anfing,
von der ganzen Sache ein bisschen peinlich berührt zu sein.

Wie konnte es Oates, einem Menschen mit einem schrecklichen Ruf und einer unschlüssigen Geschichte an der Seite
eines vermutlich Irren, gelingen, über mehrere Jahre hinweg
das politische Narrativ eines ganzen Landes zu beherrschen –
wenn selbst der Mensch, der angeblich das Ziel des Atten-
tatsplans sein sollte, ihm nicht glaubte? Wie viele moderne
Verschwörungstheorien bediente sie ein Motiv, das viele
Menschen umtrieb: Sie wollten den Inhalt glauben, und das
bedeutete, dass die Widersprüche und Ungereimtheiten ihr
keinen Abbruch taten. Aber da war auch Oates selbst: ein
unattraktiver, pöbelhafter Mann, der allen Widrigkeiten zum
Trotz eine magnetische Wirkung auf seine Zuhörer hatte. Um
es einfach auszudrücken, er war ein zutiefst begabter Bullshitter, der auch dann, wenn er nicht glaubwürdig war, wenigstens
unterhaltsam rüberkam. Wie der Schriftsteller John Pollock es
ausdrückte: »Seine ungehobelte Persönlichkeit verfügte über
einen komischen Zug ... Er konnte nicht nur erfinden, sondern vermochte, wenn unerwartete Ereignisse eintraten, diese
auf der Stelle für seine eigenen Zwecke anzupassen. Seine

derbe Sprache entbehrte nicht eines gewissen Witzes. Wann immer er auf der Bildfläche erschien, war gute Unterhaltung garantiert.«[134]

Sie können nicht über politische Lügen reden, ohne Watergate zu erwähnen, aber ich denke, mit mehreren Hollywoodfilmen zu einem Thema ist dieses hinreichend abgehandelt. Ich nehme mal an, Sie kennen die Geschichte in groben Umrissen? Ich meine, wenn nicht, dann lesen Sie sie nach – sie ist ein Mordskracher. Trotzdem sind ein paar Aspekte daran es wert, noch einmal beleuchtet zu werden.

Die vermutlich zweitinteressante Sache an Watergate ist vielleicht, wie unglaublich nahe die Beteiligten daran vorbeigeschrammt sind, mit dem Ganzen durchzukommen. Die Artikel der *Washington Post*, die die Hauptrolle beim Aufdecken des Ganzen spielten, waren ein langsam plätscherndes Rinnsal von großenteils wenig weltbewegenden Geschichten, und es hätte sehr leicht anders kommen können – die Leute hätten einfach die vorangegangenen Enthüllungen als unabänderlich hinnehmen und ihre innere Skala des »wie viel Unehrlichkeit ist zu viel Unehrlichkeit« neu justieren können, sodass sich die Geschichte nie zu dem weltbewegenden Skandal ausgewachsen hätte, zu dem sie wurde.

Das Interessanteste an allem ist, wie erstaunlich schlecht die Beteiligten durch die Bank logen.

Ich meine: echt, richtig schlecht – geradezu hanebüchen inkompetent. Da wäre zunächst einmal die berühmte Grundtatsache, dass Nixon sämtliche seiner Unterhaltungen im Oval Office mitschnitt, wo über all die üblen Sachen geredet wurde, die man zu tun vorhatte. Nixon war nicht der erste Präsident, der seine eigenen Unterhaltungen abhörte – die Ehre gebührt Franklin D. Roosevelt –, aber er war der Erste, der dies als Routine betrieb – was seltsam ist, wenn man bedenkt, dass er vermutlich weitaus schlimmere Dinge dort besprach als die meisten anderen Nutzer dieses Büros. (Na ja … vielleicht auch nicht. Woher sollen wir das wissen?) Die Tatsache, dass die plausibelste Erklärung für sein Verhalten von Dr. Who stammt – namentlich, dass er es getan hat, um sich gegen das Wirken Gedächtnis auslöschender Aliens zu wappnen –, vermittelt vielleicht ein Gefühl dafür, wie überaus dumm und unerklärlich das war.

Aber richtig interessant wird es bei den achtzehneinhalb Minuten Band, die wir nicht haben. Das ist die Gesamtzeitspanne, die »versehentlich« aus den Bändern vom Morgen des 20. Juni 1972 gelöscht wurde – im Verlauf eines Gesprächs zwischen Nixon und seinem Stabschef H. R. Haldeman, drei Tage nach dem verkorksten Einbruch im Watergate-Gebäude. In Anbetracht dessen, dass die Bänder, die nicht gelöscht wurden, noch immer ausreichten, Nixon zu verurteilen, kann man nur mutmaßen, dass die gelöschten Teile ungefähr den folgenden Wortwechsel enthalten haben müssen:

Nixon: *So, können Sie mich auf den neuesten Stand bringen, was die Verbrechen anbelangt, die wir begehen wollen?*

Haldeman: *Ja, uff … Ja, die Verbrechen.*

Nixon: *Die Verbrechen – wie steht es damit? Die Verbrechen, die ich Ihnen befohlen hatte auszuführen. Erzählen Sie mir davon.*

Haldeman: *Die Verbrechen, äh [unhörbar:] Verbrechen haben stattgefunden. Wir haben die Verbrechen begangen, genau wie Sie es sehr präzise verlangt haben.*

Nixon: *Okay, gut. Ich bin froh über die Verbrechen – die Verbrechen, die ich Ihnen aufgetragen habe und die Sie zu begehen eingewilligt haben. Es ist gut, dass die Verbrechen stattgefunden haben. [unhörbar:] … Supersache, ich liebe diese Verbrechen.*

Haldeman: *Ja, aber die Verbrechen sind schiefgegangen. Sie haben von den Verbrechen Wind bekommen. Das ist schlecht.*

Nixon: *Oh, nein, Jetzt müssen wir mehr Verbrechen begehen, um die Leute daran zu hindern, etwas über die früheren Verbrechen rauszufinden.*

Haldeman: *Ja, okay … Okay, mehr Verbrechen. Verstanden. Lassen Sie uns auf der Stelle Verbrechen begehen.*

Nixon: *Okay, ja, gut. Danke Ihnen für die Verbrechen – unsere gemeinsamen Verbrechen, [unhörbar:] Ich hasse Kommunisten. Oh, Mann, hab ich einen Jieper auf Alkohol.*

Das Beste an der gescheiterten Watergate-Vertuschung sind die wunderbar untauglichen Versuche zu erklären, warum die Bänder gelöscht wurden. Nixons Sekretärin Rose Mary Woods nahm vor aller Öffentlichkeit die Schuld dafür auf sich und gestand, die Bänder »versehentlich« gelöscht zu haben. Sie habe das Band abgeschrieben, sagte sie, und sei dabei von einem Anruf unterbrochen worden. Als sie zum Telefon hinübergelangt habe, sei sie versehentlich auf die »Aufnahme«-Taste des Diktiergeräts gekommen und habe den Fuß noch auf dem Pedal gehabt, das das Band vorwärtsspulen lässt – das ganze fünfundzwanzig Minuten lange Gespräch über. Blenden Sie für einen Moment die Tatsache aus, dass dies nicht die übrigen fehlenden dreizehn Minuten erklärt, die gelöschten Abschnitte nicht en bloc vorlagen, sondern in vier oder fünf Einzelabschnitten, und dass das Modell des fraglichen Diktiergeräts gar nicht auf diese Weise funktionierte.[135] Konzentrieren Sie sich stattdessen auf die Tatsache, dass jemand beschlossen hat, es sei eine gute Idee, Miss Woods vor Pressefotografen vormachen zu lassen, wie genau es dazu gekommen ist, dass sie versehentlich die Bänder gelöscht hat, nur um zu illustrieren, wie glaubwürdig und plausibel ihre Geschichte war.

Seht her: Rose Mary Woods' überaus normale Fünfundzwanzigminutentelefonbedienungspose mit Fuß auf dem Pedal:

Rose-Mary Woods, beim Nach-hinten-Langen

Man kann schon recht plausibel den Standpunkt vertreten, es sei – ungeachtet aller investigativen Anstrengungen von Woodward und Bernstein – vor allem das von der Presse als Rose-Mary-Dehnung verulkte Schlangenmenschenbild einer Frau in mittleren Jahren (die versucht, sich so weit wie irgend möglich zu recken, um das Telefon zu fassen zu kriegen, während sie gleichzeitig den Fuß auf dem Pedal des Diktiergeräts belässt) der Auslöser gewesen, der die amerikanische Öffentlichkeit letztlich wirklich denken ließ: »Hmmm, irgendetwas stimmt hier nicht.«

Wenn es einen Zeitpunkt gibt, an dem die Unehrlichkeit unserer politischen Führung wirklich ihren Höhepunkt erreicht, dann, wenn jemand in den Krieg ziehen will. Eine wirklich ansehnliche Zahl an Kriegen wurde durch Vorfälle losgetreten, bei denen sich im Nachhinein herausstellte, dass die Berichterstattung dazu mehr als zweifelhaft gewesen war. Da wäre der zweite Tonkin-Zwischenfall, der als Rechtfertigung für den

Vietnamkrieg herhalten musste und sich im Nachhinein als komplett erfundener Angriff auf ein Schiff der amerikanischen Marine herausstellte. Einer der Hauptkatalysatoren für den Spanisch-Amerikanischen Krieg von 1898 war das Sinken der *USS Maine* in Havanna, das eine rabiate amerikanische Presse den Spaniern in die Schuhe schob – ungeachtet dessen, dass es zunächst als Unfall gegolten hatte, und Untersuchungen im Nachhinein sich mehr oder weniger darin einig waren, dass die wahrscheinlichste Ursache ein spontan entstandenes Feuer in einem der Kohlelager war. Und dann ist da natürlich noch die Sache mit den Massenvernichtungswaffen des Irak, die in fünfundvierzig Minuten einsatzbereit sein sollten.

Ganz oben auf der Unehrenliste der Bullshit-Gründe für den Versuch, einen Krieg anzuzetteln, steht selbstverständlich die Suez-Krise. Zum Zeitpunkt, da ich dies schreibe, erlebt die Suez-Krise im Vereinigten Königreich so etwas wie eine rhetorische Wiedergeburt in Redewendungen wie »Das ist die schlimmste Misere seit der Suez-Krise«. Der gegenwärtige Zustand der britischen Politik birgt genau genommen absolut keine Ähnlichkeit mit diesem Konflikt (das würde schließlich unter anderem eine Kooperation mit den Franzosen voraussetzen), aber es lohnt dennoch, die Ereignisse kurz zu rekapitulieren, wenn auch nur, um zu zeigen, wie das Ganze ausgegangen ist: Ein Land stand am Ende düpiert da, ein Premierminister trat zurück, und die Menschen wussten nicht einmal, wie viel Bullshit in alledem steckte.

Kurz: Es war 1956, das Zeitalter des Imperialismus ging zu Ende, und Großbritannien kam mit dem Zerfall des Commonwealth nicht eben gut zurecht. Statt auf die altbewährte Methode der Bewältigung von Trennungsschmerz zu setzen und sich unter eine Decke zu verkriechen, hemmungslos zu essen und Alanis Morissette zu hören, beschloss das Vereinigte

Königreich, in den Krieg zu ziehen. Nach ihrem verspäteten Rückzug aus Ägypten waren die Briten einigermaßen angefressen, als Colonel Nasser sich an die Macht putschte und prompt den Suezkanal verstaatlichte – jene essenzielle Handelsstraße zwischen dem Roten Meer und dem Mittelmeer, die bis zu ihrer Verstaatlichung im Besitz von Frankreich und Großbritannien gewesen war.

Die Frage war: Was tun? In Großbritannien wurde Premierminister Anthony Eden gedrängt, einen harten Kurs zu fahren, dies insbesondere von einem Teil der Presse – allen voran drang die *Times*, die sich möglicherweise an ihr unseliges Eintreten für die Appeasement-, die Beschwichtigungspolitik vor dem Zweiten Weltkrieg erinnerte, in Eden, eine härtere Gangart einzulegen. Ähnliches spielte sich in Frankreich ab. Aber es war nicht klar, ob ein Militäreinsatz a) funktionieren und b) von anderen Ländern sonderlich gut aufgenommen werden würde. Nassers Tun mag nervig gewesen sein, aber es lag keineswegs auf der Hand, dass es illegal war: Die Anteilseigner der Kanal-Gesellschaft wurden entsprechend dem Börsenkurs bezahlt. Über Monate blieb die Lage daher in einem angespannt-nervösen Schwebezustand.

Das alles änderte sich Ende Oktober mit dem Einmarsch israelischer Truppen in Ägypten. Damit rückte ein großer, blutiger Krieg in den Bereich des Möglichen, der den gesamten Mittleren Osten in Mitleidenschaft hätte ziehen können. Prompt setzten sich britische und französische Truppen in Bewegung, um als Friedensbewahrer aufzutreten und die israelischen und ägyptischen Truppen zu trennen. Was rein zufällig auch bedeutete, dass sie nunmehr die Kontrolle über den Kanal hatten.

Manche Leute konnten nicht anders, als dies ein bisschen ... *sehr praktisch* zu finden.

In Großbritannien begann die Stimmung sich zu verändern. Zwar gab es nach wie vor Unterstützung für den Krieg, doch die unnachgiebige Haltung, die bislang quer durch das gesamte politische Spektrum überwältigende Zustimmung geerntet hatte, begann mehr und mehr auf Kritik zu stoßen. Der Tenor der Presse änderte sich: Die *Times* begann, Vorsicht anzumahnen, während der *Manchester Guardian* nicht hinter dem Berg hielt und rundheraus verkündete, da sei etwas Krummes im Gange. Die internationale Reaktion war noch schlimmer: Ablehnung rings um den Erdball und als massiver Tiefschlag für Edens Pläne eine knallharte Weigerung der USA, das Unterfangen zu unterstützen, verbunden mit der Androhung, die Ölausfuhr mit Sanktionen zu belegen, wenn weitergemacht würde. Jawohl, Amerika war gegen einen Krieg im Nahen Osten. Es waren andere Zeiten.

Die Folge dieser groben Fehleinschätzung der britischen Fähigkeit, der Welt des Postimperialismus den eigenen Willen aufzuzwingen, war ein kleinlauter Rückzug wenige Wochen später. Eden blieb vor dem Parlament beharrlich dabei, das Vereinigte Königreich habe vor dem Einmarsch keinerlei Kenntnis von Israels Plänen gehabt, aber seine Autorität war dahin, und seine Gesundheit begann zu schwächeln. Im Januar 1957 trat er zurück.

Die Sache ist, dass sich all das abspielte, ohne dass die Menschen trotz eines gewissen allgemein verbreiteten Argwohns die ganze Geschichte kannten. Die sollte erst Jahrzehnte später ans Tageslicht kommen, wobei sich zeigte, dass die Briten von der Invasion nicht nur im Vorhinein gewusst, sondern sie geplant hatten. Edens Leugnen vor dem Parlament war eine glatte Lüge. Ja, Großbritannien, Frankreich und Israel hatten jeden Schritt des Krieges gemeinsam ausgeheckt – Israels Invasion ebenso wie die »Peacekeeping«-Aktion. All das war eine Woche zuvor bei einem Geheimtreffen in Frankreich beschlossen worden, bei dem die drei Kriegsparteien ein Dokument aufgesetzt hatten, in dem genau festgelegt wurde, wer in dieser geopolitischen Farce welche Rolle zu spielen hätte. Großbritannien vernichtete seine Kopie des Dokuments. Zum Unglück für Edens historischen Leumund hat Israel seine aufbewahrt – weil es aus gutem Grund den beiden europäischen Ländern nicht zutraute, dass sie ihren Teil des Paktes einhalten würden.

Das erklärte auch den einigermaßen überraschenden Stimmungsumschwung auf den Seiten der *Times*. Die Herausgeber waren von der Regierung in die Kriegspläne eingeweiht worden, bevor die Ereignisse ins Rollen kamen.[136] Ihnen war klar, was für eine entsetzliche Idee das alles war, und sie änderten flugs ihre Haltung. Natürlich dachten sie keinen Augenblick daran, über die Tatsache zu *berichten*, dass der Krieg auf einer Lüge fußte.

Nicht nur in den Anfängen eines Krieges haben Unwahrheiten von Staats wegen Konjunktur. Kriege sind bekanntermaßen nicht eben berühmt dafür, dass aus ihnen glasklare Informationen in die Welt gelangen: Der Begriff »Kriegsnebel« illustriert recht plastisch den Umstand, dass viele Details, die vom Schlachtfeld berichtet werden, gelinde ausgedrückt, nicht sehr verlässlich sind. Aber Kriege sind nun einmal ein Pulverfass, in dem sich Gerüchte, Mythen und Propaganda vermischen und wild wuchernde, unkontrollierbare Unwahrheiten befeuern.

Sie können das an all den Feldberichten aus dem Ersten Weltkrieg beobachten, die H. L. Mencken so verärgert hatten, wie wir ein paar Kapitel zuvor erfahren haben. Mag auch seine Schätzung, der zufolge neunundneunzig Prozent aller Kriegsberichte aus jener Zeit Bullshit waren, sicher einen Tick übertrieben sein, so gab doch dieser Konflikt von bis dahin ungekannten Ausmaßen Anlass zu Tonnen an völlig unwahren Geschichten.

Da gab es die überall verbreitete Story von dem kanadischen Offizier, der in der Nähe von Ypern von deutschen Soldaten auf blutige Weise hingerichtet worden sei, gekreuzigt, aufgehängt an Bajonetten durch Arme und Beine. Die Einzelheiten variierten: Als der Bericht in der *Times* erschien, war er an eine Wand genagelt worden, im *Toronto Star* an einen Baum gebunden, in der *Morning Post* war es eine Tür. Als das Gerücht immer weiter die Runde machte, wurden aus einer Kreuzigung zwei, dann mehrere. Die Gerüchte sorgten in den Straßen Londons für Unruhe und im House of Commons für Fragen, darunter eine, die noch mehr barocke Einzelheiten beisteuerte und behauptete, die Deutschen hätten »die Figur Jesu vom großen Kruzifix des Ortes genommen und den Sergeanten noch lebend ans Kreuz gebracht«.[137]

Hat es den gekreuzigten Kanadier je gegeben? Zur damaligen Zeit haben sich mit Sicherheit keine belegbaren Berichte dazu finden lassen, was aber die Alliierten nicht daran hinderte, das Ganze weidlich für Propagandazwecke auszuschlachten. Spätere Untersuchungen haben mögliche Kandidaten für den Soldaten aufgetrieben, aber keiner hat sich je bestätigen lassen.

Aber diese grauenhafte Geschichte verblasst zum nichts vor der »Master-Ente« des Ersten Weltkriegs: den »Leichenfabriken« der Deutschen. Wann genau diese Gräuelgeschichte ihren Anfang genommen hat, ist nicht genau geklärt (es wird oft behauptet, sie sei ein Werk des britischen Geheimdienstes, was womöglich stimmt, aber auch das könnte ein Mythos sein), und die Einzelheiten veränderten sich ständig. Der Grundplot war immer derselbe: Die Deutschen holten angeblich ihre Toten von der Front packenweise zurück und brachten sie in Fabriken, in denen die Körper zu allen möglichen Produkten verarbeitet wurden; Seife, Sprengstoffe, Dünger. Diese Fabriken hatten sogar einen Namen: »Kadaververwertungsanstalten«, wie die *Times* in einem Artikel verkündete.[138]

Die plausibelste Quelle für die Geschichte ist der Chef des britischen Geheimdienstes, Brigadegeneral John Charteris, der, so wurde berichtet, bei einem Abendessen in New York 1925 mit ihrer Erfindung geprahlt hatte – den Bericht jedoch bei seiner Rückkehr nach Großbritannien erzürnt zurückwies, was daran liegen kann, dass man ihm aufs Dach gestiegen war, weil er die Klappe nicht hatte halten können, oder aber daran, dass der Bericht selbst Unfug war.

Die Gräuelberichte aus dem Ersten Weltkrieg waren aber nicht die ersten Schauermärchen, die von Schlachtfeldern aus in die Welt gesandt wurden – so etwas gab es bereits sehr viel früher. Im April 1782, gegen Ende des Amerikanischen Unabhängigkeitskrieges, erschien in einer Beilage des *Boston Independant Chronicle* eine schockierende Geschichte. Sie offenbarte die entsetzliche Entdeckung eines gewissen Captain Samuel Gerrish aus den Reihen der neuenglischen Milizen. Man hatte acht große Pakete beschlagnahmt, die an den Gouverneur von Kanada hätten gehen sollen. Bei genauerer Untersuchung stellte sich heraus, dass die Pakete die schaurigste Fracht bargen, die sich denken lässt: insgesamt ungefähr 1000 menschliche Skalps.

Captain Gerrish berichtete, dass Seneca-Indianer über drei Jahre die Skalps ihrer bemitleidenswerten nordamerikanischen Opfer präpariert hätten, und zwar im Auftrag der britischen Regierung. Die Pakete sollten von Kanada aus an niemand anderen als King George höchstselbst geschickt werden – als Geschenk, um ihn aufzuheitern.

Die Zeitung erging sich in grausigen und schonungslosen Einzelheiten über die Herkunft der Skalps: Dreihundertneunundfünfzig sollten von Farmern stammen, ermordet auf ihren Feldern oder in ihren Häusern, achtzehn von ihnen besonders gekennzeichnet, um anzuzeigen, dass sie bei lebendigem Leibe verbrannt worden seien, dreiundvierzig Skalps von amerikanischen Soldaten, im Gefecht gefallen. Achtunddreißig von Frauen. Wie der Artikel berichtete, stammte eine große Zahl der Skalps von Kindern: 193 von kleinen Jungen, 211 von kleinen Mädchen, und, vielleicht am allerschlimmsten, 29 von Babys, die »ihren Müttern aus dem Bauch gerissen worden waren«.[139]

Die Geschichte las sich unglaublich und skandalös, Zeitungen in anderen Städten von London bis New York und Philadelphia folgten auf dem Fuße und brachten im Laufe der folgenden Monate ihre eigenen Versionen davon. In Großbritannien sorgte sie für Fassungslosigkeit, in Amerika aber erhitzten sich die Gemüter gegen die Briten, weil sie solche grausigen Verbrechen angeordnet hatten.

Da war nur eine Sache an alledem, die Sie bereits erraten haben werden: Es war nicht wahr. Nichts davon. Es gab keinen Captain Gerrish, und ganz sicher gab es keine Pakete mit Skalps auf dem Weg zu einem blutrünstigen King George.

Aber nicht nur die Geschichte war ein Fake, sondern die ganze Zeitung. Oder besser: diese spezielle Ausgabe davon. Klar, der *Boston Independent Chronicle* war eine echte Zeitung. Um ihn bei seinem vollen Namen zu nennen, es handelte sich um den *Boston Independent Chronicle and Universal Advertiser*, denn die Zeitungen des 18. Jahrhunderts hatten es nicht so mit schmissigen Markennamen und -konzepten. Aber die sogenannte »Beilage« war von vorne bis hinten erstunken und erlogen. Die Story auf Seite fünf über die Skalps war Fiktion, ebenso der darauffolgende Brief von dem Kriegshelden John Paul Jones, ebenso die Kleinanzeigen, die ein »großes Stück Land« oder einen »handlichen Lohwald« anpriesen und den Platz unten auf Seite zwei einnahmen.

Das ganze Ding war ein ausgesprochen überzeugender Schwindel, mit echter Kunstfertigkeit und Sorgfalt, möglicherweise sogar mit Liebe gefertigt. Den Betrug bemerkte man nur, wenn man unglaublich genau hinsah, und auch nur, wenn man ein Typografie-Nerd des 18. Jahrhunderts war. Wären Sie ein solcher gewesen, dann ist gut möglich, dass Sie – außer vielleicht dem Schicksal zu danken, dass Sie zwei Jahrhunderte vor der Erfindung von Comic Sans geboren wurden – beim sehr genauen Hinsehen bemerkt hätten, dass die metallene Type, mit der die Zeitung gedruckt worden war, vom Stil her weder amerikanisch noch englisch war, sondern französisch.

Das liegt daran, dass die Zeitung nicht in Boston gedruckt worden war, sondern in Passy, einem seinerzeit sehr idyllischen exklusiven Ort am Rande von Paris. Ihr Autor hatte nichts mit dem echten *Independent Chronicle* zu tun, ja, er hatte seit mehreren Jahren nicht in Amerika gelebt. Derjenige, der die fingierte Zeitung gebastelt hatte, war niemand anderer als der Botschafter der Vereinigten Staaten in Frankreich – der Gründervater, Universalgelehrte und Typografie-Nerd Benjamin Franklin.

Ja, schon wieder er.

Was hatte Franklin, diesen Mann der Wissenschaft und Literatur, eine der meistverehrten Gestalten seiner Zeit, dazu veranlassen können, zu einem derart unerhörten Betrug zu schreiten? Die Antwort ist ziemlich einfach: Es handelte sich um einen Propagandaakt gegen die Briten. Zu der Zeit, als Franklin seine *Independent-Chronicle*-Ente in Umlauf brachte, war der Unabhängigkeitskrieg so gut wie vorüber, lag der entscheidende französisch-amerikanische Sieg in der Schlacht von Yorktown sechs Monate zurück und hatten die Pariser Gespräche soeben erst begonnen. Franklins böser Streich wurde in Amerika gar nicht verbreitet, die Exemplare gingen an Verbündete in Großbritannien, Spanien und den Niederlanden. Sein Ziel – das er auch tatsächlich erreichte – war, die Geschichte in die britische Presse zu lancieren, weil er hoffte, sie würde die öffentliche Meinung umschlagen lassen zugunsten der Reparationszahlungen an Amerika für die von den Briten angeblich begangenen Grausamkeiten.

Aber auch wenn das der direkte pragmatische Grund war, es gibt noch eine grundsätzlichere – und ich glaube befriedigendere – Antwort auf die Frage, warum er diesen Schwindel angezettelt hat, und die lautet: Benjamin Franklin hatte ein verdammtes Faible fürs Lügen. Konnte einfach nicht genug davon bekommen. Wie wir gesehen haben, war Franklin von seinen Jugendjahren als Teenager bis zu seinem Tod mit vierundachtzig Jahren ein unverbesserlicher und dreister Urheber wilder und extravaganter Streiche in allen Größenordnungen. Manchmal waren sie politisch motiviert, manchmal ging es um finanziellen Gewinn oder um persönliche Kleinfehden, aber oft nur um die reine unverfälschte Freude daran, sich irgendeinen Blödsinn auszudenken. Andere mögen mit größeren Folgen andere in die Irre geführt haben, aber welche Maßstäbe man auch anlegt, Benjamin Franklin muss als einer der produktivsten, geschicktesten und innovativsten Bullshitter in die Geschichte eingehen.

Wie ernst genommen Franklin seine Scherze von seinen Mitbürgern sehen wollte, ist nicht klar. Schließlich war er mitnichten der Einzige, der seinerzeit unter fiktiven Pseudonymen Sachen publizierte. Der Aufstieg des gedruckten Mediums hatte zu einer wahren Explosion an »Inhalten« geführt, und die Leute mussten noch die Tatsache begreifen lernen, dass manche gedruckten Dinge wahr, andere hingegen erfunden sein konnten. Nur wenige Jahre, bevor Franklin 1722 Silence Dogood erfunden hatte (siehe Kapitel zwei), hatte Daniel Defoe seinen *Robinson Crusoe* veröffentlicht – der wohl erste moderne englische Roman, geschrieben im Stil einer echten Autobiografie und als solche von den Lesern aufgenommen. Um etwa dieselbe Zeit war Jonathan Swift eifrig dabei, die moderne Satire zu erfinden. War es wirklich Franklins Absicht zu betrügen, oder experimentierte er einfach mit neuen literarischen Formen, deren ethische Grenzen noch ein wenig verschwommen waren?

Die Linie zwischen Schwindel und Satire ist verschwommen, sogar heute noch, und so gut wie alle von Franklins Kreationen sind Ventile für dessen koboldhaften, satirischen, überaktiven Sinn für Humor. Einfach ausgedrückt: Franklin war ein Eulenspiegel der Extraklasse. Einer möglicherweise nicht wahren Anekdote zufolge soll Thomas Jefferson auf die Frage, warum man nicht Franklin gebeten habe, die Unabhängigkeitserklärung zu schreiben, erklärt haben: »Weil er es sich nicht hätte verkneifen können, einen Scherz darin unterzubringen.« Ich habe das Gefühl, ich spreche für viele Menschen, wenn ich sage, dass es eine echte Schande ist, dass der Historie Benjamin Franklins alternative Unabhängigkeitserklärung vorenthalten geblieben ist.

Bitte verstehen Sie mich nicht falsch, die Erklärung, so wie sie ist, stellt ein solides Stück Arbeit dar, aber sie ist nicht direkt bekannt für ihren Witz. Es hätte nicht schaden können, hier und da ein paar Gags hineinzuschmuggeln, um die Stimmung aufzuhellen.

Aber während viele von Franklins Scherzen unbestreitbar gedacht waren, um zu amüsieren (wenigstens ihn selbst und möglicherweise ein paar andere), lässt sich das von der Skalp-Story wirklich nicht sagen. Welche satirische Absicht auch immer hinter seinem Schreiben gestanden haben mag, sie wird bei Weitem überdeckt durch seinen Zorn. Und an diesem Punkt seiner Laufbahn war er sich sehr genau darüber im Klaren, wie weithin seine Darstellung geglaubt werden würde, er wusste genau, wie man eine falsche Geschichte so in der Presse eines anderen Landes unterbrachte, dass sie internationale Verbreitung fand, aus einer Zeitung von der nächsten abgeschrieben, von Land zu Land weitergereicht würde. Hier handelte es sich um eine vorsätzliche Täuschung im Dienste fieser diplomatischer Zwecke. Das Ganze war mit Sorgfalt gemacht: Die Ausgabennummer auf der Beilage war die der Ausgabe, die nur einen Monat zuvor erschienen war, der Name des wahren Herausgebers war genannt, und das Ganze war in Aussehen und Stil ein sehr gut getroffenes Abbild des echten *Independent Chronicle* (wenngleich Franklin wie viele Fälscher der Weltgeschichte der Versuchung nicht widerstehen konnte, das, was er eigentlich kopierte, ein kleines bisschen zu verbessern, indem er einen eleganten, aber verräterischen Kursiv-Schrifttyp verwandte, den er sich für seine Passy Press eigens hatte anfertigen lassen).[140] Und als er den Artikel an John Adams schickte, zog er sogar den alten Trick aus der Schublade, sich skeptisch zu geben in Bezug auf den Fake, den er nur wenige Stunden vorher selbst fabriziert hatte.[141]

Aber mögen auch das Ziel von Franklins Desinformation die Briten gewesen sein, so forderte die Story, die er sich aus den Fingern gesogen hatte, letztlich eine völlig andere Gruppe von Opfern: die amerikanischen Ureinwohner, um die er gesponnen hatte, was man nur als extrem rassistisches

Lügengebäude bezeichnen kann. Bei seiner Jagd nach blutrünstigen Details, die seiner Story ein bisschen aufmerksamkeitsheischende Sensationen verleihen würden, wiederholte Franklin ausgeschmückt und maßlos übertrieben Lügen über die indigenen Völker, die deren künftige Wahrnehmung noch für sehr lange Zeit prägen sollten.

Um es klar zu sagen: Skalpieren als Kriegshandlung hat in Amerika ohne Zweifel stattgefunden und ist mit an Sicherheit grenzender Wahrscheinlichkeit von indigenen Völkern praktiziert worden – aber das war lange vor dem Eintreffen der ersten europäischen Siedler. Vom ersten Tag des Unabhängigkeitskrieges an hat es die machtvolle Kombination aus Angst, Gerüchten und Propaganda geschafft, diesen Umstand zu einer allgegenwärtigen Gefahr aufzublasen. Er wurde zu einem Volksmärchen – zum überall und allezeit lauernden Schreckgespenst. Hörensagen und Flüsterküche führten dazu, dass falsche Geschichten über angeblich von Briten angeordneten Massakern und Massenskalpierungen an Weißen durch Indianer gang und gäbe waren – ein solcher Humbug schaffte es sogar in die Unabhängigkeitserklärung.[142] (Mit Witzen an seiner Stelle wäre sie entschieden besser geworden.) In Wirklichkeit war das Skalpieren keineswegs alleinige Domäne der Indianer. Tatsächlich wurde es während des Krieges von allen Seiten praktiziert, wobei die Revolutionstruppen oftmals stattliche Prämien für indianische Skalps boten. Ja, nur wenige Wochen bevor Franklin seine falsche Zeitung bastelte, hatte in Gnadenhutten, Ohio, die vermutlich allerschlimmste Gräueltat des Krieges stattgefunden, als weiße Revolutionsmilizen mehr als neunzig unbewaffnete Gefangene – Männer, Frauen und Kinder indianischer Abstammung – in Scheunen zusammentrieben und dann mit Hämmern erschlugen, um sie anschließend zu skalpieren.

Wäre Franklins Nummer dort geblieben, wo sie hinsollte – in der Londoner Presse vom Frühling 1782 –, wäre sie heute lediglich eine Fußnote der Geschichte. Stattdessen aber war ihr ein Nachleben beschieden, das lange über die schlussendliche Unterzeichnung des Friedensvertrags im Jahr 1783 hinaus währte. Denn das ist das Problem mit wirklich überzeugenden Lügen: Wenn Sie falsche Informationen in die Welt setzen, stehlen die sich nicht still und leise davon, sobald sie den Zweck erfüllt haben, für den sie gedacht waren. Lügen sind wie Zombies – sie weigern sich zu sterben, und sie wollen Ihr Gehirn.

Das ist das, was mit Franklins Zeitungsente passierte, die zwei Jahrzehnte nach seinem Tod mit Getöse zu neuem Leben und zur Rache erwachte. Im Vorfeld erneuter kriegerischer Auseinandersetzungen zwischen den Vereinigten Staaten und Großbritannien im Jahr 1812 – in denen sich wiederum einige indigene Völker an die Seite der Briten stellten – wurde die Mär unerwartet wieder ausgegraben. Und dieses Mal war ihr Einfluss ungleich größer.

Als Franklin seine Geschichte das erste Mal die Runde machen ließ, wurde sie von acht amerikanischen Zeitungen übernommen. Bei der zweiten Runde – zwischen 1806 und 1814 – druckten nicht weniger als siebenundzwanzig verschiedene Blätter ihre eigenen Versionen davon, zwölf darunter – verteilt über eine Fläche von South Carolina bis Vermont – im Verlauf weniger Monate des Jahres 1813. Der Mythos sickerte ins Bewusstsein der amerikanischen Öffentlichkeit und addierte sich dort zu der Wahrnehmung der Indianer als erbarmungsloser Wilder. Obwohl schließlich allgemein bekannt wurde, dass Franklin sich in seinen Briefen zu dem Fake bekannt hatte, wird die Behauptung auch in der Gegenwart noch immer gelegentlich als Wahrheit zitiert. Wir werden nie wissen, wie viel diese ungeheuerliche Lüge zu dem kaltschnäuzigen Umgang beigetragen hat, den die indigenen Völker Amerikas im Laufe der folgenden Jahrhunderte zu ertragen hatten, aber sie war ganz sicher nicht folgenlos.

7

Krumme Geschäfte

Wo immer es Geld zu verdienen gibt, gibt es auch jemanden, der bereit ist, die Wahrheit zu verdrehen, um daran zu kommen. Das ist nicht sonderlich überraschend. Wir haben eine Welt geschaffen, in der Geld wichtig ist: Es lässt uns leben, es erfüllt uns unsere Wünsche und, wenn man genug davon zusammenbekommt, verschafft es uns Macht. Wenn Sie genügend Macht und Geld angehäuft haben, können Sie anfangen, andere Leute dazu zu bringen, das zu tun, was Sie von ihnen wollen, und die Welt um Sie herum verändern. Und an einem bestimmten Punkt wird diese Macht so groß, dass Sie den Eindruck gewinnen müssen, Sie könnten die Realität beliebig nach Ihren Wünschen formen. Sie müssen die Wahrheit nicht mehr verdrehen, um an Geld zu kommen, das Geld verbiegt die Wahrheit für Sie. Wenn jeder Sie wie den größten Geschäftsmann der Welt behandelt, dann sind Sie das mehr oder weniger automatisch auch. Ihnen eröffnen sich Möglichkeiten, die anderen verschlossen bleiben. Sie kommen mit Fehlschlägen durch, die für jeden anderen den Ruin bedeuten würden. Sie werden zum Großen Gatsby. Thérèse Humbert hielt Geld für eine Illusion – einen »Taschenspieler- oder Gauklertrick, den man beherrschen musste« –, nun, sie lag nicht komplett falsch.

Im Prinzip müssen Sie nur so lange betrügen, bis Sie genug Geld haben.

Dieses Kapitel wird sich mit den verschiedenen Methoden befassen, mit deren Hilfe Leute die gesamte Menschheitsgeschichte hindurch gelogen und betrogen haben – und zumindest vorübergehend damit durchgekommen sind.

Es sollte an dieser Stelle gesagt sein, was für eine große Rolle Rückschau bei alledem spielt. Im Geschäftsleben wird *»fake it till you make it«* (zu Deutsch etwa: »Schummel, bis du es geschafft hast«) nicht nur toleriert – sondern wird im Unternehmertum routinemäßig als wichtige Lektion gelehrt, zusammen mit Anekdoten über die Unverfrorenheit anfänglich beschissen gelaufener Start-ups, wie sie gerne unter Leuten kursieren, deren bevorzugtes soziales Netzwerk LinkedIn ist. Microsoft beispielsweise kam in die Gänge, als Bill Gates unter dem Namen seines Mitgründers Paul Allen den Präsidenten der Firma anrief, der den bahnbrechenden Altair-PC herstellte, und ihm sagte, er habe Software für ihn geschrieben. Der Präsident, Ed Roberts, war beeindruckt und lud ihn ein, zu ihm zu kommen und sie ihm vorzuführen. Was toll war … nur entsprach das, was Gates gesagt hatte, auch nicht im Entferntesten der Wahrheit. Sie hatten nicht nur kein fertiges Produkt, sie hatten noch nicht einmal *angefangen,* es zu schreiben. Die Software wurde in einem wahren Programmierrausch binnen der zwei Monate zwischen dem Anruf und der Vorführung geschrieben. Da sie keinen Altair-Computer hatten, um sie zu testen, hatten sie bis zum Tag der Demo nicht die geringste Ahnung, ob ihre Software überhaupt funktionierte.[143]

Das ist mitnichten das einzige Beispiel für Erfolgsgeschichten à la *»fake it till you make it«*, selbst wenn Sie Ihre Stichprobe auf »weltweit marktbeherrschende amerikanische IT-Firmen« beschränken. Als Steve Jobs 2007 das iPhone in so denkwürdiger Weise enthüllte und ein »revolutionäres und magisches Gerät« verhieß, das das Telefon, wie wir es bis dahin kannten, neu erfinden würde, hatte er ein kleines Problem: Apple hatte es bis dahin nicht hinbekommen, ein iPhone herzustellen, das auch tatsächlich funktionierte. Die Prototypen stürzten ständig ab und ließen Anrufe mittendrin abbrechen. Als Jobs das iPhone im Moscone Center von San Francisco einer entzückten Menge live vorführte und in einer schicken Präsentation der bahnbrechenden Macht und Nutzerfreundlichkeit des iPhones scheinbar lässig zwischen verschiedenen Apps hin und her wechselte, befolgte er in Wirklichkeit einen starr festgelegten »goldenen Weg« – eine genau definierte Reihe von Aktionen, peinlich genau ausgearbeitet von den Ingenieuren seiner Firma, die so gut wie die einzige Abfolge darstellte, die das iPhone überstand, ohne den Geist aufzugeben.[144]

Natürlich ist der Grund dafür, dass für Gates und Jobs in Business- und Wirtschaftsschulen auf der ganzen Welt ein Platz im Lehrplan reserviert ist, die Tatsache, dass sie es nach ihrem anfänglichen Täuschungsmanöver am Ende geschafft haben. Sie trafen Ermessensentscheidungen auf der Grundlage einer, wie sich zeigen sollte, völlig korrekten Einschätzung ihrer Fähigkeit, das, was sie versprachen, auch zu erfüllen. Das aufstrebende Microsoft bewies seine Programmierkunst und schwang sich zum Beherrscher des Heimcomputermarktes auf, Apple bekam die Memory-Probleme seines iPhones mit einem neuen, maßgeschneiderten Chip in den Griff und veränderte auf immer die Art und Weise, wie wir Leute im Zug links liegen lassen. SEHR WICHTIG FÜR ANWÄLTE, DIE DAS HIER LESEN: ICH BEHAUPTE NICHT, BILL GATES ODER STEVE JOBS SEIEN GAUNER ODER HOCHSTAPLER ODER IRGENDETWAS IN DER ART GEWESEN. Sie waren sehr gut in dem, was sie taten! Dieses Buch wurde in Word auf einem Macbook Pro geschrieben! Danke, Jungs.

Der Punkt ist lediglich, dass dies alles aus der Retrospektive geschrieben ist: Sie finden erst im Nachhinein heraus, ob die Geschichte Sie als »Faker« oder »Maker« abheften wird. So gesehen liefert dies keinen besonders hilfreichen Wegweiser dafür, wie Sie *jetzt* zu handeln haben. »Mach nur, tu das Unanständige, denn in der Zukunft wirst du erfolgreich sein, und all das hier wird wenig mehr sein als eine amüsante Anekdote«, wird im Allgemeinen von keiner der großen Weltreligionen außer dem Kapitalismus als legitime, ethisch vertretbare Position erachtet und hängt zudem sehr davon ab, dass Sie wirklich Erfolg haben, um all das Zeug zu rechtfertigen, das Sie vorher angezettelt haben.

Die Kehrseite von alledem offenbart sich natürlich, wenn Menschen ihre Fähigkeiten im Einhalten ihrer Versprechungen falsch einschätzen. So etwas haben Sie, wenn Sie es statt mit Microsoft oder Apple mit Firmen wie Theranos zu tun bekommen – jenem Biotechnologieunternehmen mit einem Börsenwert von zehn Milliarden Dollar, gegründet auf einen revolutionären neuen Bluttest, der, wie sich herausstellen sollte, in Wirklichkeit gar nicht gut Blut testen konnte. Das Ganze war ein Bilderbuchbeispiel für Schummeln und es nicht zu schaffen, noch ein bisschen mehr zu schummeln und letztes Endes ein Betrugsverfahren an den Hals zu bekommen. Aber vor ihrem schlussendlichen Niedergang wurden das Unternehmen und seine junge Gründerin Elizabeth Holmes in den Medien weithin als Pioniere gefeiert, zierten Zeitschriftencover, galten als leuchtende Vorbilder und wurden mit Steve Jobs verglichen – was allem Anschein nach im Großen und Ganzen darauf zurückzuführen war, dass Holmes schwarze Rollkragenpullover trug in der Hoffnung, die Leute würden sie mit Steve Jobs vergleichen. (Statt hier weiter ins Detail zu gehen, empfehle ich Ihnen einfach »Bad Blood: Die wahre Geschichte des größten Betrugs im Silicon Valley« von John Carreyrou zu lesen, jenem Journalisten, der Theranos 2015 auffliegen ließ, denn ganz ehrlich, da bleibt einem die Spucke weg.)

Aber andersherum: Hätte Gregor MacGregor nur ein bisschen weniger Zeit in den Entwurf eines imaginären Wappens und eines Ehrentitelsystems gesteckt und ein bisschen mehr in das Rekrutieren von Leuten, die die nötigen Fertigkeiten hatten, mitten im Dschungel eine Stadt zu errichten, wäre er dann überhaupt in Kapitel fünf aufgetaucht? Vielleicht hätte er es fertiggebracht, das Ganze durchzuziehen, und würde heute als heldenhafter Pionier gefeiert, nach dem alles Mögliche benannt wird und über den Bücher geschrieben werden, in denen gemutmaßt wird, dass es möglicherweise vielleicht deshalb zu diplomatischen Vorfällen mit der Regierung von Poyais kam, weil er ein etwas windiger Vertreter war, und Zeitungskommentatoren schrieben vor Wut schäumende Kolumnen über Studenten, die per Petition forderten, seine Standbilder zu entfernen.

Wie schmal genau diese Grenze ist, lässt sich sehen am Beispiel von Whitaker Wright.

Wright war jeder Zoll das Musterbeispiel des schwerreichen spätviktorianischen Industriellen – ein Selfmade-Man, der sich aus armen Verhältnissen hochgearbeitet hatte, dessen Geschäftsinteressen sich auf alle Kontinente erstreckten und dessen Reichtum durch zunehmend »protzige Anschaffungen« zur Schau gestellt wurde. Wenn ich schreibe »protzige Anschaffungen«, meine ich das wirklich. Er hatte alles: den riesigen Landsitz, das stattliche Haus im angesagtesten Stadtteil Londons, die gigantische Yacht, mit der er Rennen gegen seinen Freund Kaiser Wilhelm II. fuhr. Zentrales Element seines Anwesens Witley Park war eine Reihe künstlich angelegter Seen, von denen einer ein Vorzeigeobjekt enthielt, das geradewegs einem Steampunk-Roman entsprungen scheint: ein Unterwasser-Rauchzimmer. Dieser sechs Meter hohe, mit Mosaikböden bestückte Glaspalast am Grund eines der Seen war über einen hundert Meter langen Tunnel zu erreichen und ermöglichte es Wrights Gästen, Zigarren zu rauchen, zu trinken und zu tanzen und dabei den Fischen im Wasser über ihren Köpfen zuzuschauen. Entlüftet wurde der von der Presse jener Zeit als »Märchenzimmer unter Wasser« und von Wright selbst als »Kristallhöhle«[145] bezeichnete Raum durch den Mund einer Neptunstatue an der Oberfläche, aus dem der anfallende Rauch austrat, das Glas wurde von zwei eigens dafür eingestellten Tauchern regelmäßig sauber gehalten.

Lassen Sie uns das wiederholen: UNTER 👏 WASSER 👏 RAUCH 👏 ZIMMER. Wenn Sie nicht über ein Unterwasser-Rauchzimmer verfügen – könnten Sie dann wirklich sagen, Sie hätten es geschafft?

Der Haken aber war, dass Wrights gesamtes Geschäftsimperium auf Lügen fußte.

Wright war Brite, verdiente sein Vermögen jedoch anfänglich in Amerika, dann in Australien und Kanada. Ursprünglich war er mit seiner Familie nach Ontario emigriert, nachdem das Druckerunternehmen, das er und sein Bruder in Halifax gegründet hatten, nach einem Jahr pleitegegangen war – ein Vorgeschmack auf unternehmerisches Scheitern, eine Erfahrung, die Wright, so beschloss er, nie wieder würde machen wollen. Anfang der 1870er-Jahre zog er nach Philadelphia, wo das Geschäft auf allen Gebieten blühte. Zu Anfang war Wrights finanzieller Erfolg großenteils rechtens, wenn auch getragen von einer Kombination aus einem unerschütterlichen Glauben an sich selbst, einem charmanten und beredten Wesen und hier und da gefälschten Zeugnissen und Empfehlungen. Obwohl er die Schule mit fünfzehn verlassen hatte, versteifte sich Wright darauf, ein »MA« hinter seinen Namen zu setzen und zu behaupten, er habe an der renommierten Universität Heidelberg Geologie studiert. Er schien, sehr zu Recht, zu dem Schluss gekommen zu sein, dass die Aufwandsschwelle, diese Qualifikation nachzuprüfen, zu hoch sei.

Whitaker Wrights inzwischen lange verlassenes Rauchzimmer.
(Wie Sie anhand der Mode vielleicht erraten haben, stammt dieses Bild
aus den 1970er-Jahren.)

Bergbau wurde Wrights Leidenschaft, und er beschloss, dass darin seine Zukunft läge. Er verfügte über eine echte Begabung beim Einschätzen der Qualität von Erz und machte sich auf in den Westen, um sich an der wilden Jagd auf Edelmetalle zu beteiligen. Seine ersten Schritte machte er in der Silberbergbau-Stadt Leadville, die in den vergangenen Jahren einen Zustrom von Tausenden Goldgräbern erlebt hatte und deren Minen im Jahr Millionen Dollar hergaben. Es war ein turbulenter und gefährlicher Ort (Oscar Wilde, der die Stadt ein paar Jahre später besuchte, berichtete, er habe »alarmiert festgestellt, dass der durchschnittliche Bizeps-Umfang hier mehr beträgt als meine Taillenweite«[146]), bevölkert sowohl von irre wohlhabenden Neureichen als auch vielen mehr, die verzweifelt auf ein Stück von diesem Reichtum aus waren.

Anfänglich schlug Wright denselben Weg ein wie viele andere: ein Leben voller Mühsal auf felsigen Hängen, auf der Suche nach einem Wink des Mammons. Bald aber traf er auf einen Mann namens George D. Roberts, einen berüchtigten Bergbaumagnaten von zweifelhafter Moral, der ein Jahrzehnt zuvor bei einem berühmten Goldgräberbetrug zu den Opfern gehört hatte (dem großen Diamantenschwindel von 1872, bei dem ein Goldgräberduo namens Philip Arnold und John Slack ein Stück unfruchtbares Land in Colorado mit Rohdiamanten spickte, um Investoren glauben zu machen, dass dieses Land ein riesiges Vermögen barg, welches nur darauf wartete, ausgegraben zu werden). Dieser Ansatz scheint sowohl Roberts als auch Wright wie ein sehr viel leichterer Weg zum finanziellen Erfolg vorgekommen zu sein als das eigentliche Abbaugeschäft: Statt mühsam eine ergiebige Silberader aufzutun, einfach ein paar gierige Geldgeber davon zu überzeugen, dass sie eine ergiebige Silberader aufgetan haben, und dankbar deren Geld anzunehmen. Bis die Käufer merken, dass das, was sie erworben haben, nur ein Loch im Erdreich ist, sind Sie weitergezogen – mit all der Macht, dem Einfluss und der Unantastbarkeit für etwaige Konsequenzen, die Geld Ihnen erwerben kann.

In vieler Hinsicht war Leadvilles reichste und am leichtesten ausbeutbare Ressource nicht das Silber – es waren die Leute und deren Hunger auf einen schnellen Taler.

Wright stieß rasch auf ein Rezept, das ihm sein Leben lang gute Dienste leisten sollte: seinen naturgegebenen Charme einzusetzen, um jemand mit unanfechtbaren Referenzen und einem hohen gesellschaftlichen Rang für sein Unterfangen einzunehmen und dann auf der Basis von dessen Ruf und seiner eigenen stattlichen Persönlichkeit – vor allem den leicht zu manipulierenden Medien – den Eindruck zu vermitteln, dass die Unterstützung seines Unterfangens eine sichere Sache sei. Sein erstes menschliches Aushängeschild dieser Art war der angesehene amerikanische Paläontologe Edward Drinker Cope, ein Mann, der irre viel davon verstand, Sachen aus dem Erdreich zu buddeln, aber deutlich weniger von der menschlichen Fähigkeit zum Lügen. Mit Cope im Rücken brachte Wright es fertig, sein erstes Bergbauunternehmen mit fünf Millionen Dollar an die Börse zu bringen – beträchtlich mehr, als es in Wirklichkeit wert war.

Diesem Muster sollte Wright weiterhin folgen, von einem Unterfangen zum nächsten tingeln, fast immer unbeeindruckt durch den Umstand, dass er eine Reihe enttäuschter Investoren hinter sich ließ. Er hatte ein willfähriges Medienunternehmen in der Tasche, dessen Beschreibung seiner Person nach einem Groschenroman vom Anfang des letzten Jahrhunderts klang: »Ein hochgewachsener, stattlicher, gebieterischer Mann, alles an seiner Person atmete Schneid, Energie, Ehrgeiz«, schrieb die *Albany Review* und wischte sich den Schweiß von der fiebernden Stirn.[147] Als Wright aus den Vereinigten Staaten nach England zurückkehrte, um die London and Globe Company zu gründen, die seine Begabung für das Bewerben zweifelhafter Bergbauaktien zu neuen Höhen trieb, sorgte er dafür, dass der Vorstand mit den Reichen und

Schönen der Londoner Gesellschaft, darunter mehreren Adeligen des Königreichs, besetzt wurde. Alles war darauf ausgerichtet zu garantieren, dass der soziale Druck jedermann davon abhielt, zu viele Fragen zu stellen.

Ironischerweise kam es zu Wrights Niedergang am Ende nicht dadurch, dass jemand sich darüber beschwerte, dass seine Minen nicht immer so tolle Minen waren, sondern dank eines völlig anderen unterirdischen Abenteuers: Wright beschloss, eine U-Bahn-Linie zu bauen.

Ihm war aufgegangen, dass er in Anbetracht eines Hauses, das zumindest in Teilen auf Sand gebaut war, sein Portfolio würde erweitern müssen, und glaubte, dass etwas, das zumindest einen gewissen Grad an Bürgersinn aufwies, seinem Renommee zuträglich sein würde. Daher nahm sich Wright im Jahr 1900 des ins Stocken geratenen Baus der Baker Street and Waterloo Underground Railway an. Die U-Bahn-Linie hatte seit Anfang der 1890er-Jahre mit baulichen Problemen zu kämpfen und war immer wieder von Bauverzögerungen und finanziellen Schwierigkeiten betroffen. (Ich weiß, dass eine Untergrundlinie in London ihr Budget überschreitet und nicht rechtzeitig fertig wird, ist schwer vorstellbar.) Wright beschloss, dass er helfen könne, und gab eine Anleihe heraus, um den Weiterbau zu finanzieren.

Das Ganze wurde ein Desaster. So gut wie niemand wollte die Anleihe kaufen, und Wright konnte nichts tun, um den Bau der Linie zu beschleunigen. Der daraus entstandene Druck auf Wrights übriges Geschäftsimperium veranlasste ihn, in einem verzweifelten Versuch, den äußeren Anschein zu wahren und so zu tun, als stünde alles zum Besten, in einer komplexen Choreografie Kredite zwischen seinen Firmen, die ihre Konten künstlich aufbliesen, hin und her zu schieben, um zu Geld zu kommen. Doch den Überprüfungen, die diese

Aktionen mit sich brachten, hielten seine Transaktionen nicht stand. Wright wurde verhaftet und des Betrugs angeklagt. 1902 wurde er verurteilt. Er erhängte sich noch in der Zelle des Königlichen Gerichtshofs, wenige Minuten, nachdem das Urteil verkündet worden war.

Im selben Jahr übernahm eine neue Firma den Bau der Baker Street and Waterloo Underground Railway. Sie stellte sie in kurzer Zeit fertig, und es gibt sie heute noch: Es handelt sich, wie Sie sich denken werden, um die Bakerloo-Linie.

Whitaker Wright mag einer von den großtuerischeren Exemplaren auf dem schmalen Grat zwischen Geschäftserfolg und blankem Betrug gewesen sein, aber die Sorte von Investmentblasen, die er so fröhlich ausgebeutet hat, war unsere ganze Geschichte hindurch gang und gäbe.

In London herrschte in den 1720er-Jahren ein derart irrwitziges Interesse am Investieren in der Südsee, dass ein paar Glücksritter es fertigbekamen, Anteile an einer Firma zu verkaufen, die »ein Unterfangen von großem Nutzen durchführt, von dem niemand wissen darf, was es ist«.

Monate später wurden in Paris Häftlinge aus den Gefängnissen geholt, mit Prostituierten verheiratet und in Scharen nach Louisiana verfrachtet, weil man dort dringend Siedler brauchte, denn jeder hatte eine Menge Geld darauf gesetzt, dass der Ort ein ökonomisches Wunder in Wartestellung war.

Wright war auch nicht der Erste, der aus zweifelhaften Gründen ins Eisenbahngeschäft einstieg: In den 1840er-Jahren steckten Berühmtheiten wie Charles Darwin, die Brontë-Schwestern und William Makepeace Thackeray jede Menge Geld in falsche neue Eisenbahnen, während das britische Parlament beinahe im Wochentakt neue Gesetze erließ und neue Teile eines Eisenbahnnetzes beschloss, das es nie geben würde – in manchen Fällen aus rein technischen Gründen auch nie gebaut werden könnte.

Man ist leicht versucht zu glauben, dass diese Art von Krawattengeschäftspraktiken Erfindungen aus jüngster Zeit sind und dass der Umgang mit den ganzen Scherereien, die zwielichtige Geschäfte mit sich bringen, etwas ist, mit dem die Leute früher sich nicht herumschlagen mussten. Wir denken vielleicht, es sei ein neues Phänomen, wenn wir – gefühlt – unser halbes Leben damit zubringen, uns wegen irgendeines schlampig gemachten Zeugs bei einem gleichgültigen Kundenbetreuer zu beschweren, und dass wir, wenn wir auf Twitter über ein Unternehmen meckern, mit einem Problem der »Ersten Welt« zu tun haben. Man kann den Eindruck haben, dass Geschäftsleute, die schamlos lügen, eine zutiefst *moderne* Erscheinung sind.

Aber für den Fall, dass Sie das je gedacht haben sollten, möchte ich Ihnen Ea-nasir vorstellen.

Ea-nasir war im Grunde ein Whitaker Wright, nur dass er 3 500 Jahre früher gelebt hat. Er war ein Kaufmann, der um 1750 v. Chr. in der Stadt Ur lebte, einer der großen Städte des alten Mesopotamien (im heutigen Südirak), und scheint ein ziemliches Schlitzohr gewesen zu sein, der von Immobilien bis hin zu gebrauchter Kleidung mit allem handelte, woraus sich Gewinn schlagen ließ. Sein Hauptgeschäft scheint darin bestanden zu haben, Kupfer aus dem bedeutenden Handelszentrum Dilmun am Persischen Golf zu importieren.

Wir alle haben in unserem Leben Dinge, derer wir uns schämen, aber wir glauben gerne, dass wir, wenn überhaupt, dann wegen der guten Dinge in Erinnerung bleiben, die wir getan haben. Ea-nasir ist geneigt, dieser Hoffnung einen ordentlichen Dämpfer zu verpassen. Sehen Sie, fast 4 000 Jahre, nachdem er auf Erden wandelte, gehört Ea-nasirs Name zu den vergleichsweise wenigen aus der Zeit, die in den Annalen der Geschichte fortleben – aber das, was wir von ihm vor allem wissen, ist, dass er ein verflixter Bullshitter und ein verdammt durchtriebener Kupferhändler war.

Wir wissen das, weil Archäologen Ea-nasirs Haus ausgegraben haben, wo er hilfreicherweise seine gesamte Korrespondenz aufgehoben hat – Tontafeln mit Kommentaren von seinen Kunden, die ihm von Mittelsleuten überbracht wurden. Ea-nasir scheint sein Geschäft anfänglich recht erfolgreich betrieben zu haben, unter anderem eine Menge Handel im Auftrag des Königs.

Aber im Laufe der Zeit beginnt sich in den Kommentaren, die die Leute ihm schickten, ein bestimmtes Muster herauszuschälen. Grob zusammengefasst läuft das Grundmotiv heraus auf: »Was hast du mit meiner Kohle angestellt, du gewissenloser Bastard?«

Jene Tontafeln mit ihrer sumerischen Keilschrift – eine der ersten Schriftsprachen der Menschheitsgeschichte – sind die ältesten bekannten Kundenbeschwerdebriefe der Welt.

Die vier uns bekannten Hauptbeschwerdeführer sind die Herren Nanni, Abituram, Appa und Imqui-Sin. Dem Inhalt ihrer Anschreiben nach waren sie die Sponsoren von Ea-nasirs Geschäftsreisen nach Dilmun, von wo er ihnen im Gegenzug eine Ladung Kupferbarren mitzubringen versprach.

Nanni scheint einigermaßen angefressen darüber gewesen zu sein, dass die Mittelsmänner, die er zu Ea-nasir gesandt hatte, frei nach dem Motto »Friss oder stirb« mit minderwertigem Kupfer abgespeist wurden und Ea-nasir sich weigerte, Nanni sein Geld zurückzuerstatten.

Es lohnt, eine von Nannis Beschwerden genauer zu lesen, weil sie (trotz aller Tücken, die eine Übersetzung aus dem Sumerischen mit sich bringt) ein gutes Gefühl dafür vermittelt, wie wenig sich in den vergangenen 4 000 Jahren geändert hat, was das Thema krumme Geschäfte betrifft.

Sagt Ea-nasir, Nanni schickt ihm folgende Botschaft:
   Als du kamst, sagtest du zu mir das Folgende: »Ich werde Gimil-Sin (wenn er kommt) Kupferbarren von feinster Qualität geben.« Du bist dann gegangen, aber du hast nicht gehalten, was du versprochen hast. Du hast meinem Boten (Sit-Sin) Barren vorgelegt, die nichts taugen, und gesagt: »Wenn du sie haben willst, nimm sie, wenn du sie nicht haben willst, dann geh weg!« Für was hältst du mich, dass du jemanden wie mich mit solcher Geringschätzung behandelst?

Ea-nasir hatte sich ganz eindeutig für die klassische Strategie: »Wenn dir meine Kupferbarren nicht gefallen, dann hau ab« entschieden, worauf Nanni die gute alte »Was glaubst du eigentlich, mit wem du es zu tun hast?«-Karte zog. Er legt außerdem viel Wert darauf, en détail auszuführen, wie viel Geringschätzung Ea-nasir ihm entgegengebracht hat, und fährt fort, dass er »Männer von Stand, wie wir es sind, gesandt habe, um die Tasche mit Geld abzuholen«, dass aber Ea-nasir »mir die Verachtung entgegengebracht hat, sie mehrmals mit leeren Händen zu mir zurückzuschicken, und das durch Feindesland.« Er endet mit einem Ultimatum:

Du hast mir im Feindesland meine Geldbörse vorenthalten, es ist nun an dir, mir [mein Geld] in voller Höhe zurückzuerstatten.
   Nimm zur Kenntnis, dass ich (von nun an) von dir kein Kupfer akzeptieren werde, das nicht von bester Qualität ist. Ich werde (von nun an) auf meinem eigenen Grund

die Barren auswählen und persönlich entgegennehmen, und
ich werde von meinem Recht Gebrauch machen, sie zurück-
zuweisen, weil du mich mit Geringschätzung behandelt
hast.[148]

Leider haben wir keine Aufzeichnung davon, wie Ea-nasirs
Antwort auf diese Beschwerde gelautet hat – er hat lediglich
seine eingehende Korrespondenz aufbewahrt, und von seinen
Antworten hat sich in den bisherigen archäologischen Zeugnissen keine erhalten. Waren sie das sumerische Gegenstück
zu: »Ihr Feedback ist uns sehr wichtig, und wir entschuldigen
uns, wenn unser Service Ihre Erwartungen nicht erfüllt hat?«
Oder eher das sumerische Äquivalent von: »Haha, in deiner
Haut möchte ich nicht stecken, du Loser?«

Sicher werden wir es nicht wissen, aber eine Ahnung davon
bekommen wir aus den nachfolgenden Botschaften von Abituram und Appa. Abituram scheint Nanni in gewisser Weise
voraus gewesen zu sein, denn er verfügte über ein zusätzliches Druckmittel gegen Ea-nasir – der Eröffnungsschachzug
in seinem Schreiben besteht in der Drohung, Ea-nasirs Hypo-
thek aufzukündigen, sollte dieser es verabsäumen, seinem
Mittelsmann, einem Typen namens Nigga-Nanna, die Waren
auszuhändigen.

»Das Silber und die Zinsen übergib an Nigga-Nanna«,
beginnt Abiturams erster Brief, und er fährt fort mit der Drohung: »Warum hast du das Kupfer nicht geliefert? Wenn du es
nicht lieferst, werde ich dich pfänden.«[149]

Sein nächster Brief haut in dieselbe Kerbe: »Warum hast du
Nigga-Nanna das Kupfer nicht gegeben?«, beginnt er, bevor
er (nur für den Fall, dass die Botschaft nicht ganz verstanden wurde) endet mit: »... das Kupfer ... übergib es Nigga-
Nanna.«

Dann gesellt sich Appa dazu: »Mein Kupfer, übergib es an Nigga-Nanna – gutes Kupfer, damit mein Herz sich nicht betrübt.«

Danach stimmt Imqui-Sin ein und nimmt den Refrain auf: »Gib Nigga-Nanna gutes Kupfer wie vereinbart …«, schreibt er, bevor er abermals betont, nur um den Punkt auch kristallklar zu machen: »Damit dein Herz sich nicht betrübt, gib ihm gutes Kupfer.«

Dann fügt er noch an – in klagendem Ton, den jeder, der schon mal bei seinem Breitband-Provider zwei Stunden in der Warteschleife gehangen hat, trotz der Jahrtausende, die uns von den Kaufleuten von Ur trennen, augenblicklich erkennen wird: »Weißt du, wie müde ich bin?«

Hat sich all das für Ea-nasir ausgezahlt? Es sieht so aus, als habe es, genau wie bei Wright, eine Zeitlang super funktioniert, sei ihm dann allerdings um die Ohren geflogen.

Wie bereits erwähnt, verfügen wir über all diese Steinplatten nur, weil Ea-nasirs Haus in den 1950er-Jahren von Archäologen ausgegraben wurde. Und Leonard Woolley, dem Leiter der Ausgrabung, ist am Domizil unseres Knaben etwas Interessantes aufgefallen. Es handelt sich um ein großes, nobles Haus, wie es seinem Stand als mehr oder weniger großer Nummer angemessen schien. Aber gegen Ende der Phase, in der Ea-nasir Handel getrieben hat, scheint der Großteil davon schlagartig den Besitzer gewechselt zu haben und dem Haus seines Nachbarn einverleibt worden zu sein.

Woolleys Schlussfolgerung? Unser Freund muss ziemlich plötzlich und dringend gezwungen gewesen sein, seinen Hausstand zu verkleinern und sich einen bescheideneren Lebensstil zuzulegen – vermutlich als ihm die Jahre anhaltenden bitteren Beschwerden der Rezensenten auf der altmesopotamischen Version von Yelp endlich zum Verhängnis wurden.

Ea-nasirs Geschichte zeigt uns, dass sich in den letzten 4 000 Jahren auf Erden wenig getan hat. Denn solange es unsere Zivilisation gibt, hat es immer auch Glücksritter gegeben, die darauf aus waren, alle anderen zu übervorteilen. Und solange es Geld gibt, hat es immer auch Leute gegeben, die ihre bedauernswerten Mitmenschen überredet haben, es herauszurücken. Und solange es die Schrift gibt, haben wir angefressene Briefe geschrieben, um zu fragen, wo zum Teufel unser Kupfer bleibt und warum genau es Nigga-Nanna nicht übergeben wurde.

Natürlich können Sie nicht über die Praktiken des Betrugsgeschäftes reden, ohne den König der Branche zu erwähnen, der es wie kein anderer verstand, mit Täuschungsmanövern Kohle zu scheffeln: P. T. Barnum, der »Größte Showman der Welt«. Barnum ist nicht nur allgemein bekannt für die Zirkusse und Kuriositätenkabinette, die ihn Mitte des 19. Jahrhundert zu einem reichen Mann gemacht haben, sondern auch für seine – wie soll ich sagen – komplizierte Beziehung zur Wahrheit.

Barnum war ein notorischer Schwindler. Seine Shows brüsteten sich regelmäßig mit ausgemachten Bluffs wie der »Fidschi-Meerjungfrau« (der oberen Hälfte eines Affen auf die untere Hälfte eines Fischs genäht, der gar nicht aus Fidschi stammte – man nimmt an, das Ganze wurde in Japan hergestellt und schließlich an Barnum verkauft[150]) und dem »Riesen von Cardiff«, der noch nicht einmal auf sein eigenes Humbug-Konto ging. Bei dem angeblich drei Meter großen »versteinerten Mann«, der in Cardiff, New York, ausgegraben worden war, handelte es sich in Wirklichkeit um irgendwelche Knochen, die von zwei Cousins namens George Hull und William Newell, dort vergraben wurden, damit sie »entdeckt« werden konnten. Als Barnum den Riesen, der bei seiner öffentlichen Zurschaustellung eine Menge Geld einbrachte, kaufen wollte und eine Absage erhielt, fertigte er eine eigene Version an und erklärte prompt die andere zur Fälschung.

Zur selben Zeit war Barnum auch bekannt dafür, gern andere Fakes auffliegen zu lassen, und wetterte gegen die Medien und die Spiritualisten. Er schrieb 1865 sogar ein Buch darüber: »The Humbugs of the World«, eine Auflistung von »Täuschungen … Quacksalbereien, Betrügereien und Betrügern« der Menschheitsgeschichte. Gute Idee für ein Buch, wenn Sie mich fragen.

Aber lassen Sie uns betrachten, wie Barnum, damals Angestellter in einem Kolonialwarenladen, Fuß in der Unterhaltungsindustrie gefasst hat – mit einer Show, die am 10. August 1835 in Niblo's Garden in New York eröffnete – nur zwei Wochen bevor Richard Adam Locke die Aufmerksamkeit der Welt mit seinem Mondschwindel kaperte. Diese Show bestand aus einer einzigen Attraktion: einer Frau namens Joice Heth, die, wie Barnum behauptete, 161 Jahre alt und Kindermädchen des Säuglings George Washington gewesen war. Er pries sie als die »erstaunlichste und interessanteste Sehenswürdigkeit der Welt«.

Joice Heth hatte natürlich keinerlei Verbindung zu George Washington und war auch keine 161 Jahre alt – sie war Ende siebzig, altersschwach und blind. Und sie war Sklavin. Seit Kurzem war es von Gesetzes wegen in New York verboten, Sklaven zu halten, Barnum umging das, indem er sie »mietete«.

Die Ausstellung war ein Renner, befeuert von einer eifrigen, sensationshungrigen Berichterstattung seitens der Regenbogenpresse. Nach dem Erfolg in New York nahm Barnum Heth mit auf eine Tournee quer durch Neuengland und zog überall Massen an, die dieses lebende Fossil unbedingt

sehen und anfassen wollten. Der Zeitplan war mörderisch und
zu viel für Joices zerbrechlichen Körper. Sie starb im Februar 1836. Aber Barnum war mit ihr noch nicht durch. Auf
Drängen der Presse und um dem wachsenden Argwohn in
Bezug auf ihr Alter zu begegnen, arrangierte er eine öffentliche Obduktion, für die er von jedem der 1 500 Zuschauer,
die sehen wollten, wie Heths Leiche vor ihren Augen aufge-
schnitten wurde, fünfzig Cent kassierte.[151]

Der Chirurg, der die Obduktion durchführte, erklärte,
das Ganze sei ein Schwindel gewesen, Joice Heth sei nicht
älter als achtzig. Aber diese Enthüllung schadete Barnums
Karriere nicht, sondern beförderte sie vielmehr. Er setzte auf
die Öffentlichkeit und erzählte der New Yorker Presse über
Monate eine Geschichte nach der anderen – Heth sei in Wirklichkeit noch am Leben, die Leiche sei die einer anderen Frau
gewesen, Barnum sei zum Narren gehalten worden, aber Barnum war derjenige, der andere zum Narren hielt. Er verstand
es besser als so gut wie jeder andere, wie die neuen Medien
funktionierten (an einem Punkt soll er sechsundzwanzig Journalisten auf seiner Lohnliste gehabt haben), und realisierte
rasch, dass Wahrheit und Wahrhaftigkeit nicht der Schlüssel
zu seiner Laufbahn sein würden, Bekanntheit und das Talent,
eine unterhaltsame Story zu liefern, hingegen wohl.

Seltsamerweise fehlt all das in dem unfassbar erfolgreichen
Musical, dass Hugh Jackman über Barnums Leben geschrieben hat.

Barnum war zudem imstande, die Faszinosa jener Zeit zu
bedienen – es war eine Zeit der Begeisterung für die Medizin
in all ihren Spielarten, von echten Durchbrüchen über politisch motivierte Rassentheorien bis hin zur Kurpfuscherei.
Das verwundert nicht: Wenn Sie Geld machen wollen und
wenig Skrupel haben in Bezug darauf, wie das vonstattenge-

hen soll, dann gibt es wenig Lukrativeres als das Geschäft mit der Heilung menschlicher Unpässlichkeiten. Die Geschichte der Medizin wimmelt von Quacksalbern, die angebliche Heilmethoden und dubiose Arzneimittel feilboten.

Da wäre zum Beispiel Hadacol, jene berüchtigte, eklig riechende braune Flüssigkeit, die in den 1940er- und 1950er-Jahren für alle möglichen Leiden vermarktet wurde – wobei das Einzige, was sie enthielt, ein paar Vitamine waren und, vermutlich das eigentlich Wichtige für die Verkaufszahlen, zwölf Prozent Alkohol.

Aber das Geschäft mit gefakter Medizin beschränkte sich nicht darauf, leichtgläubige Leute zu verleiten, Flaschen mit einer Flüssigkeit zu erstehen, die sie von gar nichts heilen würde, sondern ging sehr viel weiter (und wurde sehr viel schräger). Zu den bemerkenswertesten – und erfolgreichsten – Quacksalbern des 20. Jahrhunderts gehörte »Doktor« John R. Brinkley, seinen Zeitgenossen besser bekannt als »Ziegendrüsendoktor«.

Warum er Ziegendrüsendoktor hieß? Nun ja. Gute Frage. Freue mich, dass Sie gefragt haben.

Er hieß so, weil er Menschen Ziegenhoden einpflanzte. Um deren Impotenz zu heilen.

Brinkley war kein Arzt, auch wenn er einen Titel führte. Er hatte nie einen Abschluss an einer anerkannten Medizinischen Hochschule gemacht, was nicht daran lag, dass er es nicht versucht hätte. Er hatte immer die Berufung zur Medizin verspürt und sich verschiedentlich für das Fach eingeschrieben, aber finanzielle Umstände und ein kompliziertes Privatleben (irgendwann entführte er seine eigene Tochter und nahm sie mit nach Kanada) brachten es mit sich, dass er kein Studium beendete.

John R. Brinkley am Radio, vermutlich denkt er über Ziegenhoden nach.

Aber er hatte nicht vor zuzulassen, dass Marginalien wie diese seinem Traum als Arzt im Wege stünden, und so richtete er sich in Kansas eine Praxis ein. Anfänglich war dies tatsächlich eine ganz erfolgreiche Angelegenheit – er leistete beste Arbeit bei der Behandlung der Grippeepidemieopfer von 1918. Aber es dauerte nicht lange, da kam ihm jene Idee, die ihn reich machen sollte. Bei der Behandlung eines Patienten, der sich Sorgen um seine sexuelle Leistungsfähigkeit machte, verfiel er aus irgendeinem Grund darauf, dem Mann Ziegenhoden in den Hodensack zu verpflanzen.

Das bewirkte selbstverständlich nichts anderes, als dass der Herr vorübergehend ein zusätzliches Paar Eier sein Eigen nannte (im Laufe der Zeit würden sie wieder verschwinden) und ein neues Selbstvertrauen. Aber die Behandlung wurde irre populär, befeuert durch Brinkleys aggressive Vermarktung und den (für ihn) glücklichen Zufall, dass die Frau eines seiner ersten Patienten anschließend wirklich schwanger wurde. Das Kind war übrigens ein Mensch, keine albtraumhafte Mensch-Ziegen-Chimäre.

Brinkley mag kein guter Arzt gewesen sein, aber er war ein exzellenter Werbefachmann und Pionier auf dem Gebiet. Er war einer der Ersten, die das Potenzial des relativ jungen Mediums Radio erkannten. Er richtete sich in Kansas einen eigenen Radiosender ein, den er nutzte, um hartnäckig seine Therapie anzupreisen. Als die Federal Radio Commission ihm seine Sendelizenz schließlich entzog (kurz nachdem die Ärztekammer in Kansas ihm die Approbation entzogen hatte), zog er einfach über die Grenze nach Mexiko und sendete mittels Hochleistungstransmitter von dort aus.

Da er seinen Beruf nicht mehr ausüben konnte, beschloss er, in die Politik zu gehen, und wäre um Haaresbreite Gouverneur von Kansas geworden. Als nicht gelisteter Kandidat für die Wahl von 1930 hätte er sehr wahrscheinlich gewinnen können, wäre da nicht die Regel gewesen, dass die Stimme nur zählte, wenn sein Name auf eine bestimmte Weise geschrieben wurde, womit Zehntausende für ihn abgegebene Wahlzettel für ungültig erklärt wurden.

Ach ja, und ein Haufen seiner Patienten starb, weil er kein sehr guter Arzt war. Endgültig bergab ging es mit ihm, als er beschloss, einen Kritiker seiner Ziegenhodentransplantationen wegen übler Nachrede zu verklagen. Er verlor, die Niederlage war vernichtend, und in dem sich anschließenden Tornado an Klagen, der über ihn hereinbrach – viele darunter wegen fahrlässiger Tötung –, musste er seinen Bankrott erklären.

Viele Quacksalber haben im Laufe der Jahre ein Vermögen verdient, aber wenigstens einer darunter hat wirklich – wenn auch aus Versehen – eine seriöse medizinische Entdeckung gemacht und unserer Sprache damit ein neues Wort beschert. Es handelt sich um Dr. Anton Mesmer, der im 18. Jahrhundert erst in Wien und später in Paris für seine innovativen medizinischen Theorien und deren bemerkenswerte Wirkung auf die Angehörigen der High Society zum Gespräch wurde. Mesmer bewarb seine Theorie des »Animalischen Magnetismus« – der Glaube an eine unsichtbare, alles durchdringende Flüssigkeit, welche angeblich das gesamte Universum mitsamt allen Geschöpfen durchflutet und alle lebenden Wesen mit den Himmelskörpern verbindet. Mit dieser Theorie als Fundament für seine medizinische Arbeit behandelte er seine Klienten in speziellen Therapiesitzungen, zu denen normalerweise gehörte, dass er sie anstarrte, massierte und einen Eisenstab halten ließ. Solcherlei Tun hatte eine unglaubliche Wirkung auf die Patienten, und so strömten die begüterten Eliten Europas scharenweise herbei, um sich von Mesmer behandeln zu lassen.

Seinen Höhepunkt erreichte all das im Jahre 1778 in Paris. König Ludwig XVI. war sehr beunruhigt, als seine Frau – die berühmte, für Kuchen als Ausweichnahrungsmittel plädierende Influencerin Marie-Antoinette – wenige Jahre bevor sie in den Diamant-Halsketttenskandal der Jeanne de Valois-Saint-Rémy verwickelt wurde, dem Mesmerismus verfiel, sich zur Gönnerin Mesmers aufschwang und für ihn die Werbetrommel rührte, worauf die Aristokratie scharenweise in die Kliniken strömte, um sich mit Eisenstäben berühren zu lassen. Also tat Ludwig, was jeder aufgeklärte König tun würde: Er trommelte eine königliche Kommission der klügsten Köpfe Frankreichs zusammen, die den Wahrheitsgehalt der Mesmer'schen Theorie ergründen sollte. Man kam zu dem Schluss, dass das Ganze Humbug war, und der Österreicher wurde aus der Stadt gejagt – aber das verhinderte nicht, dass seine Theorien lange nach ihm weiterlebten und ihnen Jahrzehnte später in Amerika ein Wiederaufleben beschieden war.

Natürlich war das, was Mesmer entdeckt hatte, kein biologischer Magnetismus oder Ähnliches. Worüber er per Zufall gestolpert war – die Ursache dafür, dass seine Behandlung derart merkliche Wirkung zeigte, und die Ursache dafür, dass wir ihn heute noch kennen –, war in Wirklichkeit die Hypnose.

Was er entdeckt hatte, war, dass der menschliche Geist ein höchst seltsames Etwas ist, das sich leicht narren lässt – ja er kann sogar sich selbst überlisten, sogar in dem Maße, dass er körperliche Effekte hervorruft.

Was lustigerweise das ist, worum es im nächsten Kapitel gehen wird.

8

Der ganz normale Kollektivwahnsinn

Kurz vor Weihnachten 2018 blieb in einem Land namens Vereinigtes Königreich ein großer Verkehrsknotenpunkt namens Gatwick Airport für drei Tage geschlossen, weil Menschen dort Licht am Himmel gesehen hatten. Das kam den Leuten in diesem Land natürlich äußerst ungelegen: der zweitgrößte Flughafen Londons während der womöglich verkehrsreichsten Reisezeit des Jahres komplett geschlossen, weil irgendwer da eine Drohne herumfliegen ließ. Etwa eintausend Flüge wurden gecancelt, und 140 000 Leute hingen fest. Für eine gebeutelte Nation – gespalten durch interne politische Streitereien in Erwartung des tiefgreifendsten Umbruchs auf internationaler Bühne, den die meisten Menschen dort je erlebt haben – hätte dies zu keinem schlechteren Zeitpunkt erfolgen können.

Es ist möglich, dass ein paar Leser davon bereits gehört haben.

»Wow, meine Güte, vielen Dank«, denken Sie vielleicht gerade, »was für ein faszinierendes und geheimnisumwobenes kleines Goldstück haben Sie da aus dem bisher unberührten Acker der Frühgeschichte ausgegraben.«

Zurückblickend erscheinen die Ereignisse jener drei Tage wie etwas aus … nun ja, einem Flughafenkrimi. Die Gatwick-Drohne war eine Geistergeschichte für unser von Technikangst geschütteltes Zeitalter. Wer immer hinter der

Drohne steckte, scheint ein frappierendes, beinahe übernatürliches Wissen von dem gehabt zu haben, was geschehen würde. Wie ein Filmbösewicht, der stets einen Schritt voraus ist. Jedes Mal, wenn die Drohne gesichtet wurde, verschwand sie wieder, bevor die Behörden sie ins Visier nehmen konnten, jedes Mal, wenn der Flughafen kurz vor der Wiedereröffnung stand, tauchten in letzter Sekunde wieder jene gespenstischen Lichter am Himmel auf. Die Presse war voller Storys über das fast schon provozierende Verhalten der Drohne, die um den Tower schwirrte und wieder verschwand. Hunderte sahen die Drohne, und dennoch hat sie es, in einem Zeitalter, in dem jeder eine hochauflösende Kamera mit Internetverbindung in der Tasche trägt, geschafft, nicht erwischt zu werden oder mehr Spuren zu hinterlassen als ein paar komplett unbestätigte Videos, die einen winzigen verschwommenen grauen Fleck vor grauem Himmel zeigten.

Dass ich die Geschichte hier aufs Tapet bringe, hat damit zu tun, dass Chris Woodroofe, Gatwicks Betriebsdirektor, ein paar Monate nach dem Vorfall – die Polizei hatte noch immer keinen Schuldigen gefunden – der BBC ein Interview gab. Darin bemühte er sich nach Kräften, von sich zu weisen, was die BBC hochnäsig bezeichnete als »eine online kursierende Theorie, der zufolge es überhaupt keine Drohne gegeben habe«.[152] (Der BBC-Bericht kehrte dabei lässig die Tatsache unter den Teppich, dass die ursprüngliche Quelle dieser »Online-Theorie« ein BBC-Bericht über eine offizielle Stellungnahme der Polizei war, der zufolge »die Möglichkeit besteht, dass es womöglich gar keine echte Drohnenaktivität gegeben hat«.[153])

Beleg dafür, dass es da eine Drohne gegeben hat, war mit den Worten der BBC, dass der Polizei »von insgesamt 115 Personen unabhängig voneinander 130 glaubwürdige Drohnensichtungen« gemeldet worden waren. Von den 115 Personen waren »bis auf sechs alle Angestellte dort …, Polizeibeamte unter anderem, Sicherheitspersonal, Leute von der Flugsicherung und Piloten«. Das seien Menschen, denen er vertraue, erklärte Mr Woodroofe: »Sie wussten, dass sie eine Drohne gesehen hatten. Ich weiß, dass sie eine Drohne gesehen hatten.«[154]

Hmmm.

Ich habe nicht vor, einen zu machen auf: »Es hat definitiv keine Gatwick-Drohne gegeben, Leute.« Da war vermutlich eine Drohne! Drohnen sind sehr häufig, und die Geschichte klingt absolut nach etwas, das jemand einfallen könnte! Vermutlich ein feindlicher Staat, der einen Testlauf für etwas unvorstellbar Böses durchgeführt hat, oder ein Hersteller von irgendwelchem Antidrohnen-Gerätezeug, der seinem Geschäft ein bisschen auf die Sprünge helfen will, oder einfach nur ein Armleuchter.

Ich möchte, dass das sehr, sehr klar ist, denn ansonsten kann ich Ihnen mehr oder weniger garantieren, dass an dem Tag, wenn das hier veröffentlicht wird, auf jeder Zeitung im Land die Überschrift prangt: VERDÄCHTIGER IM FALL GATWICK-DROHNE VERHAFTET, UMFASSENDES GESTÄNDNIS LIEFERT HIEB- UND STICHFESTE BEWEISE DAFÜR, DASS ES EINE DROHNE GEGEBEN HAT. Das hier ist immerhin ein Buch, und im Unterschied zum Internet können Sie nicht einfach hingehen und die peinlichen Stellen später löschen. Was, glauben Sie mir, echt *nervt.*

Und dennoch … ein winziger nagender Zweifel bleibt jedes Mal, wenn ich die Erklärung dafür lese, dass da eine Drohne gewesen sein *muss.* Und das einfach deshalb, weil einer der durchgängigsten Fehler von uns Menschen darin besteht, dass wir die Verlässlichkeit von Augenzeugen massiv überschätzen – und unsere Überzeugung, dass »mehr Augen-zeugen« gleich »mehr verlässliche Augenzeugen« bedeutet, gelinde ausgedrückt, nicht unbedingt korrekt ist.

In dem »unendlich weiten Spielraum« der Unwahrheit, über den sich unser französischer Lieblingsessayist des 16. Jahr-hunderts, Michel de Montaigne, äußert, werden wir, wie wir in diesem Buch bereits gesehen haben, von vielen Menschen in die Irre geführt. Medien täuschen uns, Landkarten lügen, Hochstapler halten uns zum Narren, Politiker flunkern uns an, Geschäftsleute ziehen uns über den Tisch, und Quacksalber bringen uns um. Aber die richtig fest verankerten Unsinnsge-bilde in unseren Köpfen werden uns gar nicht von außen weis-gemacht, sondern sind Bären, die wir uns selbst aufbinden. Und jener nagende Zweifel erhält zusätzliche Nahrung, weil die Drohnengeschichte ein bisschen vertraut klingt.

Im Frühjahr 1913 sahen die Menschen in einem Land namens Vereinigtes Königreich Lichter am Himmel. Es war eine gebeutelte Nation am Rande tiefgreifender Umbrüche auf internationaler Ebene und in panischer Angst vor neuen Technologien. Die Rede ist von der großen Phantomluft-schiff-Panik von 1913.

Im Frühling 1913 kamen über mehrere Monate aus ganz Großbritannien und Irland Berichte über mysteriöse Luft-schiffe, die am Himmel des Landes ihre Kreise zogen. Es gab Hunderte Sichtungen von Tausenden Augenzeugen aus jedem Zipfelchen dieser Inseln. Berichte über Luftschiffe tru-delten ein von Dover in Kent bis Bovisand Bay in Devon, von Sanday auf den Orkneys bis Galway in Irland, und über-all dazwischen, auch in Kirkcaldy, Leeds, London und Ports-mouth, in Hornsea, Carnarvon, Cromer, Shepton Mallet, Ilfracombe und Chatham und vielen, vielen weiteren Orten wurden Luftschiffe gesichtet.[155]

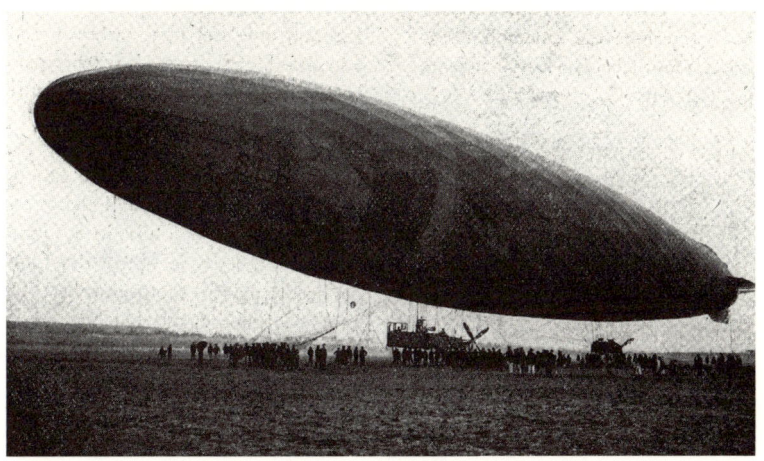

Ein deutsches Luftschiff von 1912

Begonnen hatte es im Winter 1912. Damals befand sich das Vereinigte Königreich in einem Zustand allgemeiner, tiefsitzender Sorge. Jeder wusste, dass ein Krieg in der Luft lag. Die Menschen – insbesondere einige Teile der Presse –, die am festesten davon überzeugt waren, dass es zum Krieg kommen werde, waren auch diejenigen, die am meisten dazu beitrugen, das Land Richtung Krieg zu drängen.

Francis Hirst, der damalige Herausgeber des *Economist*, schrieb später im selben Jahr in seinem Buch »The Six Panics«: »Binnen weniger Tage konnte die *Daily Mail* vermelden: ›Es ist nun ohne jede Frage erwiesen, dass die Luftschiffe einer fremden Macht, vermutlich Deutschlands, regelmäßig und systematisch Flüge über diesem Land durchführen.‹«[156]

In Wirklichkeit war hier überhaupt nichts ohne Frage erwiesen. Die Deutschen hatten zu jener Zeit mindestens ein Luftschiff, aber sämtliche historischen Aufzeichnungen lassen vermuten, dass dieses es nie auch nur in die Nähe des Vereinigten Königreichs geschafft hat. Ganz sicher hat es nicht im Verlauf mehrerer Monate Hunderte Fahrten in alle Winkel Britanniens und der irischen Inseln unternommen. Es ist möglich, dass ein oder zwei der Beobachter wirklich ein Luftschiff gesehen haben, es waren die Anfänge der Luftfahrt, und Flugexperimente – von Ländern ebenso wie von Hobbyisten – waren nichts Unbekanntes. Aber die große Mehrheit davon – all jene Lichter am Himmel, beobachtet von all jenen Tausenden Augenzeugen – kann nicht anderes gewesen sein als eine landesweite Massenhalluzination.

Eines der lustigeren Dinge an der Phantomluftschiff-Panik von 1913 ist, dass sie nicht die einzige war in jener Zeit. 1909 hatte es im Vereinigten Königreich eine kleinere Vorläuferpanik gegeben, und im selben Jahr eine ähnliche Massenhalluzination um eine Flugmaschine in den Vereinigten Staaten.

Zu Letzterer kam es, weil ein Typ mit dem vortrefflichen Namen Wallace Tillinghast dem *Boston Herald* berichtete, er habe den ersten »verlässlichen Flugapparat, der schwerer ist als Luft« konstruiert und sei damit die knapp 500 Kilometer von Worcester, Massachusetts, über New York nach Boston und zurück geflogen. Der Umstand, dass niemand diesen angeblichen Flug beobachtet hatte, auch nicht den Moment, als er die Freiheitsstatue umkreiste, wurde darauf geschoben, dass der Flug bei Nacht stattgefunden hatte. (Tillinghast weigerte sich, sein Vehikel irgendwem bei Tageslicht zu zeigen.)

Die unerhörte Unwahrscheinlichkeit von alledem hinderte die Menschen in Neuengland nicht daran, im Laufe der darauffolgenden Wochen über eine Unmenge an Sichtungen des Tillinghast'schen Wundergefährts am Himmel zu berichten, die alle eifrig von der Presse aufgenommen wurden. Es begann am 20. Dezember mit einem Mann, der aussagte, er habe Lichter über dem Hafen von Boston fliegen sehen, was der *Boston Globe* prompt auf der Titelseite brachte, Überschrift: »Unbekanntes Luftschiff fliegt bei Nacht.« Die Berichtigung am darauffolgenden Tag – dass das, was der Mann gesehen hatte, kein Luftschiff, sondern ein Schiff gewesen sei, das nicht in der Luft geflogen war, sondern im Wasser schwamm – erschien ein bisschen weniger ins Auge springend auf Seite zwölf.

Bereits am 22. Dezember berichteten mehr als 2 000 Menschen in der Gegend um Worcester, sie hätten über sich Lichter kreisen sehen. Am nächsten Tag veranlassten weitere per Telefon verbreitete Berichte über das Luftschiff schätzungsweise 50 000 Bewohner von Worcester dazu, auf die Straßen zu strömen. An Heiligabend gab es dreiunddreißig unabhängige Sichtungen an so weit entfernten Orten wie New York, Vermont und Rhode Island. Mr Tillinghasts bemerkenswertes Vehikel hatte offenbar eine ordentliche Reichweite.

Diese Beobachtungen berichteten nicht nur über Lichter – viele der Augenzeugen waren nicht davon abzubringen, sie hätten die Konstruktion des Flugapparats gesehen und sogar zwei Männer darin ausmachen können. Tillinghast selbst befeuerte das alles, tat höchst geheimnisvoll und verschwand immer wieder für längere Zeiträume, bevor er dann windzerzaust wieder auftauchte.

Aber mit einem Mal schlug ganz ähnlich wie beim irren Gasmann von Mattoon die Stimmung in der Presse um. Am Weihnachtsmorgen bezeichnete eine Zeitung das Ganze offen als Täuschung und schrieb: »Die Epidemie, die Massachusetts auf den Kopf gestellt hat, endete gestern Abend abrupt.« Wenige Tage später hatte die gesamte Presse auf dem Absatz kehrtgemacht und machte sich fröhlich über die Leichtgläubigen lustig, die auf den Schwindel hereingefallen waren.

Sie werden erstaunt sein zu erfahren, dass niemals ein Beweis dafür aufgetaucht ist, dass Tillinghast je über ein Flugzeug verfügt hat.

Was all das zeigt, ist lediglich, dass – ungeachtet des riesigen Gewichts, das wir Augenzeugen, persönlichen Aussagen und Mehrfachberichten über ein und dieselbe Sache beimessen – nichts davon wirklich verlässlich sein muss. Wir sind unglaublich anfällig dafür, uns selbst zu betrügen: Wir sind fehlbar, beeinflussbar und haben große Angst, gegen den Strom zu schwimmen. So etwas wächst sich leicht aus zu einer Bullshit-Rückkoppelungsschleife in gesamtgesellschaftlichem Format. Dadurch, dass jeder neue Bericht dem Eindruck, dass etwas wahr sein *muss*, mehr Nahrung gibt, fangen die Menschen an, in jene Episoden von »Spontangeflunker« zu verfallen, und niemand ist mehr bereit zuzugeben, dass da womöglich von Anfang an etwas nicht gestimmt hat.

Das beschränkt sich nicht auf falsche Eindrücke und Überzeugungen – groteske Massenhysterien hat es in der Geschichte mehr als genug gegeben. Es ist das Gebiet der Gerüchteküche und des Gruppenwahns, auf dem sich unser Hang zu infektiöser Irrationalität am eindrucksvollsten zeigt, und das gilt insbesondere dann, wenn das, was der Einzelne dabei zu sehen glaubt, etwas ist, wovor wir uns alle ängstigen. Der Begriff »Moralpanik« ist eine eher junge Erfindung, aber gegeben hat es sie seit Jahrhunderten. Und die Art und Weise, wie sich so etwas in der Vergangenheit abspielte, hat gespenstische Ähnlichkeit mit dem, was wir heute erleben.

Hier ein paar überraschend häufige Themenbeispiele: Da hätten wir die plötzlich wild um sich greifende Furcht, dass irgendeine böswillige externe Kraft männliche Genitalien schrumpfen oder ganz verschwinden lässt, etwas, über das in der Geschichte, quer durch die verschiedensten Kulturen, viele Male berichtet wurde (der medizinische Fachausdruck dafür lautet »Koro«). 1967 gab es in Singapur einen Ausbruch dieser Schrumpfpenis-Panik, ein Krankenhaus berichtete, dass dort auf dem Höhepunkt der Manie fünfundsiebzig Männer behandelt werden mussten, die der festen Überzeugung waren, ihr gutes Stück würde stetig kleiner und irgendwann ganz verschwinden. In Nigeria gab es 1990 eine ähnliche Epidemie, die man auf Zauberei schob.[157] Im mittelalterlichen Europa ging die Furcht vor Hexen um, die Penisse stahlen (und gelegentlich in Bäume steckten).[158]

Menschen sind sonderbar.

Eine weitere große Kategorie sind Ängste rund um kontaminiertes Essen und Trinken. Beispiele gibt es genügend: Von hartnäckigen Gerüchten, dass Süßigkeiten für Kinder vergiftet wurden, bis zu Gerüchten, die Ende der Neunzigerjahre Teile des Mittleren Ostens unsicher machten, denen zufolge Kaugummi Aphrodisiaka enthielten, die zu unkontrollierbarem Sexualverhalten führen würden.[159] Aber nichts reicht auch nur annähernd an die Folgen jener Panik heran, die Frankreich vor siebenhundert Jahren erfasst hatte.

Gegenwärtig herrschen (völlig gerechtfertigte) Bedenken in Bezug auf die Rolle von Technologieplattformen wie WhatsApp bei der Verbreitung von Gerüchten und der Anstiftung zur Gewalt. Aber man tappt nur zu leicht in die Falle zu glauben, dass eine neue Technologie, nur weil sie bei einem Geschehen zum Einsatz kam, dafür auch *ursächlich verantwortlich* ist.

Im April 1321 grassierte in dem Städtchen Périgueux im Südwesten Frankreichs eine veritable Panikwelle. Es gab Gerüchte über eine Verschwörung, die angeblich zum Ziel hatte, das Wasser des städtischen Brunnens zu vergiften. Nun, im Mittelalter kam das Vergiften des Trinkwasserreservoirs einer Massenvernichtungswaffe vermutlich näher als alles andere.

Um den Kontext zu verstehen, muss man wissen, dass das

Land in den vorangegangenen Jahren von einer großen Hungersnot heimgesucht worden war, die eine nie da gewesene Zahl von Menschenleben gefordert hatte. Der Tod war allgegenwärtig, und die Menschen hatten verständlicherweise Angst.

In Périgueux hatte sich die Klatschszene rasch darauf geeinigt, wer schuld an alledem war: die Aussätzigen. Der Bürgermeister ließ alle Leprakranken der Stadt ins Gefängnis sperren. Zehn Tage später wurden sie alle auf dem Scheiterhaufen verbrannt, ihre Besitztümer beschlagnahmt und an die Lords der Region verkauft.

Aber die Panik hörte damit nicht auf. In den kommenden Tagen wurden Leprakranke beschuldigt, den Brunnen von Martel östlich von Périgueux vergiftet zu haben, dann den von Lisle-sur-Tarn mehr als hundertfünfzig Kilometer südöstlich und auch den von Pamiers, ungefähr dreihundert Kilometer weiter im Süden.[160]

Es gab die Theorie, dass die Leprakranken versuchten, ihre Krankheit zu verbreiten und die nichtinfizierte Mehrheit damit zu schlagen. Sicher war das eine paranoide Furcht vor einer Krankheit, aber auch vor Veränderung und Verdrängung. Die Leprakranken hatten sich »gegen die Gesundheit der Allgemeinheit verschworen«, schrieb der Inquisitor Bernard Gui, »… auf dass die gesunden Menschen, indem sie das Wasser tranken oder nutzten, so angesteckt würden, dass sie selbst zu Leprakranken werden und sterben, oder von innen zerstört werden, … auf diese Weise wird die Zahl der Leprakranken steigen, und die der Gesunden wird sinken«.[161]

Über die nächsten drei Monate griff die Panik von der Gegend um Toulouse auf einen großen Teil des übrigen Frankreich über, weiterverbreitet von Person zu Person, von Stadt zu Stadt. Sie überquerte Grenzen und drang ins heutige Spanien vor – Anfang Juni ordnete König Jakob II. von Aragon, der fürchtete, seine Lande würden von einer fremden Gefahr infiltriert, eine umfassende und komplette Isolation aller Leprakranken an, die das Königreich betraten. Ende Juni beschloss er, das sei nicht genug, und ließ alle Fremden inhaftieren.

Im Juli erließ der König von Frankreich den Befehl, alle Leprakranken zu arretieren und zu foltern. Hunderte Leprakranke wurden getötet. In Toulouse wurde den Büchern über die offiziellen Einkünfte für das Jahr eine Extraspalte allein für die Einnahmen aus dem Besitz hingerichteter Leprakranker hinzugefügt.

Aber dann, im Laufe des Sommers 1321, wandelte sich die Verschwörungstheorie. Was als schlichte wahnhafte Angst vor einer Krankheit begonnen hatte, durch Tratsch verbreitet von einer Person zur nächsten, hatte den Weg ins Reich der Politik gefunden – und sobald ein Gerücht politisch wird, werden Leute mit Macht versuchen, es so zu drehen, dass es ihren Interessen dient. Die bemerkenswerteste Veränderung in jenem Sommer betraf die Schuldfrage. Plötzlich waren es nicht mehr die Leprakranken. Jetzt waren es Juden und Muslime.

In Chinon wurden 160 Juden umgebracht.

Als der Sommer schließlich zu Ende ging, begannen die Menschen endlich zu ahnen, dass in Wirklichkeit überhaupt niemand die Brunnen vergiftet hatte. Der französische König Philipp V. ordnete schließlich an, dass die inhaftierten Leprakranken freigelassen würden, was für diejenigen, die hingerichtet worden waren, ein schwacher Trost gewesen sein dürfte.

Aber das Gerücht war damit nicht aus der Welt. Die unmittelbare Panik war vorüber, aber die Vorstellung, dass Men-

schen Brunnen vergiften könnten, breitete sich weiter unge-
hindert über ganz Europa aus, schlummerte gelegentlich ein
paar Jahre im Verborgenen, bevor sie erneut herumgeisterte.
Mit besonderer Wucht fegte sie 1348 durch einen großen Teil
Europas, auf dem Kontinent wütete die Beulenpest, und die
Furcht vor Ansteckung wuchs ins Unermessliche. In Deutsch-
land wurden daraufhin Hunderte jüdischer Siedlungen dem
Erdboden gleichgemacht, die Häuser verbrannt.

Es ist wichtig, sich zu vergegenwärtigen, dass dies nicht
nur vor dem Zeitalter der sozialen Medien passierte, sondern lange bevor es überhaupt Massenmedien gab! Das alles
geschah etwa dreihundert Jahre bevor die erste Zeitung
gedruckt wurde. Die größtmögliche Geschwindigkeit für
die Verbreitung von Information entsprach der Schnelligkeit
eines Pferds.

Aber trotzdem, eine Menge Elemente scheinen seltsam
vertraut. Da macht ein Gerücht die Runde, das jeder Grundlage entbehrt – Fake News, wenn Sie so wollen. Sein Inhalt
breitet sich aus wie ein Lauffeuer – »viral«, könnte man sagen.
Es überschreitet Grenzen, wandelt sich im Laufe der Zeit,
sprießt wieder und wieder und hat entsetzliche Folgen. Wie
wir gesehen haben, sind Massenpaniken vor irgendwelchen
finsteren Mächten von außen, die unser Essen und Trinken
manipulieren, im Laufe der Geschichte immer wieder vorgekommen, noch immer machen derlei Ängste eine der großen
Kategorien viraler Gerüchte auf Facebook aus.

Natürlich müssen wir, wenn wir über diese Art von Hexenjagd reden, auch über die größten Hexenjagden aller Zeiten
reden – die echten Hexenjagden.

Gemessen an den meisten historischen Führungspersönlichkeiten war Jakob VI. von Schottland (alias Jakob I. von
England und Irland) im Grunde nicht *so* ein schlimmer Fin-

ger. Er war einigermaßen gesund im Kopf, schaffte es, eine Gruppe von Ländern, die durch religiöse Zwistigkeiten gespalten waren, zusammenzuhalten, schien nie dermaßen mit Haut und Haaren in der Verfolgung alles Katholischen aufzugehen, wie es zu seiner Jobbeschreibung gehört hätte, und hatte mit großer Sicherheit jede Menge Sex mit seinen männlichen Höflingen. Ein weiteres Plus: die King-James-Bibel, eine sehr schön formulierte heilige Schrift.

Aber eine Sache gab es an Jakob doch zu bemängeln: Er war komplett besessen von Hexen.

Nicht besessen in dem Sinne, dass er »Der Hexenclub« als Video besaß, sich die Haare schwarz färbte und ein glühender Fan von Neil Gaiman wurde. Eher in dem Sinne, dass er gerne ihre Folter höchstpersönlich überwachte.

Jakob führte in Schottland das Konzept der Hexenjagden ein und trat damit Jahrzehnte der Verfolgung im ganzen Land los. Er ordnete nicht nur die ersten groß angelegten Hexenprozesse in Schottland an, er schrieb tatsächlich das Standardwerk darüber. Das Buch verkaufte sich recht ordentlich (was Sie hoffen würden, in Anbetracht dessen, dass *er der verdammte König war*) und trug dazu bei, eine landesweite Obsession zu schüren, die dazu führte, dass furchtbar viele Frauen und ein paar Männer unnötigerweise hingerichtet wurden.

Jakob hatte sein tödliches Hobby aus dem bereits hexenverrückten Dänemark mitgebracht, wohin er gereist war, um seine minderjährige Braut Anna, die Schwester des dänischen Königs, abzuholen. Annas Versuch, nach erfolgtem Arrangement der Vermählung gen Schottland zu segeln, war am schlechten Wetter gescheitert, also machte sich Jakob auf, sie zu sich zu holen, nur um selbst in gefährliche Stürme zu geraten und in Dänemark hängen zu bleiben. Jakob, der Schottland im Oktober 1589 verlassen hatte, kehrte erst im Mai des darauffolgenden Jahres dorthin zurück, unterdessen hatte das Paar geheiratet, seine Flitterwochen verlebt, die Sehenswürdigkeiten besucht, mit dem versoffenen Astronomen-Genie Tycho Brahe rumgehangen und anscheinend auch sonst eine ganz schöne Zeit gehabt.

Aber Jakob hatte schon immer einen leichten Hang zum Verfolgungswahn (nicht ganz unbegründet in Anbetracht dessen, dass ein Haufen Leute ihn wirklich gerne gemeuchelt hätte) und grübelte nach seiner Rückkehr ständig über ihre durchkreuzten Reisepläne. Er rang mit der Frage: »Wie um alles in der Welt konnte das Wetter den ganzen Winter hindurch so schlecht sein?« und verfiel natürlich auf die Antwort: »Wegen der Hexen« – statt auf das Näherliegende: »Weil du in dem verdammten Schottland wohnst.« Und: »Oh ja«, entgegneten seine neuen dänischen Freunde und nickten wissend, »klassischer Fall von Hexen. Hexen, wie sie im Buche stehen.«

So nahmen die Hexenprozesse von North Berwick ihren Lauf, bei denen nicht weniger als siebzig Personen für verschiedene Handlungen verurteilt wurden, die mit Hexenkunst in Zusammenhang gebracht wurden. Zu den eingestandenen Handlungen gehörten laut der »Newes from Scotland«, einem Pamphlet Jakobs, in dem dieser mit seiner triumphalen Hexenjagd angibt: das Gesäß des Teufels geküsst zu haben, sich an geheimem Ort dem Teufel hingegeben und Stürme verursacht zu haben, indem man eine Katze ins Meer warf.

Im Laufe der folgenden fünf oder sechs Jahrzehnte sollten in Schottland schätzungsweise 1 500 Menschen wegen Hexerei hingerichtet werden. Das ist eine Menge, verblasst aber im Vergleich mit den deutschsprachigen Regionen des Heiligen Römischen Reiches, wo 25 000 Menschen – Frauen zumeist –

ums Leben gebracht wurden. Zusammengenommen sind zur Zeit des Hexenwahns und der Hexenverfolgungen in Europa möglicherweise 50 000 umgekommen – was man ruhig im Kopf haben sollte, wenn das nächste Mal jemand behauptet, er sei das Opfer »der größten Hexenjagd aller Zeiten«.

Warum das alles? Was zum Teufel haben die Leute gedacht? Man hat sich an vielen Erklärungen versucht, viele darunter haben mit der Tatsache zu tun, dass das 17. Jahrhundert eine Zeit extrem aufgeheizter religiöser, gesellschaftlicher und politischer Konflikte auf dem gesamten Kontinent war. (Sie wird manchmal als die »allgemeine Krise« des 17. Jahrhunderts bezeichnet aufgrund der schier unglaublichen Mengen an Mist, der ständig und überall zugleich passiert – erinnern Sie sich an Robert Burtons Melancholie-Liste der Neuigkeiten und Gerüchte.)

König Jakob beim Verhören von Hexen, entnommen seinem Buch
»Daemonologie«

War die Hexenjagd Folge der wirtschaftlichen Krisen? Der kleinen Eiszeit? Versuchter Völkermord? Oder nur eine raffinierte Art, Leute loszuwerden, die man nicht leiden konnte? (Das ist kein Witz – es gibt dazu wirklich eine Theorie einiger hoch angesehener Anthropologen. Kurzfassung: Wenn man Hexenprozesse in England untersucht, will es scheinen, als seien die Beschuldigten als Nachbarn ziemliche Ekelpakete gewesen, und jedermann war von Herzen froh, sie loszuwerden.)

Eine Studie jüngeren Datums vertritt sogar das Argument, dass die beiden rivalisierenden Hauptkonfessionen, die evangelische und die katholische Kirche, bereitwillig auf die Hexenmanie aufgesprungen sind und sie sozusagen als Vermarktungsstrategie benutzt haben. (Wie es in dem Artikel selbst heißt: »Europas Hexenprozesse spiegeln einen außerpreislichen Wettbewerb zwischen katholischer und evangelischer Kirche um Anteile am religiösen Markt in konfessionell umkämpften Regionen des Christentums wider.«[162]) Mit anderen Worten: Regionen, in denen katholische und protestantische Gläubige in direkter Konkurrenz zueinander standen, erlebten viele Hexenprozesse, während in Gegenden, in denen die katholische Kirche dominant war, nur sehr wenige stattfanden. Ich kann nicht beurteilen, wie zutreffend diese Theorie ist, denn leider bin ich kein Hexenökonom.

Aber ob Sie nun eine einzige Erklärung für Europas Hexenmanie favorisieren oder sich auf den Standpunkt stellen, dass vermutlich von allem etwas dabei war, es wird nie eine einheitliche Theorie der Hexenverfolgungen geben. Denn natürlich ist die Hexenjagd kein rein europäischer Zeitvertreib. Je nachdem, wie Sie »Hexe« und »Verfolgung« im Einzelnen definieren, können Sie sehr solide argumentieren, dass in so gut wie jeder Kultur auf der Welt zu irgendeinem Zeitpunkt Hexenverfolgungen stattgefunden haben.

Letzten Endes kann es sehr gut auf ein ziemlich grundlegendes Problem herauslaufen, das Menschen haben: Wann immer wir mit der schwindelerregenden Komplexität der Welt und all den Frustrationen, die das Leben darin mit sich bringt, konfrontiert sind, haben wir es gern, wenn wir mit dem Finger auf eine Gruppe anderer Leute zeigen und sagen können:»Die sind schuld!« Und wenn wir es nicht selbst tun, findet sich in aller Regel jemand anderer, der einen Vorteil davon hat, wenn er uns sagt, wem wir die Schuld geben sollen. Hexen waren die Geschichte hindurch immer eine populäre Wahl, andere beliebte Sündenböcke waren unter anderem kürzlich Eingewanderte, Juden, Kommunisten und der Illuminatenorden – wenn Sie Glück hatten, manchmal alle vier zusammen.

Das rührt offenkundig an den Glauben in seinem Innersten, und es verwundert nicht, dass die Religion das Rückgrat einiger unserer wildesten Verirrungen gebildet hat. Um nur ein besonders bizarres Beispiel zu nennen: 1962 planten zwei Hochstapler-Brüder im mexikanischen Yerba Buena einen groß angelegten Betrug. Sie hielten die Bevölkerung für leichtgläubig genug und nahmen an, sie mit einem Schwindel einwickeln zu können, bei dem es um altes Inkagold und zurückgekehrte Götter ging. Zu diesem Zweck heuerten sie in einer nahegelegenen Stadt eine verarmte Prostituierte namens Magdalena Solís an und überredeten sie, eine reinkarnierte Inka-Göttin zu spielen, auf die sich ein Kult gründen sollte. Unglücklicherweise ging Solís so in ihrer Rolle als Göttin auf, dass sie anfing zu glauben, das alles sei wahr, und zu tun, was Göttinnen oft tun: Sie fing an, Blutopfer zu fordern. Mindestens vier Menschen wurden ermordet, damit Solís und ihre Anhänger deren Blut trinken konnten.

Wir glauben gerne, wir hätten die Ungeheuer unserer

Fantasie in der Vergangenheit gelassen, weit zurück in den vergangenen Tagen, als wir noch nicht schick und modern waren, sondern in Schatten und Dunkelheit lebten. Aber die Ungeheuer haben die Reise mit uns zusammen angetreten. Sie sind immer da, nur manchmal geben wir ihnen ein neues Gesicht oder andere Namen.

So machte sich beispielsweise im Winter 1929 ein Trupp von zwanzig bewaffneten Männern auf, um in den Kiefernwäldern von New Jersey ein echtes Ungeheuer zu suchen. Das Ungeheuer in diesem Fall war, wie Sie vielleicht schon erraten haben, der Jersey Devil (zu Deutsch: Teufel von Jersey) – jenes legendäre Lebewesen, das die lokalen Erzählungen seit Jahrhunderten bevölkerte. Der Bericht der *New York Times* über diese spezielle Monsterjagd beschreibt den Jersey Devil als »geheimnisvolle Erscheinung, verschiedentlich beschrieben als Feuer speiend, geflügelt, mit Stoßzähnen bewaffnet, behaart und grauenerregend«.[163]

Das Interesse an diesem Fabelwesen wurde durch eine Mischung aus Klatsch und Humor am Leben erhalten, befeuert von unablässiger Aufmerksamkeit seitens der Presse. Anlass der Monsterjagd von 1929 waren zwei spektakuläre Sichtungen – eine stammte von einem Farmer, der ein getötetes Schwein vorgefunden hatte und einer Reihe vierzehiger Fußabdrücke in den Wald gefolgt war, die andere von zwei Schulkindern, die eines Nachmittags einem »zotteligen schwarzen Ungeheuer mit Schweinsmaul« begegnet waren, das »unheimliche Schreie ausstieß«[164].

Die Polizei wurde gerufen. Hunde wurden in den Wald geschickt, um die Witterung des Untiers aufzunehmen. Der Trupp wurde gebildet und rückte aus in die Pinien, fand jedoch nichts.

Natürlich fanden sie nichts. Es gibt keinen Jersey Devil.

Aber trotzdem haben der Glaube daran und ein nicht abrei-
ßender Strom an Geschichten geholfen, den Teufel am Leben
zu erhalten. Das ganze 19. und 20. Jahrhundert hindurch
gab es mit schöner Regelmäßigkeit Sichtungen, und das wird
zweifellos auch in diesem Jahrhundert so sein. Genau genommen reicht die Legende vom Jersey Devil noch viel weiter
zurück – einer örtlichen Legende zufolge hat er die Gegend
1735 erstmals zu terrorisieren begonnen, als eine dort ansäs-
sige Frau namens Ma Leeds in Burlington, New Jersey, ein
scheußliches Monster gebar. Ursprünglich lief es gar nicht
unter dem Namen Jersey Devil, sondern man kannte ihn einfach als »Leeds' Devil«.

Denjenigen von Ihnen, die dieses Buch auf traditionelle
Weise von vorne nach hinten gelesen haben, ist an dem vorangegangenen Absatz möglicherweise etwas vertraut vorgekommen.

1730er-Jahre. Burlington, New Jersey. Leeds.

Richtig – der Jersey Devil war ursprünglich ein Mythos
über die Familie von Titan Leeds und wurde im selben Jahr
geboren, in dem Benjamin Franklin Leeds' frühzeitigen Tod
verkündete.

Ich würde Ihnen ja liebend gern erzählen, dass es Franklin höchstpersönlich war, der die Legende in die Welt gesetzt
hat. Das wären ein hervorragender Schlussschnörkel und ein
triumphales Ende für dieses Buch. Leider kann ich das nicht.
Nun ja, er *könnte* es gewesen sein, nehme ich an, aber vermutlich war er es nicht, es gibt weder Beweise dafür noch
dagegen. Geschichte ist nicht ganz so übersichtlich, und so
werden Sie das letzte Kapitel leider ohne ein befriedigendes
Ben-Franklin-Déjà-vu-Erlebnis beschließen müssen. Tatsächlich ist es wahrscheinlich, dass Franklin und die Urheber der
Legende schlicht auf dasselbe Motiv zurückgriffen – jene alten

Verleumdungen, die Daniel Leeds als »Satans Boten« verunglimpften, Resultat jener kleinkarierten lokal-religiösen und -politischen Grabenkämpfe, auf die hin zwei Jahrhunderte später Männer mit Gewehren durch das Buschwerk streiften, um einen Teufel dingfest zu machen, der nur in ihrer Fantasie existiert.

Wir haben unsere Ungeheuer nicht im Gestern zurückgelassen. Sie waren auf Schritt und Tritt unserer Reise immer bei uns.

Schluss:

Aufbruch in eine wahrhaftigere Zukunft

Anfang 2018 stand ich in den Ruinen der Maya-Stadt Tulum und sah einem kleinen, knuffigen Säugetier zu, wie es fröhlich das Fruchtfleisch einer Kokosnuss verputzte. Das Tier war ein Nasenbär oder Rüsselbär oder Coati, auch bekannt unter dem Namen Brasilianisches Erdferkel – ein Verwandter des Waschbären, aber um einiges niedlicher. Ich war hocherfreut, einem Exemplar zu begegnen, denn das Brasilianische Erdferkel ist ein Tier, das uns einen Haufen über die Wahrheit lehrt – und darüber, wie wenig Ahnung wir davon haben.

Da ist nämlich eine Sache, die am Coati besonders interessant ist: dass er eigentlich überhaupt nicht unter dem Namen Brasilianisches Erdferkel läuft. Oder jedenfalls nicht bis zum Jahr 2008, ab da nahmen die Dinge einen seltsamen Verlauf.

Das war, als Dylan Breves, ein Student aus New York, seine Ferien in Brasilien verbrachte, ein paar Coatis sah und – fälschlicherweise – dachte, es handle sich um Erdferkel. Um sich nicht mit seinem bedauerlichen Unwissen über Säugetiere zu blamieren, änderte er aus Jux den Wikipedia-Eintrag für Coatis und fügte diesem die Behauptung hinzu, dass die Tiere (Sie werden es erraten haben) auch unter dem Namen Brasilianische Erdferkel laufen.

Soweit wir es beurteilen können, hat vor diesem Augenblick – 11:36 Uhr Ortszeit Brasilien am 11. Juli 2008 – niemand je den Begriff »Brasilianisches Erdferkel« verwendet. Er war nie im Internet aufgetaucht, stand in keinem wissenschaftlichen Artikel und war nie in einem Lehrbuch zu lesen gewesen.[165]

Nun, normalerweise wird so ein kleiner Akt von gemäßigtem Wikipedia-Vandalismus schnell bemerkt und von der stets wachsamen Armee an freiwilligen Wikipedia-Lektoren gelöscht. Aber aus welchem Grund auch immer schlüpfte dieser durchs Raster, obwohl es in Südamerika keine Erdferkel gibt und vor Dylan wirklich niemand je den Ausdruck »Brasilianisches Erdferkel« verwendet hatte.

Und weil es das Internet war und die Menschen Wikipedia vertrauen, dauerte es nicht lange, bis die Leute anfingen, den Nasenbären ernsthaft »Brasilianisches Erdferkel« zu nennen.

Wie Eric Randall vom *New Yorker* 2014 berichtete, hatten zu jenem Zeitpunkt Zeitungen wie die *Daily Mail*, der *Telegraph* und der *Independant* die Bezeichnung sämtlich übernommen und unkritisch weiterverwendet.[166] Auch die BBC hatte ihn benutzt.[167] »Brasilianisches Erdferkel ausgerissen und unterwegs in Marlowe« verkündete die Überschrift einer Lokalzeitung in Buckinghamshire, als aus einem kleinen Privatzoo ein Coati ausgebrochen war. »So sieht also ein Erdferkel aus«, prangte in einer anderen Zeitung als Schlagzeile über dem Bild eines Coatis, der absolut nicht wie ein Erdferkel aussah.[168] Sie finden Fotos von Nasenbären, abgelichtet als Brasilianische Erdferkel, auf den Internetseiten von *Time* und *National Geographic*, während *Scientific American* in einem Artikel über Naturschutz immerhin so weit ging, die traditionelle Reihenfolge der Namen umzudrehen und das Tier als »Brasilianisches Erdferkel, örtlich auch bekannt als Coati« zu bezeichnen.[169] Es scheint inzwischen mindestens einen ernsthaften wissenschaftlichen Artikel von einer Gruppe *echter brasilianischer*

Zoologen zu geben, die den Namen verwendet[170], außerdem ist diese komplett ausgedachte Bezeichnung in Büchern von mindestens zwei weltweit führenden akademischen Verlagen zu finden. Das eine kommt von der University of Chicago Press (»Der Coati, auch bekannt als Nasen- oder Rüsselbär und als Brasilianisches Erdferkel«[171], heißt es darin), das andere von Cambridge University Press, die den Fehler recht wunderbar in einem Abschnitt über den großen Naturforscher des 18. Jahrhunderts wiederholt, Georges-Louis Leclerc, Comte de Buffon, kurz Buffon, in dem dieser andere Naturforscher dafür kritisiert, dass sie Fehler wiederholen, wenn sie von anderen Naturforschern abschreiben: »Die Vervielfältigung von Fehlern war eines der meistverbreiteten Merkmale in der Naturgeschichte des 18. Jahrhunderts.«[172] Wohl wahr.

All das wirft natürlich die spannende Frage auf: Ist so etwas dann überhaupt noch falsch? Ist der Nasenbär inzwischen nicht *wirklich* als Brasilianisches Erdferkel bekannt? Hat ein blöder Witz es geschafft, den Namen eines Tiers zu ändern, nur weil etwas, das auf Wikipedia steht, in die Welt hinausposaunt wird, bis es irgendwie wahr geworden ist?

Wie so oft lautet die Antwort darauf: »Jein.« Die Wikipedia-Seite über Coatis zitiert die Behauptung, dass diese auch als Brasilianische Erdferkel bekannt seien, inzwischen nicht mehr, weil es nicht genügend Belege dafür gibt, dass die Bezeichnung wirklich weit verbreitet ist. Und seit der *New-Yorker*-Artikel 2014 herauskam und die Behauptung gestrichen wurde, scheinen die Verweise darauf ein bisschen abgenommen zu haben (2017 gab es eine Erwähnung im *Guardian*, aber das kann auch ein Insiderwitz gewesen sein[173]). Aber es gibt keinen Zweifel daran, dass das Brasilianische Erdferkel jetzt da draußen in der Wildnis herumgeistert, und dass, wenn wir nur alle geschlossen beschließen, Coatis mit einem völlig falschen Namen zu bezeichnen, dieser, verflixt noch mal, der Name ist, mit dem sie bezeichnet werden.

Ein Brasilianisches Erdferkel lässt sich einen Imbiss in Tulum, Mexiko, schmecken.

Das mag klingen, als solle dies ein billiger Witz zu Lasten von Wikipedia sein, aber so ist es wirklich nicht – obwohl in aller Fairness, es ist alles andere als ein Einzelfall, was diese Internetplattform betrifft. Da ist der bedauerliche Fall der Erfinderin des modernen Glätteisens für Haare, bei dem eine korrekte Angabe – Madam C. J. Walter, eine afroamerikanische Unternehmerin und Vorreiterin auf dem Gebiet – im August 2006 durch »Erica Feldman (das Pupsgesicht)« ersetzt wurde. Die Administratoren von Wikipedia bemerkten den mutwilligen Eingriff rasch … und entfernten auf der Stelle die Worte »das Pupsgesicht«, sodass nun Erica Feldman, wer zum Teufel das auch sein mag, die Erfinderehre zukommt. Das Problem wurde von Wikipedia längst behoben, aber noch heute finden Sie, wenn Sie »Erica Feldman Glätteisen« googeln, eine irre Menge an Internetseiten, die

Ihnen fröhlich von Ms Feldmans Beitrag zur Haarpflege für Afroamerikanerinnen berichten.

Oh, und dann war da noch der Sache mit der Leveson-Ermittlung (der Untersuchung von Lordrichter Leveson zu »Kultur, Praktiken und Ethik der Presse des Vereinigten Königreichs«), deren Bericht einen fünfundzwanzigjährigen Studenten namens Brett Straub als einen der Gründer des *Independent* nannte, weil einer von Bretts Freunden dessen Namen aus Jux in den Wikipedia-Eintrag geschmuggelt hatte.[174] Zu behaupten, der englischen Presse habe das gefallen, wäre eine leicht Untertreibung.

Ja, Wikipedia führt sogar eine Liste von Gelegenheiten, bei denen solches passiert ist, sie trägt die Überschrift »Citogenesis« – ein Begriff, den der Cartoonist Randall Munroe geprägt hat – und wartet mit Juwelen auf wie »Der erste kommerziell produzierte Pappkarton wurde 1817 von Sir Malcolm Thornhill in England hergestellt« (heute überall im Internet zu lesen) und einem komplett erfundenen Krankheitssymptom namens »Glucojasinogen«, das unterdessen verschiedentlich in wissenschaftlichen Artikeln aufgetaucht ist.[175]

Leser mit gutem Gedächtnis erinnern sich vielleicht, dass ich zu Beginn von Kapitel zwei geschrieben habe: »Ich verspreche, dass ich es für dieses Buch nicht zur Gewohnheit machen werde, Textbrocken aus Wikipedia herauszuschneiden und aneinanderzufügen.«[176] Ich kann mich nur entschuldigen. Ich habe gelogen. Sehen Sie zu, wie Sie damit klarkommen.

Aber die Sache ist: In all diesen Fällen ist das Problem ja im Grunde nicht Wikipedia, sondern die Leute, die blindlings von einer einzelnen Quelle abschreiben und glauben, es wird schon seine Richtigkeit haben (und andere Leute, die die neue Quelle als Beleg dafür nehmen, dass die erste Quelle korrekt war, und so weiter). Wie wir in diesem Buch wieder und wieder gesehen haben, ist diese Sorte von Teufelskreis nicht auf das Internetzeitalter beschränkt. Bullshit-Rückkoppelungsschleifen gibt es seit der Erfindung der Druckerpresse und vermutlich schon lange davor. Der Umstand, dass der Naturforscher Buffon sich Ende des 18. Jahrhunderts über genau dieselbe Sache beschwerte, sollte uns vermutlich Warnung sein, dass unser Thema womöglich nicht Wikipedia-Mitbegründer Jimmy Wales' ausgezeichnete Erfindung ist.

Es ist sehr leicht, Wikipedia (oder Twitter oder Telefonen oder dem druckenden Gewerbe) die Schuld zu geben für ein ewiges Problem, das wir mit dem Zusammentragen und Verbreiten von Wissen haben, denn neuen Sachen die Schuld zu geben macht Spaß. Aber es trifft den Kern einfach nicht. Das ist etwas, das in einem frechen Experiment aufgezeigt wurde, 2009 durchgeführt von einem irischen Studenten namens Shane Fitzgerald, als die Nachricht die Runde machte, dass der französische Komponist Maurice Jarre gestorben sei. Fitzgerald war klar, dass die Journalisten der Welt sich prompt auf Jarres Wikipedia-Seite stürzen würden, und saugte sich ein unwiderstehliches gefälschtes Zitat das Maestros aus den Fingern – »Wenn ich sterbe, wird in meinem Kopf ein letzter Walzer spielen, den nur ich hören kann« – und fügte es flugs der Seite hinzu. Dieses kleine Stückchen Frevel wurde rasch entdeckt und auf der Stelle gelöscht, hatte es aber in der kurzen Zeitspanne seiner Existenz trotzdem in etliche der großen Zeitungen der Welt geschafft. Und, im Unterschied zu Wikipedia, hat da niemand es bemerkt und gelöscht. Dazu kam es erst einen Monat später, als Fitzgerald ihnen schrieb, was er getan hatte. In diesem Falle war Wikipedia tatsächlich *beträchtlich verlässlicher* als die Weltpresse.

Wenn Wikipedia und das Internet uns etwas Allgemeines

lehren, dann dass sie uns die Sorte Fehler vor Augen führen, die wir schon seit ewigen Zeiten begehen. Jeder mit einem Internetanschluss kann mit eigenen Augen auf die Minute genau sehen, wann genau die falsche Behauptung, Nasenbären würden auch Brasilianische Erdferkel genannt, in die Welt kam. In Zeiten, in denen es noch kein Internet gab, war solches nachzuweisen der Stoff, aus dem ganze Doktorarbeiten gemacht wurden.

Das ist das eigentliche Problem an der Geschichte: Es gibt eine Menge Dinge, die wir nicht wissen, und es gibt außerdem eine Menge Dinge, die wir zu wissen glauben, aber in Wirklichkeit doch nicht wirklich wissen, nur dass wir leider nicht wissen, was wir eigentlich nicht wissen. Nehmen Sie zum Beispiel die Geschichte von jenem unglaublichen Zufall, der zum Ausbruch des Ersten Weltkriegs führte. Die Ermordung von Erzherzog Franz Ferdinand durch Gavrilo Princip am 28. Juli 1914 in Sarajevo verdankt sich letzten Endes der Tatsache, dass Princip sich zufällig beim Delikatessengeschäft Moritz Schiller ein Brötchen geholt hatte – ein Brötchen, das er gerade aß, als er den Wagen des Erzherzogs (der eine andere Route fuhr als geplant) vorbeifahren sah. Er packte die Gelegenheit beim Schopf, und der Rest ist … nun ja, Geschichte. Hätte Princip in jenem Augenblick keinen Hunger gehabt oder beschlossen, sich zum Mittagessen etwas anderes zu holen, wäre er nie in der Position gewesen, jenen schicksalsträchtigen Schuss abzufeuern, und der Kontinent wäre womöglich nicht im Krieg versunken.

Es ist eine tolle Geschichte darüber, dass ein winziges Ereignis manchmal kolossale Auswirkungen haben kann. Sie ist außerdem kein bisschen wahr.

Ursprung der Geschichte scheint eine BBC-Dokumentation von 2003 gewesen zu sein, in der die Brötchen-

Geschichte vorkam (dem Journalisten Mike Dash zufolge, der ihren Ursprung festzumachen versucht hat, kann sich der Regisseur der Dokumentation allerdings nicht mehr erinnern, woher er dieses spezielle Detail hatte), worauf sie sich in Windeseile verbreitet hat. Inzwischen findet man sie überall im Internet, sie taucht sogar in einem Buch des renommierten BBC-Journalisten John Simpson auf. Das Buch trägt den Titel: ähm … »Unreliable Sources« (zu Deutsch etwa: Unzuverlässige Quellen).

Das Phänomen ist nicht neu. Wenn Sie ein Freund von Blasen auf dem Finanzmarkt sind, werden Sie sich vielleicht gewundert haben, dass ich vor ein paar Kapiteln die »Tulpenmanie« von 1637 nicht erwähnt habe. Es handelt sich dabei vermutlich um die berühmteste Finanzblase aller Zeiten, sie ließ den Tulpenpreis in den Niederlanden in nie gekannte Höhen schnellen, bevor sie kollabierte und viele Spekulanten ruinierte. Es hat Diskussionen zuhauf gegeben über die menschliche Tendenz zur Torheit, seit der Bericht darüber in Charles Mackays Klassiker aus dem Jahr 1841 erschien – »Extraordinary Delusions and the Madness of Crowds« (von dem ich mir schamlos die Überschrift von Kapitel 8 und genau genommen auch die Idee für dieses Buch stibitzt habe). Leider scheint er, wenn nicht komplett falsch, so doch maßlos übertrieben zu sein. Mackay bezog seine Information aus einem Flugblatt, das von Gegnern des Spekulantentums herausgegeben worden war, in Wirklichkeit wurde nie irgendwer durch den Anstieg und Fall von Tulpenpreisen in den Ruin getrieben.

Das Problem, dass bei einer Menge Dinge, die wir zu wissen glauben, die Grundlagen einigermaßen wackelig sind, beschränkt sich nicht auf unser Geschichtswissen. Die Wissenschaft insgesamt macht gegenwärtig eine »Replikationskrise« durch – wir stellen gerade fest, dass ein Haufen der endlos vielen Informationsfitzelchen, von denen wir angenommen haben, dass sie auf festen Füßen stehen, dies womöglich gar nicht tun. Und das hat mit einem der Grundpfeiler der »wissenschaftlichen Methode« zu tun (Anmerkung für Wissenschaftstheoretiker: Ja, ich weiß, dass es die eine wissenschaftliche Methode nicht gibt – schon gut), dem Umstand nämlich, dass wissenschaftliche Experimente so angelegt sein müssen, dass jeder sie nachvollziehen und wiederholen kann – darum werden Schulkinder gedrillt, Newton recht zu geben, indem sie gemäß der klassischen Form Zielsetzung, Methoden, Ergebnisse, Schlussfolgerung arbeiten.

Das Problem ist, dass sich in vielen Fällen nie jemand die Mühe macht, die wichtigeren Experimente zu wiederholen. Das hat unter anderem mit dem Anreizsystem in der Wissenschaft zu tun: Niemand bekommt die großen Fördersummen oder die Prestigeposten an der Uni dafür, dass er kopiert, was jemand anderer vor ihm getan hat. Wenn Sie in der akademischen Welt vorankommen wollen, müssen Sie neue, originelle Arbeiten vorlegen, die unser bestehendes Wissen erweitern. Was bedauerlicherweise dazu führt, dass sich bei vielem, was wir für unser bestehendes Wissen *halten*, niemand je die Mühe gemacht hat nachzuprüfen, ob es das tatsächlich ist.

Besonders akut ist dies auf dem Gebiet der Psychologie zu beobachten, wo in jüngster Zeit ein paar groß angelegte Versuche, eine Handvoll viel zitierter, häufig angeführter Studien nachzuvollziehen, zu dem beunruhigenden Ergebnis gekommen sind, dass sich rund fünfzig Prozent davon nicht wiederholen lassen – es hat sich womöglich einfach nur um Zufallsergebnisse gehandelt. Noch interessanter ist, dass es so aussieht, als hätten Fachleute ganz tief im Inneren ein Gefühl dafür, wann Ergebnisse nicht ganz astrein sind. Die Leiter der Studie ließen eine große Gruppe Experten, die mit dem Sujet nichts zu tun hatten, Wetten darauf abschließen, welche Versuche sich ihrem Gefühl nach replizieren lassen werden und welche nicht. Die Wettergebnisse waren unheimlich genau, was womöglich eine gute Nachricht ist für alle Freunde des menschlichen Verlangens, einen schnellen Taler zu machen, wenn auch eine weniger gute für das übliche System der gegenseitigen Begutachtung durch Fachkollegen.

Oh, und falls nun irgendwer kommt mit dem Einwand »Aber das ist doch nur Psychologie – das ist doch ohnehin keine richtige Naturwissenschaft!«, habe ich eine amüsante Nachricht für ihn: Auch die Physik steckt in einer Replikationskrise. Stopf *das* in deine Pfeife und rauche es, Einstein. (Wozu auch immer es gut ist: Man geht inzwischen davon aus, dass etwa zwanzig Prozent der Veröffentlichungen Einsteins den einen oder anderen Fehler enthalten. In vielen Fällen scheint er allerdings, obwohl er von unkorrekten Annahmen ausging, zu den richtigen Schlussfolgerungen gelangt zu sein. Das ist wahres Genie, nehme ich an.)

So, wohin bringt uns das alles? Steckt die Wahrheit in der Krise? Sind wir verdammt, unser Leben in einem Nebel der Fehlinformationen zu verbringen? Sind wir am Ende alle nichts weiter als Nasenbären, die auf den Trümmern antiker Zivilisationen umherhüpfen, beobachtet von Touristen, die auf uns zeigen und erklären: »Guck mal, Doris, da, ein Brasilianisches Erdferkel!«?

Ich glaube nicht. Ganz sicher, ja, wir alle paddeln in einem Meer der Halbwahrheiten und Mehr-oder-weniger-Lügen, denn die Welt ist dumm und kompliziert, niemand weiß genau Bescheid, und genauso sind unsere Gehirne auch gebaut. Aber das ist keine Krise. Das ist nur so, wie es immer schon war.

Das Zitat, mit dem dieses Buch begann, jener Satz von

dem verwegenen Arktisforscher Vilhjalmur Stefansson – »Der frappierendste Widerspruch unserer Zivilisation liegt in der fundamentalen Achtung vor der Wahrheit, zu der wir uns bekennen, und der allumfassenden Missachtung, die wir ihr gegenüber pflegen« –, mag klingen, als entstamme er einem Werk, dessen Autor sich bitter beklagt, dass wir den Maßstäben der Wahrheit nicht gerecht werden. Aber in Wirklichkeit argumentiert er genau andersherum und erklärt, wir sollten vielleicht nicht so verwundert darüber sein, dass die Wahrheit ein bisschen dünn gesät ist. »Es ist ein bisschen naiv von den Philosophen, aus der reinen Spärlichkeit der Wahrheit die Diagnose zu stellen, die Welt leide an einer unheilbaren Krankheit«, schreibt er. »Ist es nicht auch einfach möglich, dass man uns deshalb nicht heilen kann, weil wir nicht krank sind?«

Ich glaube, dies ist das Erste, was wir tun müssen, wenn wir den Zeiger von der Unwahrheit wieder zurück zur Wahrheit drehen wollen: Wir dürfen nicht ausflippen. Wir müssen akzeptieren, dass Bullshit immer Teil unseres Lebens war und sein wird, und wir können allenfalls hoffen, dass wir ihn im Zaum halten können. (Das betrifft insbesondere Regierungen, die daran denken, Gesetze gegen »Fake News« zu erlassen, das könnte schlimmere Probleme bereiten, als sie damit zu lösen versuchen.)

Aber es gibt außerdem ein paar praktische Dinge, die wir, glaube ich, tun können – sowohl als Gesellschaft als auch für uns selbst.

Wir müssen der Aufwandsschwelle etwas entgegensetzen, und der Weg dahin ist, nun ja, ein bisschen mehr Aufwand zu betreiben. Das bedeutet, bereit zu sein, Leute zu bezahlen, die Sachen nachprüfen (klar, ich bin ein Fakten-Checker, natürlich sage ich das), aber es bedeutet auch, dass all die verschiedenen Gruppen in unserer Gesellschaft, deren Job irgendetwas mit Wahrheit zu tun hat, sehr viel besser zusammenarbeiten müssen. Wissenschaftler müssen lernen, mit Journalisten zu reden, Journalisten müssen lernen, mit Wissenschaftlern zu reden, und idealerweise würden sie das nicht allein über das Medium Pressemitteilungen tun.

Aber wir können auch selbst etwas unternehmen, um die Aufwandsschwelle auszutricksen – einfach indem wir ein kleines bisschen mehr Anstrengung investieren, wenn wir das nächste Mal etwas besonders Unerhörtes im Internet teilen. Nur ein paar Sekunden. Überprüfen Sie die Quelle. Googeln Sie es. Überlegen Sie, ob es nicht zu gut klingt, um wahr zu sein.

Wo wir gerade dabei sind, wir müssen auch uns selbst hinterfragen – jedem von uns, egal wie sehr wir glauben, der Wahrheit verpflichtet zu sein, kann es passieren, dass er in die Ego-Falle tappt und plötzlich gerne hätte, dass etwas wahr ist. Ja, für je ehrlicher wir uns selbst halten, desto weniger gewärtig sind uns diese Arten von Voreingenommenheiten womöglich. Wenn Sie daher innehalten, um der Quelle von etwas nachzugehen, dann fragen Sie sich auch, ob hier etwas Ihre persönlichen Voreingenommenheiten bedient und ob Sie wirklich so skeptisch an die Sache herangehen, wie Sie sollten. Und wir können dies auf die Gesellschaft insgesamt übertragen – jeder macht Fehler, und wir müssen besser darin werden, diejenigen zu honorieren, die diese offen zugeben. Klar, idealerweise würden Politiker überhaupt nichts Falsches sagen, aber, hey – zollen wir ihnen wenigstens Anerkennung, wenn sie sich berichtigen.

Auch müssen wir darangehen, Informationsvakuen mit Inhalten zu füllen. Das ist natürlich ein Prozess, der im Gange ist, rings um den Globus arbeiten Millionen und Abermillionen Leute auf allen möglichen Gebieten daran, die Summe unseres Wissens um einen weiteren winzigen Bruchteil zu mehren. Aber wir können immer noch mehr tun: Viel zu viel von der Information, die bereits vorhanden ist, bleibt verschlossen, versteckt sich in Datenbanken, nicht veröffentlichten Berichten oder hinter einer Bezahlschranke. Wir müssen unsere Anstrengungen intensivieren, mehr aus der guten Information zu machen, die allenthalben verfügbar ist, denn wenn wir das nicht tun, wird minderwertige Information zur Stelle sein, um die Lücke zu füllen. Es langt nicht, das Unkraut im Informationsgarten auszurupfen, wir müssen dort auch Blumen pflanzen.

Und wir müssen daran glauben, dass es funktioniert und dass es wirklich darauf ankommt. Aufzugeben und zu beschließen, dass die Wahrheit keine Chance hat, nur weil der von Ihnen bevorzugte Kandidat soeben eine Wahl verloren hat, ist, wie soll ich sagen, ein bisschen unreif. Zu glauben, das Internet sei nur eine riesige Bullshit-Maschine und es gibt nichts, was man tun kann, um sie zu bändigen, ist fast genauso schlimm. Wie dieses Buch gezeigt hat, ist dies alles andere als das erste Mal in der Geschichte, dass wir solche Sorgen hatten. Unhaltbare Gerüchte, Panik vor neuen Kommunikationstechnologien, Entsetzen angesichts falscher Nachrichten und Ängste vor einer Informationsüberflutung – all das gibt es seit Jahrhunderten. Wir sind damit fertiggeworden, und wir können es auch dieses Mal wieder schaffen, solange wir nicht resigniert mit den Schultern zucken oder uns auf den Standpunkt stellen: »Haha – kommt doch ohnehin nicht drauf an.« Die größte Sorge am Umgang mit »Fake News« ist im Grunde nicht, dass die Leute falsche Nachrichten glauben, sondern dass sie aufhören, richtige Nachrichten zu glauben.

Und wir müssen den Triumph auskosten, wenn wir etwas

richtiggestellt haben, denn manchmal gibt es wirklich große Schritte vorwärts. Und manchmal passiert das an den unwahrscheinlichsten Orten – beispielsweise einem Garten in Paris.

All die Fragen, über die wir hier nachgedacht haben – wie man aus einem glitzernden Knäuel Unsinn kleine, unscheinbare Wahrheiten herausdröselt –, beschäftigten in den 1870er-Jahren auch die aufrechten Bürger dieser Stadt, als unser alter Freund und Kurpfuscher Dr. Anton Mesmer des Weges kam. Wie wir in Kapitel sieben erwähnt haben, war König Ludwig XVI. nicht eben begeistert, dass Marie-Antoinette Mesmer seinen hypnotischen Zauber an sich ausprobieren ließ. Und so ließ er so etwas wie einen Zirkel aus Rächern des Empirismus zusammenkommen, die Mesmers Theorien überprüfen sollten. Zu der Gruppe gehörten einige der klügsten Köpfe im Paris jener Zeit, unter anderem der Vater der modernen Chemie, Antoine Lavoisier, und der berühmte Arzt Joseph-Ignace Guillotin (der Ludwig XVI. im darauffolgenden Jahr eine Erfindung präsentierte, mit der dieser letztlich sehr enge Bekanntschaft machen sollte).

Bei ihrer Suche nach der Wahrheit taten die Kommissionsmitglieder etwas, das, soweit wir es beurteilen können, bis dahin niemand je zuvor in der Geschichte der Wissenschaft getan hatte. Sie führten die erste placebokontrollierte medizinische Blindstudie der Welt durch. Im Garten hinter dem Haus des Erstautors erfanden die Kommissionsmitglieder ein wirklich wichtiges Stück wissenschaftliche Methodik, als sie – als überaus wortgetreue Vorreiter einer Blindstudie – eine (tatsächlich) blinde Versuchsperson herumführten und sie angeblich »magnetisierte« Bäume umarmen ließen (bis sie schließlich in Ohnmacht fiel). Mit diesem und ein paar ähnlichen kontrollierten Experimenten bewiesen sie schlüssig, dass Mesmers Theorien Humbug waren.

Sie glauben jetzt vielleicht, die Autoren seien beim Zusammenschreiben ihrer Befunde der Versuchung erlegen, mit diesem Triumph der Wahrheit über den Unfug zu prahlen. Aber sie schlugen einen ganz anderen Ton an: Sie feierten Mesmers Schwindel und fanden ihn wesentlich faszinierender als die Wahrheit.

»Vielleicht ist die Geschichte der Irrtümer der Menschen, wenn man es recht bedenkt, wertvoller und interessanter als die ihrer Entdeckungen«, schrieb der Hauptautor. Und ganz im Sinne Montaignes fährt er fort:»Die Wahrheit ist einförmig und eng; sie ist immer da und scheint weniger aktive Energie als vielmehr eine passive Bereitschaft der Seele zu erfordern, sich mit ihr auseinanderzusetzen. Aber Fehler sind von einer endlosen Vielfalt, sie entbehren jeglicher Realität und sind die reine und alleinige Schöpfung des Geistes, der sie erfindet. Hier hat die Seele hinreichend Raum, sich zu entfalten, ihre grenzenlosen Möglichkeiten unter Beweis zu stellen und mit ihnen all ihre wunderbaren und interessanten Extravaganzen und Absurditäten.«

Dieses Buch hat nur einen winzigen Bruchteil dieser »Geschichte der Irrtümer der Menschen« abgedeckt. Sie könnten hundert weitere Versionen davon schreiben, ohne dass es zu Überschneidungen käme.

Wir hoffen, dass wir es geschafft haben, in die Fußstapfen jenes Gründervaters der Aufdeckung falscher Tatsachen zu treten, entschlossen wie er, gefangen in jenem überaus menschlichen Zustand des Hin-und-her-gerissen-Seins zwischen Fakten und Fiktion – ein Pionier der Wahrheitsfindung, nichtsdestotrotz seltsam gefesselt von den unerschöpflichen, seelenerweiternden Möglichkeiten der Unwahrheit. Denn genau das müssen wir tun, wenn wir wahrhaftiger werden wollen – wir müssen die ungeheuer weiten und üppig wuchernden Felder der Unwahrheit genauer ergründen, um besser zu wissen, was wir alles falsch machen, bevor wir versuchen können, es richtig zu machen. Im Prinzip müssen wir Bullshit-Gelehrte werden.

Oh, wie lautete noch der Name jenes Autors da im Garten hinter dem Haus, in dem jenes bahnbrechende Stück Wahrheitsfindung stattgefunden hat?

Es war natürlich kein anderer als Benjamin Franklin.

Dank

Es gibt eine Menge Leute, bei denen ich mich bedanken – und entschuldigen – muss. An allererster Stelle sind dies Ella Gordon, meine wunderbare Lektorin bei Wildfire, und Antony Topping, mein fantastischer Agent. Beide haben mir sehr viel mehr Geduld und Ermutigung entgegengebracht, als ich im Laufe des (ein wenig verzögerten) Entstehungsprozesses dieses Buchs verdient habe.

Ich möchte mich darüber hinaus auch bei meinen tollen Kollegen bei Full Fact bedanken für ihre Geduld und Inspiration. Besonderen Dank an unseren Chef Will Moy, der mir zum einen gestattete, das Buch zu schreiben, und zum anderen sehr elegant meine dezenten Hinweise respektierte, er möge sich ja nicht nach dessen Fortgang erkundigen.

Zum Schluss ein Dankeschön und meine aufrichtige Entschuldigung an alle Freunde, die ich seit mehreren Monaten faktisch nicht gesehen habe. Ich kann jetzt wieder bei Sachen mitmachen, Leute! Bitte ladet mich wieder ein.

Weiterführende
Literatur

E s gibt eine Menge hervorragender Bücher, die ich beim Schreiben herangezogen habe. Die meisten davon sind in den Anmerkungen zitiert, aber für den Fall, dass Sie sich in einzelne Themen dieses Buchs vertiefen möchten, habe ich hier im Anschluss eine Liste von einigen der besten angeführt:

Allgemein

Ich möchte die Werbetrommel rühren für das genial betitelte »Oxford Handbook of Lying«, das während der Arbeit an diesem Buch auf den Markt kam. Es bietet den ersten interdisziplinären Überblick über die jüngsten Forschungsergebnisse zum Thema Lügen und hat mich kurz zweifeln lassen, ob ich es mir nicht lieber sparen sollte, dieses Buch zu schreiben. Es ist super und außerdem schwer genug, um als Türstopper gute Dienste zu leisten, vielleicht auch als Mordwaffe. Aber mein Buch ist lustiger. Das nicht minder schön betitelte »Penguin Book of Lies« (gegenwärtig im Nachdruck) war ebenfalls sehr hilfreich, und meine ganzen klassischen Zitate habe ich daraus geklaut.

Kapitel 1

Wer mehr darüber wissen will, wie, warum und wie oft wir lügen, wird Spaß haben an Robert Feldmans »Liar: The Truth About Lying.« Harry Frankfurts »Bullshit« und dessen Nachfolger »On Truth« sind kurze, aber wichtige Werke. Vilhjalmur Stefanssons »Adventures in Error« wird nicht leicht aufzutreiben sein, ich habe allerdings ein paarmal daraus zitiert, also sollte ich wohl die Werbetrommel dafür rühren.

Kapitel 2

Fans der beiden Abschnitte über Benjamin Franklin mögen sich bitte Brian Regals und Frank J. Espositos »The Secret History of the Jersey Devil« sowie Max Halls »Benjamin Franklin and Polly Baker: The History of a Literary Deception« zu Gemüte führen. Wenn Sie Interesse haben an der Geschichte der Nachrichtenindustrie, kann ich nichts mehr empfehlen als Andrew Pettegrees »The Invention of News: How the World Came to Know About Itself«. Ein bisschen wissenschaftlicher daher kommen Brendan Dooley und Sabrina A. Baron, die in »The Politics of Information in Early Modern Europe« einen Haufen tolles Zeug zu bieten haben. Eine sehr gute deutsche Referenz zur Entstehungsgeschichte der Zeitungen ist Thomas Schröders »Die ersten Zeitungen«, Tübingen, 1995.

Kapitel 3

Die Story um den großen Mondschwindel erzählt Matthew Goodman in »The Sun and the Moon: The Remarkable True

Account of Hoaxers, Showmen, Dueling Journalists, and Lunar Man-Bats in Nineteenth-Century New York« höööchst unterhaltsam. Zu Medienfehlern im Allgemeinen siehe Curtis D. MacDougalls Klassiker »Hoaxes« und Robert Bartholomews und Hilary Evans' »Panic Attacks: Media Manipulation and Mass Delusion«.

Kapitel 4

Edward Brooke-Hitchings »The Phantom Atlas: The Greatest Myths, Lies and Blunders on Maps« – auf Deutsch erschienen als »Atlas der erfundenen Orte« – kam auf den Markt, während ich an diesem Buch schrieb. Ich war erfreut und ärgerlich zugleich, als ich feststellte, dass er so gut wie alles, woran ich gerade saß, bereits geschrieben hatte. Wenn Ihnen dieses Kapitel gefällt, dann seien Sie so gut und lesen Sie sein Buch, denn er berichtet noch jede Menge mehr und hat außerdem die schöneren Karten. Wenn Ihnen das Zeug über die Arktis gefällt, dann empfehle ich Bruce Hendersons »True North: Peary, Cook, and the Race to the Pole«.

Kapitel 5

David Sinclairs »The Land That Never Was: Sir Gregor Mac-Gregor and the Most Audacious Fraud in History« bietet noch jede Menge mehr über den Kaziken von Poyais. Tamar Frankels »The Ponzi Scheme Puzzle« hat Tolles zum Thema Hochstapler und Trickbetrüger zu bieten, ebenso Amy Readings »The Mark Inside: A Perfect Swindle, a Cunning Revenge, and a Small History of the Big Con« und Maria

Konnikovas »The Confidence Game: The Psychology of the Con and Why We Fall for It Every Time«. (»Täuschend echt und glatt gelogen. Die Kunst des Betrugs«, Nagel & Kimche 2017), Hilary Spurlings »La Grande Thérèse, The Greatest Swindle of the Century« ist ein Vergnügen zu Thérèse Humberts Leben und Zeit.

Kapitel 6

Wer noch mehr über politische Lügen erfahren will, sei verwiesen an Adam Macqueens »The Lies of the Land«. Weitere Unwahrheiten aus dem Ersten Weltkrieg liefert James Hayward mit »Myths & Legends of the First World War«.

Kapitel 7

Lesen Sie dazu Henry MacRory, »Ultimate Folly: The Rises and Falls of Whitaker Wright«, und R. Alton Lee, »The Bizarre Careers of John R. Brinkley«. (Von Brinkley gibt es noch andere Bücher, aber das genannte ist das einzige, das ich im Vereinigten Königreich auftreiben konnte.)

Kapitel 8

Er wurde in diesem Abschnitt bereits beworben, aber wenn Sie mehr über unsere schrägen Überzeugungen und Manien herausfinden wollen, dann versuchen Sie Robert E. Bartholomews »Hoaxes, Myths, and Manias: Why We Need Critical Thinking« und »A Colorful History of Popular Delusions«

zu bekommen. Ein Klassiker zu dem Thema ist auch Charles Mackays »Extraordinary Popular Delusions and the Madness of Crowds« (»Zeichen und Wunder, Aus den Annalen des Wahns«, Eichborn 2003) – von dem sowohl ich als auch Bartholomew uns titelmäßig bedient haben. Auch wenn das eine oder andere nicht stimmt.

Schluss

Hierzu kann ich eigentlich nichts an Büchern bieten, also empfehle ich Ihnen einfach, mein letztes Buch »Echt jetzt? Die beknacktesten Aktionen der Menschheit« zu lesen.

Bildnachweis

S. 28 Niccolò Machiavelli, Ölgemälde von Santi di Tito, zweite Hälfte des 16. Jahrhunderts. Foto: Imagno/Getty Images

S. 32 Jonathan Swift, Ölgemälde von Charles Jervas, circa 1718. Foto: Granger/Alamy

S. 61 Benjamin Franklin, Ölgemälde von Joseph-Siffred Duplessis, 1785. Foto: Wim Wiskerke/Alamy

S. 70 Zeitungsverkäufer, Holzschnitt, 1631. Foto: Interfoto

S. 91 *New Discoveries on the Moon*, Kupferstich der Gebrüder Thierry aus dem Jahr 1835. Foto: SSPL/Getty Images

S. 139 *A map showing the progress of discovery and improvement, in the geography of North Africa*, herausgegeben von James Rennell, 1798. Library of Congress, Abteilung Geographie und Landkarten

S. 143 Landkarte von Afrika, herausgegeben von Aaron Arrowsmith, 1802. Library of Congress, Abteilung Geographie und Landkarten

S. 146 Landkarte von Afrika aus *A New Universal Atlas*, herausgegeben von S. Augustus Mitchell, 1849. Library of Congress, Abteilung Geographie und Landkarten

S. 170 General Gregor MacGregor, Radierung von Samuel William Reynolds nach Simon Jacques Rochard, 1820–1835. Foto: The Picture Art Collection/Alamy

S. 172   Dollarnote der Bank von Poyais, 1820s. Foto: History and Art Collection/Alamy

S. 189   Jeanne de Valois-Saint-Rémy, Comtesse de la Motte. Stich von F. Bonneville, 1796. Foto: API/Gamma-Rapho von Getty Images

S. 202   Thérèse Humbert, circa 1903. Foto: Harlingue/Roger Viollet von Getty Images

S. 206   Beschlagnahmung des Humbert'schen Safes, Mai 1902. Foto: Hulton Archive/Getty Images

S. 216   Titus Oates, Stich von F. Wentworth, 1880. Foto: Hulton Archive/Getty Images

S. 222   Rose Mary Woods demonstriert die Rose-Mary-Dehnung, 1973. Foto: AP/Picture Alliance

S. 245   Unterwasserkuppel mit Tunnel in Witley Park. Foto: Associated Newspapers/Shutterstock

S. 259   John R. Brinkley. Foto: Underwood and Underwood/The LIFE Images Collection von Getty Images

S. 269   Deutsches Luftschiff. Foto: Interfoto/(Sammlung Rauch)

S. 279   King James bei der Befragung von Hexen. Foto: Chronicle/Alamy

S. 290   Brasilianisches Erdferkel. Foto: Tom Phillips

Anmerkungen

Einleitung: Der Augenblick der Wahrheit

1 Kessler, Glenn, Rizzo, Salvador und Kelly, Meg, »President Trump has made 10,796 false or misleading claims over 869 days«, *Washington Post* vom 10. Juni 2019, https://www.washingtonpost.com/politics/2019/06/10/president-trump-has-made-falseor-misleading-claims-over-days/

2 Kessler, Glenn, »A year of unprecedented deception: Trump averaged 15 false claims a day in 2018«, *Washington Post* vom 30. Dezember 2018, https://www.washingtonpost.com/politics/2018/12/30/year-unprecedented-deception-trump-averaged-false-claims-day/

3 Kessler, Glenn, Rizzo, Salvador und Kelly, Meg, »President Trump has made more than 5,000 false or misleading claims«, *Washington Post* vom 13. September 2018, https://www.washingtonpost.com/politics/2018/09/13/president-trump-has-made-more-than-false-or-misleading-claims/

1. Der Ursprung der Unart

4 Dekker, Thomas, *The Seven Deadly Sins of London*, (Edward Arber, 1879), S. 21.

5 Brief an Francesco Guicciardini vom 17. 5. 1521 aus: Machiavelli, Niccolò, *Gesammelte Schriften in fünf Bänden*, fünfter Band: Historische Fragmente, Komödien, Briefe, München, 1925, S. 474.

6 Zitiert in Trovillo, Paul V., »History of Lie Detection«, *Journal of Criminal Law and Criminology*, Bd. 29, Nr. 6, (1938–1939), S. 849.

7 Siehe Trovillo sowie Lea, Henry Charles, *Superstition and Force: 3rd edition, revised* (Henry C. Lea, 1878), S. 295, und Khan, Ali Ibrahim, »On The Trial By Ordeal, Among The Hindus«, in Jones, Sir William, *Supplemental Volumes Containing the Whole of the Asiatic Researches* (G. G. and J. Robinson, 1801), S. 172.

8 Stefansson, Vilhjalmur, *Adventures in Error*, (R. M. McBride

& Company, 1936), S. 7, verfügbar unter https://hdl.handle.
net/2027/wu.89094310885

9   Sebeok, Thomas A., »Can Animals Lie?«, in *I Think I Am a Verb*
(Springer, 1986), S. 128.

10 Angier, Natalie, »A Highly Evolved Propensity for Deceit«, *The
New York Times* vom 22. Dezember 2008, https://www.nytimes.
com/2008/12/23/science/23angi.html

11 de Waal, F. B., »Intentional deception in primates«, *Evolutionary
Anthropology Issues News and Reviews*, Bd. 1, Nr. 3, S. 90.

12 Byrne, Richard W. und Corp, Nadia, »Neocortex Size Predicts
Deception Rate in Primates«, in *Proceedings: Biological Sciences*,
Bd. 271, Nr. 1549, 2004.

13 Talwar, Victoria, »Development of Lying and Cognitive Abilities«,
in Meibauer, Jorg (Hrsg.), *The Oxford Handbook of Lying* (Oxford
University Press, 2018), S. 401.

14 Feldman, Robert, *Liar: The Truth About Lying* (Ebury Publishing,
2009), Kapitel 1 (Kindle Edition).

2. Alte Fake News

15 Franklin, Benjamin, *Poor Richard's Almanac and Other Writings*
(Dover Publications, 2012), S. 55.

16 Im Unterschied zu vielen Zitaten, die Mark Twain zugeschrieben
werden, hat er in diesem Fall tatsächlich etwas sehr Ähnliches
gesagt: »Ich kann sehr gut verstehen, wie die Kunde von meiner
Krankheit sich verbreitet hat, ich habe sogar aus berufener Quelle
vernommen, dass ich tot sei. James Ross Clemens, einer meiner
Cousins, lag vor zwei oder drei Wochen in London krank danieder.
Der Bericht über meine Krankheit erstand aus der seinen. Die Kunde
von meinem Ableben war eine Übertreibung. Mit dem Bericht über
meine Mittellosigkeit steht es nicht ganz so einfach«, White, Frank
Marshall, »Mark Twain Amused«, in *New York Journal* vom 2. Juni
1897, zitiert in Gary Scharnhorst (Hrsg.), *Mark Twain: The Complete
Interviews* (University of Alabama Press, 2006).

17 »Alan Abel, Satirist Created Campaign To Clothe Animals«, *New
York Times* vom 2. Januar 1980, S. 39.

18 »Obituary Disclosed as Hoax«, *New York Times* vom 4. Januar 1980,
S. 15.

19 Fox, Margalit, »Alan Abel, Hoaxer Extraordinaire, Is (on Good
Authority) Dead at 94«, *New York Times* vom 17. September 2018,
https://www.nytimes.com/2018/09/17/obituaries/alan-abel-
dies.html

20 Siehe z.B. Smith, Suzette, »The Day We Thought Jeff Goldblum Died«, *Portland Mercury* vom 22. Juni 2016, https://www.portlandmercury.com/The-Jeff-Goldblum-Issue/2016/06/22/18265356/the-day-we-thought-jeff-goldblum-died

21 Regal, Brian, und Esposito, Frank J., *The Secret History of the Jersey Devil* (Johns Hopkins University Press, 2018), Kapitel 2 (Kindle Edition).

22 »Benjamin Franklin«, Wikipedia, https://en.wikipedia.org/wiki/Benjamin_Franklin, Stand: 24. Februar 2019.

23 Stowell, Marion Barber, »American Almanacs and Feuds«, in *Early American Literature*, Bd. 9, Nr. 3, 1975, S. 276–285, http://www.jstor.org/stable/25070683

24 Zitiert in Stowell, »American Almanacs and Feuds«.

25 Franklin, Benjamin, *Poor Richard's Almanack and Other Writings* (Dover Publications, 2013), S. 28–29.

26 Swift, Jonathan, *Bickerstaff-Partridge Papers* (Kindle Edition), S. 6. Siehe dazu: https://de.wikipedia.org/wiki/Isaac_Bickerstaff

27 Stowell, »American Almanacs and Feuds«.

28 Leeds, Titan, zitiert in Franklin, Benjamin, *Poor Richard's Almanack and Other Writings* (Dover Publications, 2013), S. 30–31.

29 Pettegree, Andrew, *The Invention of News: How the World Came to Know About Itself* (Yale University Press, 2014), S. 2.

30 Pettegree, Andrew, *The Invention of News: How the World Came to Know About Itself* (Yale University Press, 2014), S. 107.

31 Dittmar, Jeremiah and Seabold, Skipper, »Gutenberg's moving type propelled Europe towards the scientific revolution«, *LSE Business Review* vom 19. März 2019, https://blogs.lse.ac.uk/businessreview/2019/03/19/gutenbergs-moving-type-propelled-europe-towardsthe-scientific-revolution/

32 Schröder, Thomas, »The origins of the German press«, in Dooley, Brandan und Baron, Sabrina A., *The Politics of Information in Early Modern Europe* (Routledge, 2001), S. 123, *Die ersten Zeitungen* (Gunter Narr Verlag, Tübingen, 1995), S. 26.

33 Groesen, Michiel van, »Reading Newspapers in the Dutch Golden Age«, *Media History*, Bd. 22, Nr. 3–4, 2016, S. 336.

34 Schröder, »The origins of the German press«, S. 123.

35 Schröder, »The origins of the German press«, S. 137.

36 Baillet, Adrien, *Jugemens des sçavans sur les principaux ouvrages des auteurs*, 1685, zitiert in Blair, Ann, »Reading Strategies for Coping With Information Overload ca. 1550–1700«, *Journal of the History of Ideas*, Bd. 64, Nr. 1, S. 11.

37 Burton, Robert, *Die Anatomie der Melancholie*, München, 1991, Seite 20–21.

38   Burton, Robert, *Die Anatomie der Melancholie*, München, 1991, Seite 26.
39   Burton, Robert, *Die Anatomie der Melancholie*, München, 1991, Seite 22.
40   Dooley, Brandan, »News and doubt in early modern culture«, in Dooley, Brandan und Baron, Sabrina A., *The Politics of Information in Early Modern Europe* (Routledge, 2001), S. 275.
41   O'Neill, Lindsay, »Dealing with Newsmongers: News, Trust, and Letters in the British World, ca. 1670–1730«, *Huntington Library Quarterly*, Bd. 76, Nr. 2, 2013, S. 215–233.
42   Hadfield, Andrew, »News of the Sussex Dragon«, in Davies, Simon F. und Fletcher, Puck, *News in Early Modern Europe – Currents and Connections* (Brill, 2014), S. 85–86.
43   Zitiert in Hadfield, »News of the Sussex Dragon«, S. 88.
44   Zitiert in Ellis, Markman, *Eighteenth-Century Coffee-House Culture*, Bd. 4 (Routledge, 2006), Kapitel 6.
45   »By the King, a proclamation. To restrain the spreading of false news«, 26. Oktober 1688, University of Oxford Text Archive, http://tei.it.ox.ac.uk/tcp/Texts-HTML/free/A87/A87488
46   *Craftsman* vom 17. Juli 1734, zitiert in Woolf, Daniel, »News, history and the construction of the present in early modern England«, in Dooley, Brandan und Baron, Sabrina A., *The Politics of Information in Early Modern Europe* (Routledge, 2001), S. 100.
47   Steiner, Prudence L., »Benjamin Franklin Biblical Hoaxes«, in *Proceedings of the American Philosophical Society*, Bd. 131, Nr. 2, 1987, S. 183–196.

3. Das Fehlinformationszeitalter

48   »GREAT ASTRONOMICAL DISCOVERIES LATELY MADE BY SIR JOHN HERSCHEL, L. L. D. F. R. S. &c. At the Cape of Good Hope [From Supplement to the Edinburgh Journal of Science]«, *New York Sun* vom 25. August 1835, Text entnommen: The Museum of Hoaxes, http://hoaxes.org/text/display/the_great_moon_hoax_of_1835_text
49   Griggs, William N., *The Celebrated »Moon Story«, Its Origin and Incidents; With a Memoir of the Author, and an Appendix* (Bunnell and Price, 1852), S. 23–25.
50   Poe, Edgar Allan, »Richard Adams Locke«, in *Complete Works of Edgar Allan Poe* (Delphi Classics, 2015) , S. 1950.
51   Die Namensgeschichte des *Herald* nahm folgenden Verlauf: Von Mai bis August 1835 trug das Blatt den Namen *Morning Herald*,

dieser wurde Ende August reduziert auf *The Herald* und im Mai 1837 wieder zum *Morning Herald*, bevor man sich im September 1840 auf *The New York Herald* einigte. Siehe Fox, Louis H., »New York City Newspapers, 1820–1850: A Bibliography«, *The Papers of the Bibliographical Society of America*, Bd. 21, Nr. 1/2, 1927, S. 52, http://www.jstor.org/stable/24292637

52 »The Great Moon Hoax«, The Museum of Hoaxes, http://hoaxes. org/archive/permalink/the_great_moon_hoax

53 Phillips, Tom, »25 Things That Will Definitely Happen In The General Election Campaign«, BuzzFeed, 27. Januar 2015, https:// www.buzzfeed.com/tomphillips/topless-barry-for-prime-minister

54 Tucher, Andie, »Those Slippery Snake Stories«, in *Humanities*, Bd. 36, Nr. 3, Mai/Juni 2015, https://www.neh.gov/humanities/2015/ mayjune/feature/those-slippery-snake-stories

55 Tucher, Andie, »The True, the False, and the ›not exactly lying‹«, in Canada, Mark (Hrsg.), *Literature and Journalism: Inspirations, Intersections and Inventions from Ben Franklin to Stephen Colbert* (Palgrave Macmillan, 2013), S. 91–118.

56 Hills, William H., »Advice to Newspaper Correspondents III: Some Hints on Style«, in *The Writer*, Juni 1887, zitiert in Tucher, Andie, »The True, the False, and the ›not exactly lying‹«, in Canada, Mark (Hrsg.), *Literature and Journalism*, S. 93.

57 Hills, William H., »Advice to Newspaper Correspondents IV: Faking«, in *The Writer*, November 1887, zitiert in Tucher, Andie, »The True, the False, and the ›not exactly lying‹«, in Canada, Mark (Hrsg.), *Literature and Journalism*, S. 93.

58 Shuman, Edwin L., *Steps into Journalism: Helps and Hints for Young Writers* (1894), zitiert in Tucher, Andie, »The True, the False, and the ›not exactly lying‹«, in Canada, Mark (ed.), *Literature and Journalism*, S. 95.

59 MacDougall, Curtis D., *Hoaxes* (Dover Publications, 1958), S. 4.

60 Ebenda.

61 Khomami, Nadia, »Disco's Saturday Night Fiction«, *Observer* vom 26. Juni 2016, https://www.theguardian.com/music/2016/ jun/26/lie-heart-disco-nik-cohn-tribal-rites-saturday-night-fever

62 »Railways and Revolvers in Georgia«, *The Times* vom 15. Oktober 1856, S. 9.

63 Unbetitelter Artikel (Spalte 4, »It is assumed by the myriads who sit in judgement …«), *The Times* vom 16. Oktober 1856, S. 6.

64 Zitiert in Coulter, E. Merton, »The Great Georgia Railway Disaster Hoax on the London Times«, in *The Georgia Historical Quarterly*, Bd. 56, Nr. 1, 1972.

65 Crawford, Martin, »The Great Georgia Railway Disaster Hoax Revisited«, *The Georgia Historical Quarterly*, Bd. 58, Nr. 3, 1974.

66 »The Southern States of America«, *The Times* vom 27. August 1857, S. 8.

67 »Comet's Poisonous Tail«, *New York Times* vom 8. Februar 1910, S. 1.

68 »Some Driven To Suicide«, *New York Times* vom 19. Mai 1910, S. 2.

69 Alexander, Stian, »Croydon Cat Killer has widened brutal spree around the M25, say police«, *Daily Mirror* vom 13. Juli 2016, https://www.mirror.co.uk/news/uk-news/croydon-cat-killer-widened-brutal-8414154.

70 »Mattoon Gets Jitters from Gas Attacks«, *Chicago Herald-American*, 10. September 1944, zitiert in Bartholomew, Robert and Evans, Hilary, *Panic Attacks: Media Manipulation and Mass Delusion* (The History Press, 2004).

71 »On The Contrary«, *New Yorker*, 9. Dezember 2002, https://www.newyorker.com/magazine/2002/12/09/on-the-contrary

72 https://twitter.com/baltimoresun/status/1028118771192528897 – Das Datum an der Wand lautet 1953, tatsächlich datiert das Zitat von 1946.

73 Mencken, H. L., »Melancholy Reflections«, *Chicago Tribune*, 23. Mai 1926, S. 74.

74 Ebenda.

75 Mencken, H. L., »A Neglected Anniversary«, *New York Evening Mail* vom 28. Dezember 1917.

76 Stefansson, Vilhjalmur, *Adventures in Error*, (R. M. McBride & company, 1936), S. 288–290, verfügbar unter https://hdl.handle.net/2027/wu.89094310885

77 Hersey, John, »Mr. President IV: Ghosts in the White House«, *New Yorker* vom 28. April 1951, S. 44–45, https://www.newyorker.com/magazine/1951/04/28/mr-president-ghosts-in-the-white-house

78 »Address in Philadelphia at the American Hospital Association Convention«, 16. September 1952, Harry S. Truman Presidential Library & Museum, verfügbar unter https://www.trumanlibrary.gov/library/public-papers

79 Fleischman, Sandra, »Builders' Winning Play: A Royal Flush«, *Washington Post* vom 24. November 2001, und Sachs, Andrea, »President's Day 101«, *Washington Post* vom 15. Februar 2004.

80 Mencken, H. L., »Hymn to the Truth«, *Chicago Tribune* vom 25. Juli 1926, S. 61.

4. Lügen über Land und Leute

81 Burton, R. F., »The Kong Mountains«, in *Proceedings of the Royal Geographical Society and Monthly Record of Geography*, Bd. 4, Nr. 8, 1882, S. 484–486, https://www.jstor.org/stable/1800716

82 Man kennt nur zwei Karten, in denen es heißt: »*Hic Sunt Dracones*«, beide stammen aus den frühen 1500er-Jahren. Siehe: »Oldest globe to depict the New World may have been discovered«, *Washington Post* vom 19. August 2013, https://www.washingtonpost.com/national/health-science/oldest-globe-to-depict-the-new-world-may-have-been-discovered/2013/08/19/503b2b4a-06b4-11e3-a07f-49ddc7417125_story.html

83 Rennell, James, »A Map, showing the Progress of Discovery & Improvement, in the Geography of North Africa«, 1798, https://www.loc.gov/item/2009583841/
https://raremaps.com/gallery/detail/51444/a-map-shewing-the-progress-of-discovery-improvement-in-the-geography-of-north-africa-1798-corrected-to-1802-rennell

84 Bassett, Thomas J., and Porter, Philip W., »›From the Best Authorities‹: The Mountains of Kong in the Cartography of West Africa«, in *The Journal of African History*, Bd. 32, Nr. 3, 1991, S. 367–413, www.jstor.org/stable/182661

85 Park, Mungo, *Life and Travels of Mungo Park in Central Africa* (Kindle Edition), S. 181. Deutsche Ausgabe: Mungo Park: *Reisen ins innerste Afrika. Dem Geheimnis des Niger auf der Spur.* (Edition Erdmann, Wiesbaden 2011).

86 Rennell, James, *Proceedings of the Association for Promoting the Discovery of the Interior Parts of Africa* (W. Bulmer & Co, 1798), S. 63.

87 Brooke-Hitching, Edward, *Atlas der erfundenen Orte* (DTV, München, 2017), S. 162 ff.

88 Burton, R. F., »The Kong Mountains«, in *Proceedings of the Royal Geographical Society and Monthly Record of Geography*, Bd. 4, Nr. 8, 1882, S. 484–486, https://www.jstor.org/stable/1800716

89 Clapperton, Hugh, Lander, Richard, und Salamé, Abraham V., *Journal of a Second Expedition Into the Interior of Africa, From the Bight of Benin to Soccatoo* (John Murray, 1829), S. 21.

90 Bassett, Thomas J., and Porter, Philip W., »›From the Best Authorities‹: The Mountains of Kong in the Cartography of West Africa«, in *The Journal of African History*, Bd. 32, Nr. 3, 1991.

91 Binger, Louis-Gustave, »Du Niger au Golfe de Guinee par Kong«, in *Bulletin de la Société de Géographie* (Paris), 1889, zitiert in Bassett und Porter, »›From the Best Authorities‹: The Mountains of Kong in

the Cartography of West Africa«, in *The Journal of African History*, Bd. 32, Nr. 3, 1991.

92 Adams, Percy G., *Travelers and Travel Liars 1660 – 1800* (Dover Publications, 1980), S. 158–161.

93 Brooke-Hitching, Edward, *Atlas der erfundenen Orte* (DTV, München, 2017), S. 166.

94 Campbell, Matthew, »Oil boom fuels mystery of the missing island in the Mexican Gulf«, *The Times* vom 6. September 2009, https://www.thetimes.co.uk/article/oil-boom-fuels-mystery-of-the-missing-island-in-the-mexican-gulf-xg7tcsdbcwz

95 »How, Modestly, Cook Hoaxed The World«, *New York Times* vom 22. Dezember 1909, S. 4, https://www.nytimes.com/1909/12/22/archives/how-modestly-cook-hoaxed-the-world-turned-a-smiling-face-to-critics.html

5. Handbuch für Hochstapler

96 »The king of con-men«, *The Economist* vom 22. Dezember 2012, https://www.economist.com/christmas-specials/2012/12/22/the-king-of-con-men

97 »On the first day of March, 1822, the price will be advanced One Shilling and Sixpence per Acre, and in the same proportion every three months hereafter« – »North America«, *Perthshire Courier* vom 20. Dezember 1821, S. 1.

98 *The Times* vom 12. Juli 1822, S. 1.

99 Strangeways, Thomas, *Sketch of the Mosquito Shore, Including the Territory of Poyais*, 1822.

100 Conzemius, Eduard, »Ethnographical survey of the Miskito and Sumu Indians of Honduras and Nicaragua«, in *Bureau of American Ethnology Bulletin*, 1932, S. 1, zitiert in Von Hagen, V. Wolfgang, »The Mosquito Coast of Honduras and Its Inhabitants«, in *Geographical Review*, Bd. 30, Nr. 2, 1940, S. 252.

101 Vergleichen Sie die Karte in *Sketch of the Mosquito Coast* mit modernen Karten und mit der in Von Hagen, V. Wolfgang, »The Mosquito Coast of Honduras and Its Inhabitants«, in *Geographical Review*, Bd. 30, Nr. 2, 1940, S. 240.

102 Die Raista Eco Lodge ist laut *Lonely Planet* die »Wegbereiterin des Ökotourismus in der Moskitia«: »Laguna de Ibans«, https://books.google.de/books?id=mO-yDwAAQBAJ&pg=PA446&lpg=PA446&dq=laguna+ibans+lonely+planet&source=bl&ots=iM3XL55dLF&sig=ACfU3U1YAbycRwLRpJ6ESXiKbDu5H0cAUQ&hl=de&sa=X&ved=2ahUKEwjUvIrOo4LlAhUCPVAKHS_eABUQ6A

EwAnoECAYQAQ#v=onepage&q=laguna%20ibans%20lonely%20
planet&f=false

103 *Manchester Guardian* vom 25. Oktober 1823, nachgedruckt als
»Settlers duped into believing in ›land flowing with milk and honey‹«
im *Guardian* vom 25. Oktober 2013, https://www.theguardian.
com/theguardian/2013/oct/25/gregor-macgregor-poyais-
settlers-scam

104 Rafter, Michael, *Memoirs of Gregor M'Gregor: Comprising a Sketch of
the Revolution in New Grenada and Venezuela*, etc. (J. J. Stockdale,
1820), S. 19.

105 Brown, Matthew, »Inca, Sailor, Soldier, King: Gregor MacGregor
and the Early Nineteenth-Century Caribbean«, in *Bulletin of Latin
American Research*, Bd. 24, Nr. 1, 2005, S. 55.

106 Rafter, Michael, *Memoirs of Gregor M'Gregor: Comprising a Sketch of
the Revolution in New Grenada and Venezuela*, etc., (J. J. Stockdale,
1820), S. 20.

107 Rafter, Michael, *Memoirs of Gregor M'Gregor: Comprising a Sketch of
the Revolution in New Grenada and Venezuela*, etc., (J. J. Stockdale,
1820), S. 19.

108 Weatherhead, W. D., *An Account of the Late Expedition Against
the Isthmus of Darien Under the Command of Sir Gregor M'Gregor*
(Longman, Hurst, Rees, Orme, and Brown, 1821), S. 26.

109 *Jamaica Gazette* vom 17. Juli 1819, zitiert in Brown, Matthew, »Inca,
Sailor, Soldier, King: Gregor MacGregor and the Early Nineteenth-
Century Caribbean«, in *Bulletin of Latin American Research*, Bd. 24,
Nr. 1, 2005, S. 59.

110 Rafter, Michael, *Memoirs of Gregor M'Gregor: Comprising a Sketch of
the Revolution in New Grenada and Venezuela*, etc., (J. J. Stockdale,
1820), S. 338.

111 Mehr hierzu in Brown, Matthew, »Inca, Sailor, Soldier, King:
Gregor MacGregor and the Early Nineteenth-Century Caribbean«,
in *Bulletin of Latin American Research*, Bd. 24, Nr. 1, 2005.

112 *London Literary Gazette and Journal of Belles Lettres, Arts, Sciences,
Etc.*, Nr. 315, 1. Februar 1823, S. 70.

113 Sicher wert, in voller Länge zitiert zu werden: »The savage criticism
on his Endymion, which appeared in the *Quarterly Review*, produced
the most violent effect on his susceptible mind; the agitation thus
originated ended in the rupture of a blood-vessel in the lungs; a
rapid consumption ensued, and the succeeding acknowledgments
from more candid critics, of the true greatness of his powers, were
ineffectual to heal the wound thus wantonly inflicted.« Shelley, Percy
B., Preface to *Adonais: An Elegy on the Death of John Keats, Author of
Endymion, Hyperion, etc.*, 1821.

114 »Art. VIII«, in *Quarterly Review*, Bd. XXVIII, Oktober 1822 & Januar 1823, S. 157–161.

115 Frankel, Tamar, *The Ponzi Scheme Puzzle*, (Oxford University Press, 2012), S. 111.

116 Frankel, Tamar, *The Ponzi Scheme Puzzle*, (Oxford University Press, 2012), S. 89.

117 Frankel, Tamar, *The Ponzi Scheme Puzzle*, (Oxford University Press, 2012), S. 85.

118 Konnikova, Maria, *The Confidence Game: The Psychology of the Con and Why We Fall for It Every Time*, (Canongate Books, 2016), S. 8.

119 Kerenyi, Dr. Norbert, *Stories of a Survivor* (Xlibris, 2011), S. 280.

120 McCarthy, Joe, »The Master Impostor: An Incredible Tale«, *Life* vom 28. Januar 1952, S. 81.

121 »›Master Impostor‹ Now May Try to Be Just Himself«, *Minneapolis Sunday Tribune* vom 8. Januar 1956, S. 10A.

122 Associated Press, »Ferdinand Waldo Demara, 60, An Impostor In Varied Fields«, *New York Times* vom 9. Juni 1982, S. B16.

123 Crichton, Robert, *The Great Impostor*, (Random House, 1959), S. 103.

124 Alexopoulos, Golfo, »Portrait of a Con Artist as a Soviet Man«, in *Slavic Review*, Bd. 57, Nr. 4, Winter 1998, S. 775.

125 Zaleski, Eugene, *Stalinist Planning for Economic Growth, 1933–1952* (University of North Carolina Press, 1980), zitiert in Alexopoulos, Golfo, »Portrait of a Con Artist as a Soviet Man«, in *Slavic Review*, Bd. 57, Nr. 4, Winter 1998, S. 777.

126 Alexopoulos, Golfo, »Portrait of a Con Artist as a Soviet Man«, in *Slavic Review*, Bd. 57, Nr. 4, Winter 1998, S. 781.

127 Zitiert in Alexopoulos, »Portrait of a Con Artist as a Soviet Man«, S. 788.

128 Spurling, Hilary, *La Grande Thérèse, The Greatest Swindle of the Century*, (Profile Books, 2000), S. 24.

129 Zitiert in Spurling, Hilary, *La Grande Thérèse, The Greatest Swindle of the Century*, (Profile Books, 2000), S. 44.

130 Martin, Benjamin F., *The Hypocrisy of Justice in the Belle Epoque* (Louisiana State University Press, 1984), S. 80.

131 Zitiert in Spurling, Hilary, *La Grande Thérèse, The Greatest Swindle of the Century*, (Profile Books, 2000), S. 48.

6. Lügen von Staats wegen

132 Almond, Cuthbert, »Oates's Plot«, *Catholic Encyclopedia*, https://www.catholic.com/encyclopedia/oatess-plot

133 Marshall, Alan, »Titus Oates«, *Oxford Dictionary of National Biography* vom 3. Januar 2008, https://www.oxforddnb.com/view/10.1093/ref:odnb/9780198614128.001.0001/odnb-9780198614128-e-20437

134 Pollock, Sir John, *The Popish Plot: A Study in the History of the Reign of Charles II* (Duckworth & Co., 1903), S. 3.

135 Kopel, David, »The missing 18 1/2 minutes: Presidential destruction of incriminating evidence«, *Washington Post* vom 16. Juni 2014, https://www.washingtonpost.com/news/volokh-conspiracy/wp/2014/06/16/the-missing-18-12-minutes-presidential-destruction-of-incriminating-evidence/

136 McDonald, Iverach, *The History of the Times: Volume V, Struggles in Life and Peace, 1939–1966* (Times Books 1984), S. 268–269.

137 »CRUCIFIXION OF CANADIANS (ALLEGED)«, *Hansard* vom 19. Mai 1915, https://api.parliament.uk/historic-hansard/commons/1915/Mai/19/crucifixion-of-canadians-alleged#S5CV0071P0-08398

138 »Through German Eyes«, *The Times* vom 16. April 1917, S. 7.

139 »›Supplement to the Boston Independent Chronicle‹ [before 22 April 1782]«, Founders Online, National Archives, zuletzt geändert am 13. Juni 2018, http://founders.archives.gov/documents/Franklin/01-37-02-0132. [Originalquelle: Cohn, Ellen R. (Hrsg), The Papers of Benjamin Franklin, Bd. 37, March 16 through August 15, 1782 (Yale University Press, 2003), S. 184–196.]

140 Mulford, Carla, »Benjamin Franklin's Savage Eloquence: Hoaxes from the Press at Passy, 1782«, *Proceedings of the Amercian Philosophical Society*, Bd. 152, Nr. 4, 2008, S. 497.

141 »Anbei übersende ich einen Beitrag, an dessen Seriosität ich gewisse Zweifel hege, allerdings nur im Hinblick auf die Form, nicht auf den Inhalt, denn ich glaube, dass die Zahl der Menschen, die in diesem mörderischen Krieg skalpiert wurden, die in der Aufstellung genannte um einiges übersteigt ...« Siehe: »From Benjamin Franklin to John Adams, 22. April 1782«, *Founders Online, National Archives*, zuletzt geändert am 13. Juni 2018, http://founders.archives.gov/documents/Franklin/01-37-02-0133. [Originalquelle: Cohn, Ellen R. (Hrsg.), *The Papers of Benjamin Franklin, Bd. 37, März 16 through August 15,* 1782 (Yale University Press, 2003), S. 196–197.]

142 Dowd, Gregory Evans, *Groundless: Rumors, Legends and Hoaxes on the Early American Frontier* (Johns Hopkins University Press), S. 170–172.

7. Krumme Geschäfte

143 Manes, Stephen, *Gates: How Microsoft's Mogul Reinvented an Industry – and Made Himself the Richest Man in America* (Cadwallader & Stern, 1993), Kapitel 5 (Kindle Edition).

144 Merchant, Brian, *The One Device: The Secret History of the iPhone* (Bantam Press, 2017), S. 367. (In dem Video über die Präsentation ist ganz gut zu erkennen, dass an der Stelle, an der Jobs angeblich Jony Ive und Phil Schiller anruft, keiner von den beiden ein iPhone benutzt, sondern beide nur ein altes Klapphandy haben. Siehe https://www.youtube.com/watch?v=9hUIxyE2Ns8 ab 25:34.)

145 MacRory, Henry, *Ultimate Folly: The Rises and Falls of Whitaker Wright*, Biteback Publishing, Kapitel 7 (Kindle Edition).

146 Zitiert in MacRory, *Ultimate Folly: The Rises and Falls of Whitaker Wright*, Kapitel 3.

147 Zitiert in MacRory, *Ultimate Folly: The Rises and Falls of Whitaker Wright*, Kapitel 2.

148 Oppenheim, A. Leo, *Letters from Mesopotamia* (University of Chicago Press, 1967), S. 82–83.

149 Alle Zitate in diesem Abschnitt stammen aus Rice, Michael, *The Archaeology of the Arabian Gulf* (Routledge, 2002), S. 276–278.

150 Levi, Steven C., »S. T. Barnum and the Feejee Mermaid«, in *Western Folklore*, Bd. 36, Nr. 2, 1977, S. 149–154.

151 Reiss, Benjamin, »S. T. Barnum, Joice Heth and Antebellum Spectacles of Race«, in *American Quarterly*, Bd. 51, Nr. 1, 1999, S. 78–107.

8. Der ganz normale Kollektivwahnsinn

152 Rowlatt, Justin, »Gatwick drone attack possible inside job, say police«, BBC News, 14. April 2019, https://www.bbc.co.uk/news/uk-47919680.

153 »Gatwick drones pair ›no longer suspects‹«, BBC News, 23. Dezember 2018, http://web.archive.org/web/20181223172230/https://www.bbc.co.uk/news/uk-england-46665615 (Die BBC hat den Artikel nachträglich überarbeitet und das Polizeizitat herausgenommen.)

154 Rowlatt, Justin, »Gatwick drone attack possible inside job, say police«, BBC News, 14. April 2019, https://www.bbc.co.uk/news/uk-47919680.

155 Siehe hierzu eine interaktive Karte aus Holman, Brett, »Mapping the 1913 phantom airship scare«, https://airminded.org/2013/05/03/mapping-the-1913-phantom-airship-scare/

156 Hirst, Francis Wrigley, *The Six Panics and Other Essays* (Methuen, 1913), S. 104.

157 Bartholomew, Robert E., *Hoaxes, Myths, and Manias: Why We Need Critical Thinking* (Prometheus Books, 2003), Kapitel 9 (Kindle Edition).

158 Mattalaer, Johan J. and Jilek, Wolfgang, »Koro – The Psychological Disappearance of the Penis«, *Journal of Sexual Medicine*, Bd. 4, Nr. 5, 2007.

159 Bartholomew, Robert E., *A Colorful History of Popular Delusions* (Prometheus Books, 2015), S. 37.

160 Barzilay, Tzafrir, *Well-Poisoning Accusations in Medieval Europe: 1250–1500*, (Promotionsarbeit der Columbia University, 2016), S. 95,   https://academiccommons.columbia.edu/doi/10.7916/D8VH5P6T.

161 Gui, Bernard, *Vita Joannis XXII*, S. 163, zitiert in Barzilay, *Well-Poisoning Accusations in Medieval Europe: 1250–1500*, S. 110.

162 Leeson, S. T. and Russ, J. W., »Witch Trials«, *The Economic Journal*, Bd. 128, Nr. 613, 2018.

163 »Posse Sets Out as ›Jersey Devil‹ Reappears«, *New York Times* vom 19. Dezember 1929, S. 14.

164 Ebenda.

Schluss: Aufbruch in eine wahrhaftigere Zukunft

165 Breves, Dylan, »Coati«, Wikipedia, Bearbeitung des englischen Eintrags um 02.36 UTC am 12. Juli 2008, https://en.wikipedia.org/w/index.php?title=Coati&diff=next&oldid=224679361 (Die Aussage, dass der Begriff vorher nicht verwendet wurde, basiert auf den englischen Suchergebnissen von Google, Google Scholar und Google Books.)

166 Randall, Eric, »How a Racoon Became an Aardvark«, *New Yorker* vom 19. Mai 2014, https://www.newyorker.com/tech/annals-of-technology/how-a-racoon-became-an-aardvark, Erdferkel in der englischen Presse: Williams, Amanada, »Hunt for the runaway aardvark: Lady McAlpine calls on public to help find her lost ring-tailed coati«, *Daily Mail*, 8. April 2013, https://www.dailymail.co.uk/news/article-2305602/Hunt-runaway-aardvark-Lady-McAlpine-calls-public-help-lost-ring-tailed-coati.html, Leach, Ben, »Scorpions, Brazilian aardvarks and wallabies all found living wild in UK, study finds«, *Daily Telegraph*, 21. Juni 2010, https://www.telegraph.co.uk/news/earth/wildlife/7841796/Scorpions-Brazilian-aardvarks-and-wallabies-all-found-living-wild-in-UK-study-finds.html, Brown, Jonathan, »From wallabies to chipmunks,

the exotic creatures thriving in the UK«, *Independent*, 21. Juni 2010, https://www.independent.co.uk/environment/nature/from-wallabies-to-chipmunks-the-exotic-creatures-thriving-in-the-uk-2006096.html (Bei dieser letzten Referenz geht es allerdings nur um Erdferkel).

167 «Scorpions and parakeets ›found living wild in UK‹«, BBC News, 21. Juni 2010, https://www.bbc.co.uk/news/10365422. Ihnen wird auffallen, dass mehrere dieser Geschichten Versionen von ein und derselben Story sind, es geht um nicht heimische Arten, die im Vereinigten Königreich in freier Wildbahn Fuß gefasst haben. Sie alle basieren auf der »Reportage« eines Wissenschaftlers von der University of Hull, die zu PR-Zwecken produziert wurde vom Fernsehsender Eden. Es ist anzunehmen, dass der Fehler in der ursprünglichen Pressemitteilung enthalten war und daraus übernommen wurde, leider habe ich diese Pressemitteilung nicht auftreiben können.

168 Nadal, James, »Brazilian aardvark on the loose in Marlow«, *Bucks Free Press* vom 20. Februar 2013, https://www.bucksfreepress.co.uk/news/10240842.brazilian-aardvark-on-the-loose-in-marlow/, Drury, Flora, »So that's what an aardvark looks like«, *Worcester News* vom 9. Juni 2011, https://www.worcesternews.co.uk/news/9072841.so-thats-what-an-aardvark-looks-like/

169 »Photo of the Day: Wild Fire«, *Time* vom 20. September 2013, https://time.com/3802583/wild-fire/, »An Unexpected Visitor in the Volcano«, *National Geographic* vom 7. März 2013, https://blog.nationalgeographic.org/2013/03/07/an-unexpected-visitor-in-the-volcano/, »Brazil Plans to Clone Its Endangered Species«, *Scientific American*, 14. November 2010, https://blogs.scientificamerican.com/extinction-countdown/brazil-plans-to-clone-its-endangered-species/

170 Cançado, Paulo Henrique Duarte; Faccini, João Luiz Horácio; Mourão, Guilherme de Miranda; Piranda, Eliane Mattos; Onofrio, Valéria Castilho; and Barros-Battesti, Darci Moraes, »Current status of ticks and tick-host relationship in domestic and wild animals from Pantanal wetlands in the state of Mato Grosso do Sul, Brazil«, *Iheringia. Série Zoologia*, Bd. 107, Suppl. 0, 2. Mai 2017, https://dx.doi.org/10.1590/1678-4766e2017110

171 Henderson, Caspar, *The Book of Barely Imagined Beings: A 21st Century Bestiary* (University of Chicago Press, 2013), S. 10. Deutsche Ausgabe: *Wahre Monster − Ein unglaubliches Bestiarium* (mit Illustrationen von Pauline Altmann und Judith Schalansky) (Matthes und Seitz, Berlin, 2014), S. 10.

172 Safier, Neil, »Beyond Brazilian Nature: The Editorial Itineraries of Marcgraf and Piso's Historia Naturalis Brasiliae«, in van

Groesen, Michiel (Hrsg.), *The Legacy of Dutch Brazil* (Cambridge University Press, 2014), S. 179, https://doi.org/10.1017/CBO9781107447776.011

173 »David Attenborough and BBC take us to Hotel Armadillo – in pictures«, *Guardian* vom 5. April 2017, https://www.theguardian.com/environment/gallery/2017/apr/05/david-attenborough-and-bbctake-us-to-hotel-armadillo-in-pictures

174 Allen, Nick, »Wikipedia, the 25-year-old student and the prank that fooled Leveson«, *Daily Telegraph* vom 5. Dezember 2012, https://www.telegraph.co.uk/news/uknews/leveson-inquiry/9723296/Wikipedia-the-25-year-old-student-and-the-prank-that-fooled-Leveson.html

175 »Wikipedia: List of citogenesis incidents«, Wikipedia, eingesehen am 30. Juni 2019, https://en.wikipedia.org/wiki/Wikipedia:List_of_citogenesis_incidents

176 Phillips, Tom, *Truth: A Brief History of Total Bullshit*, (Wildfire, 2019), S. 44, deutsche Ausgabe: *Echt wahr*, Goldmann, München, 2019, S. 60.

Um die ganze Welt des
GOLDMANN-*Sachbuch*-Programms
kennenzulernen, besuchen Sie uns doch
im Internet unter:

www.goldmann-verlag.de

Dort können Sie
nach weiteren interessanten Büchern *stöbern*,
Näheres über unsere *Autoren* erfahren,
in *Leseproben* blättern, alle *Termine* zu Lesungen und
Events finden und den *Newsletter* mit interessanten
Neuigkeiten, Gewinnspielen etc. abonnieren.

Ein *Gesamtverzeichnis* aller Goldmann Bücher finden
Sie dort ebenfalls.

Sehen Sie sich auch unsere *Videos* auf YouTube an und
werden Sie ein *Facebook*-Fan des Goldmann Verlags!